Maria Schell

»... und wenn's a Katz is!«

Maria Schell

»... und wenn's a Katz is!«

Mein Weg durchs Leben

Gustav Lübbe Verlag

Bildnachweis:
Nr. 26, 28, 50, 51, 56: Bildarchiv Engelmeier, München
Nr. 34, 35, 36, 37: CCC-Film Herzog-Film
Nr. 38: Foto Hubs Flöter, Stuttgart
Nr. 61: Frédéric de Lafosse/SYGMA
Nr. 62, 64, 67, 69, 70, 75: Peter Bischoff, Worpswede
Nr. 63, 69, 71, 72, 73, 74: Schneider-Press, München
Nr. 65: Rodion Schtschedrin, *A Complete Catalogue*, RICORDI 1983
Nr. 66: Thomas Seiler
Alle übrigen Abbildungen: Privatarchiv Maria Schell

Umschlaggestaltung: Manfred Peters, Bergisch Gladbach,
unter Verwendung eines Fotos von Frédéric de Lafosse/SYGMA
Satz: Bosbach & Siebel Print Media Concept, Lindlar
Gesetzt aus der 10 Punkt Goudy Old Style roman
von Linotype-Hell
Druck und Einband: Franz Spiegel Buch GmbH, Ulm

Printed in Germany
ISBN 3-7857-0803-3

2 4 5 3 1

Inhalt

Prolog in Gips

Als ich aus der Narkose erwachte, fühlte ich mich wie ein Denkmal auf einem Marktplatz, eingemauert fast bis zu den Augen.

Drei Tage zuvor, am 17. März 1995, dem letzten Tag vor Drehschluß des sechsteiligen SAT.1-Fernsehfilms *Der Clan der Anna Voss*, war ich im Bad meines Zimmers im Schloßhotel Vier Jahreszeiten in Berlin gestürzt.

Ich lag am Boden und konnte nicht aufstehn.

Die rechte Schulter war gebrochen, aber ich wollte es nicht wahrhaben. Nach einer halben Stunde schaffte ich es und legte mich in mein Bett.

Erst einmal nachdenken!

Ein heißes Bad wird mir guttun. Vielleicht ist es ja auch nur eine Zerrung. Man soll immer erst einmal versuchen, sich selbst zu helfen.

Ich ließ die Wanne vollaufen und kam sechs Stunden nicht mehr aus dem Wasser heraus.

Erst lange danach begriff ich, daß ich zwischendurch immer wieder ohnmächtig gewesen sein mußte oder eingeschlafen war.

Jedesmal, wenn das Wasser kalt wurde, wachte ich auf, ließ heißes Wasser nachlaufen und schlief wieder ein. Erst als mir klar wurde, wie lange ich in der Wanne gelegen haben mußte, suchte ich nach Hilfe.

In Hotelbadezimmern gibt es meistens einen Glockenzug oder ein Telefon in Reichweite. Aber hier war kein Glockenzug, und das Telefon stand zwei Meter von mir entfernt.

Schreien war sinnlos – das Hotel ist zu diskret.

Ich sammelte alle Kräfte und versuchte aufzustehen. Irgendwann hatte ich es geschafft. Ich mußte vorsichtig sein, um beim Heraussteigen aus der Wanne nicht noch einmal zu fallen. Ich hielt meinen herunterhängenden Arm mit der gesunden Hand, ging zurück zu meinem Bett und rief Oliver an.

Und dann ging der Wahnsinn los.

Oliver machte Gott und die Welt verrückt. Er rief die Produktion an, die Produktion den Arzt, der Arzt das Krankenhaus. Und bald waren sie alle da. Aber keiner gab mir ein Schmerzmittel.

Der Arzt: »Wir müssen ins Krankenhaus, die Schulter sofort röntgen!«

Die Produktion: »Selbstverständlich, aber was machen wir um Gottes willen? Sie hat morgen noch einen Drehtag.«

Irgend jemand sagte: »Die Versicherung, wir müssen die Versicherung verständigen.«

Ein anderer: »Die ist nicht zuständig. Sie ist nicht während der Arbeit gestürzt.«

Den Arm hatte ich in eine Position gebracht, in der er nicht mehr so sehr weh tat.

Ich bat die Herren, nebenan zu warten. Mit viel Mühe und einigen »Auas« zog ich mich an. Viel zu viele wollten helfen.

Wir fuhren ins Krankenhaus.

Ergebnis der Röntgenaufnahme: Zerschmetterte Schulter rechts.

Zurück zum Hotel. Oliver rotierte noch immer am Telefon. Professor Dr. Günther Zeiler, Chef der Orthopädischen Klinik Rummelsberg bei Nürnberg, sagte: »Sofort zu mir bringen!« Ich wollte nur zu ihm, denn er hatte mich vor Jahren an der Hüfte operiert und war mir mit der Zeit ein Herzensfreund geworden.

Ich schlief noch eine Nacht im Hotel.

Am nächsten Morgen ließ ich mir die Haare waschen, ließ mich schminken und anziehen und drehte im Hotel in einer Salonecke die letzte Szene. Meine Hand hielt ich elegant drapiert auf meinem Schoß.

Während ich drehte, setzte die Produktion alles in Bewegung, um in Berlin einen Rettungshubschrauber zu bekommen.

Es war keiner frei.

Professor Zeiler versuchte einen Hubschrauber aus Nürnberg zu senden, der aber konnte in Berlin wegen schlechten Wetters nicht landen. So schickte die Rummelsberger Klinik einen nigelnagelneuen Krankenwagen. Ich wurde hineingepackt. Keine Luft, nur ein winziges Klappfenster!

Der Chauffeur im roten Anzug seines Hilfsdienstes, ganz jung, war so dick, daß er hinter dem Lenkrad eingeklemmt dasaß. Mit einem traurigen Lächeln erinnerte ich mich daran, wie meine Schwester Immy mit einem ähnlich dicken Chauffeur im Krankenwagen zum letzten Mal die Alm verlassen hatte.

Wir fuhren durch die ehemalige DDR, in der die Autobahnen nur zum Teil repariert sind. Es ruckelte und hoppelte, und ich fand keine Stellung ohne Schmerzen.

Bald brauchte ich eine Pause, und wir fuhren an eine Raststätte. Ich erinnerte mich an Professor Schilling – auch er ein Herzensfreund –, der mich ein Jahr zuvor in München operiert hatte. Damals litt ich anschließend unter solchen Schmerzen, daß ich ihn am Wochenende anrief: »Entweder du kommst sofort mit deinem Team, oder ich gehe nackt in die nächste Apotheke und hol mir was!«

»Ruf deine Tochter an, sie soll dir zwei Flaschen Rotwein bringen!«

Zwanzig Minuten später war Marie Theres mit Franz und den Kindern da – und einem Körbchen mit selbsteingelegten Gurken, anderen Schmankerln und zwei Flaschen sehr gutem Wein.

»Wenn's ums Saufen geht«, sagte Franz«, »is des mei Sach!«

Bald war der Schmerz weg…

Also ging die zauberhafte Krankenschwester, die mich begleitete, in die Gaststätte und holte eine Flasche »Französischen Rasthauswein«.

Wir fuhren weiter. Ich trank den Wein, rauchte ein Zigarillo und biß die Zähne zusammen.

Nach zwei Stunden bat ich wieder um eine Pause. Über eine Autovermietung versuchten wir, einen Mercedes 500 zu bekommen, denn ich hoffte, daß der besser gefedert sein würde.

Der dicke Chauffeur rief seine Rettungsfirma an, kam triumphierend zurück und sagte: »Es ist verboten, im Krankenwagen Wein zu trinken und Zigarillos zu rauchen.«

Auf seinen runden Kinderbacken lag ein böses Grinsen. Meine kleine Krankenschwester rannte nochmals hinaus, kam zurück und sagte lässig: »Mercedes gibt es leider keinen, denn es ist Sonntag, aber ich habe die Klinik angerufen. Frau Schell darf sowohl rauchen als auch Rotwein trinken.«

Endlich in der Klinik!

Am nächsten Morgen kam ich auf den Operationstisch, und dann lag ich acht Wochen auf dem Rücken. Tag und Nacht, mit einem Gestell rechts raus bis weit über die Bettkante. In diesen acht Wochen diktierte ich die ersten 180 Seiten dieses Buches.

Die eine oder andere Episode – insgesamt nur weniges – wird meinen Lesern bekannt vorkommen, weil ich sie früher schon einmal erzählt habe. Es gibt Stationen in meinem Leben, die nicht wegzudenken sind, die – wie etwa die Geburt der Kinder – ein gültiges Bild hinterlassen haben. Anderes habe ich neu erzählt, weil die Erinnerung sich gewandelt hat. Und manche Erkenntnisse sind mir erst später gewachsen, wie die, daß es mein Großvater war, der den Traum vom Vater erfüllte, den ich nie ganz erreichen konnte – nur im Schmerz. Und manchmal auch in seinen Gedichten, von denen ich einige, mir wichtige, diesem Buch beigegeben habe.

Am Vorabend des Drehbeginns zu *Der Clan der Anna Voss* führte unser Regisseur, Herbert Ballmann, alle Kollegen in einem kleinen italienischen Restaurant zusammen.

Horst Buchholz war schon da, und ich freute mich, ihn wiederzusehen. Vor allem aber freute ich mich darüber, nach unser beider langen Karrieren endlich mit ihm zusammenzuarbeiten. Timothy Peach, der den Enkel spielen sollte, kam zu spät.

Eine halbe Stunde nach allen anderen stand er da – hochgewachsen, schlacksig, mit schwarzen Locken, in alten Jeans, einem hellblauen Hemd und grinste liebenswert unverschämt. Er setzte sich neben mich.

Wir alle drückten unsere Freude darüber aus, daß es mit der Arbeit losging. Es war sofort klar, daß es gut gehen würde. Die Menschen paßten zueinander und die Rollen zu den Menschen. Irgendwann im Laufe des Abends legte Timothy den Arm um meine Schulter, wie selbstverständlich. Mir wurde wohl und warm. Ich spürte, er mochte mich.

Als mir das Gestell abgenommen wurde, fühlte ich mich siebzehnjährig und sehr glücklich. Ich flog auf die Alm in Kärnten – Familienbesitz seit über hundert Jahren, unsere Zuflucht seit der Kindheit und heute mein Wohnsitz. Mein neues Haus war fast fertig. Endlich ein Haus, das in allem meinen Wünschen entspricht, denn ich habe alles selber geplant.

Ich liebe große Räume. So ist der untere Stock meines Hauses ein einziges Zimmer, nur geteilt durch zwei Säulen, einen Flügel und die Harfe meiner Großmutter aus Wien.

Mutti feierte am 2. Juni ihren neunzigsten Geburtstag. Es wurde ein wunderbares Fest. Alle waren da, Brüder, Kinder, Enkelkinder, Urenkel, Nichten, Neffen und alle Verwandten.

Was mir von dem Tag vor allem geblieben ist, sind die zwanzig Kinder, die am Boden mit den drei Hunden herumwuselten. Trotz aller Aufregung floß keine einzige Träne!

Während der nächsten acht Tage war die Alm voller Fernsehleute. Ein ARD-Team unter dem Regisseur Norbert Beilharz machte ein Porträt von mir, das am 15. Januar 1996 zu meinem siebzigsten Geburtstag gesendet wird. Der Arm tat noch immer weh, ich schonte ihn so gut es ging, ließ mich trösten und fraß Schmerztabletten.

Am 22. Juni flog ich nach Berlin zu Synchronaufnahmen für meine Serie *Der Clan der Anna Voss*. Die Folgen waren fertiggedreht, aber es ist immer so, daß im Laufe einer so langen Arbeit in manchen Szenen Nebengeräusche entstehen, die das Mikrofon aufnimmt, wie etwa den Lärm eines Helikopters. Überdeckte Sätze werden nachgesprochen und neu gemischt.

Große Freude! Wir sahen uns alle wieder: Horst Buchholz, Robert Freitag, Timothy Peach. Alles ging einfach und glatt. Am zweiten Tag hatte ich eine kleine Pause und ging im Synchronstudio auf die Toilette. Ich hatte mit Horst Buchholz gerade über meinen langsam genesenden Arm gesprochen, drehte mich beim Hinausgehen aus dem Studio um und sagte: »Eines kann ich dir sagen, hinfliegen tu ich nie wieder!«

Die Toilette lag einen Stock tiefer. Vor ›Herren‹ und ›Damen‹ befand sich ein kleiner, weiß gekachelter Vorraum – und dazwischen eine Stufe. Höchstens drei Zentimeter hoch. Weiß wie alles andere.

Ich habe sie nicht wahrgenommen.

Ich fing an, vornüber zu stürzen.

Es dauerte unendlich lange, bis ich unten ankam.

Die linke Schulter war gebrochen.

Ich schrie: »Nein!«

Aus der Toilette nebenan kam ein Herr. Ich bat ihn, Herbert Ballmann aus dem Studio zu holen.

Der Schmerz und die Verzweiflung waren groß – aber ich konnte nicht weinen.

Herbert Ballmann kam sofort, kniete sich zu mir nieder und bekam einen Krampf im Bein.

Wir fingen beide an zu lachen.

Ich schrie: »Zwei große Gläser Whisky.«

Es hallte wie in einem leeren Theater.

Der Whisky kam. Herbert Ballmann konnte aufstehen, und er, mein lieber Herbert, hob mich auf.

Die gleiche Prozedur. Der Arzt kam – diesmal mit Schmerztabletten. Ich synchronisierte noch den ganzen Tag. Dann Krankenhaus, Röntgenaufnahme, Diagnose: Zerschmetterte Schulter links.

Danach ins Hotel und ins Bett.

Mit dem rechten, halb genesenen Arm den linken stützend, rief ich Professor Zeiler an. Nach einer halben Flasche Rotwein schlief ich ein.

Am nächsten Tag noch einmal ganz kurz ins Synchronstudio. Dann fuhr mich Timothy, der mit einem großen Leih-Mercedes aus Augsburg gekommen war, gut gefedert nach Rummelsberg.

Dasselbe Zimmer, dieselben Schwestern, dieselben Ärzte. Günther Zeiler kam sofort.

Da es schon sehr spät war, beschloß er, mich erst am nächsten Morgen zu operieren.

Wieder wachte ich auf und fühlte mich wie ein steinernes Denkmal, eingegipst bis zur Nase. Nur mein Herz schlug und meine Gedanken kreisten. Das Zimmer war nackt und kahl. Doch nach zwei Tagen war es wieder das alte. Viele Blumen. Mein Sohn Oliver kam, brachte Fotos und eine wunderschöne Lampe aus orangefarbenem geritzten Glas, die ich noch in Berlin gekauft hatte. Tag und Nacht ließ ich sie brennen.

»Bring mir bitte beim nächsten Mal den kleinen Clown mit«, bat ich Oliver, »mit seinen verwortakelten Armen paßt der jetzt gut zu meiner kaputten Schulter.«

Die kaum daumengroße Clownspuppe, kurz davor, in ihre Einzelteile zu zerfallen, war Heinz Rühmanns Talisman gewesen. Hertha, seine Frau, hatte sie mir nach seinem Tod geschenkt.

Dabei hatte ich Heinz Rühmann nicht einmal so lange gekannt. Aber seit wir zusammen eine Weihnachtslesung für das ZDF gemacht hatten, suchte ich ihm eine Freude zu bereiten, wann immer es ging.

Ich fuhr zu den beiden hinaus an den Starnberger See und versuchte einen Stoff für einen gemeinsamen Film zu finden – aber es war zu spät. Hunderte von Filmen und die ganze Dankbarkeit und Liebe seines Publikums haben Heinz Rühmann zu Grabe getragen.

Mit einem Brief habe ich mich bei seiner Frau bedankt.

»Liebe, gute Hertha,

Du wirst Dir nicht vorstellen können, welche Freude, welch tief innerlich geliebtes Ereignis Du mir bereitet hast mit dem kleinen Clown von Heinz. In einer Plastiktüte kam er zu mir. Ich packte ihn aus: Die geflickten Arme, der wackelige Kopf – alles haben seine Hände berührt mit seiner Liebe.

Er wird bei mir bleiben, solange ich in der Sonne bin, und mich begleiten, und viel von der Kraft, Noblesse und großen Persönlichkeit wird mir Pflicht bleiben.

Würdest Du es gutheißen, daß ich in einigen Jahren von dem kleinen Kerl eine Doublette anfertigen lasse und ihn zu einem Heinz-Rühmann-Preis mache? Vielleicht zu seinem Hundertsten? Ein Preis für junge Schauspieler, dotiert mit einem Geldbetrag, je nachdem wieviel ich dann habe. Ich glaube, er würde sich freuen.

Ich würde einen Text dazu verfassen, eine handschriftliche Verleihungsurkunde, und das, was ihm wertvoll war, den jungen Menschen mit auf ihren Weg geben.

Ich umarme Dich in liebevoller Verbundenheit.

Deine Maria«

Auch der Fernseher stand wieder da mit allen Kanälen und Video. Bald wurde ich halbwegs von meinem Denkmalpanzer erlöst – er wurde ein wenig verkleinert.

Mein lieber Freund Helmut Walbert war auch schon da, und ich konnte mein Leben weiter durchwandern. Er schrieb alles auf, mit Punkt, Komma und Gedankenstrich. Ich bin ihm sehr dankbar. Ohne ihn wäre das alles nur schwer möglich gewesen.

Am Samstag vor meiner Entlassung aus dem Krankenhaus fuhr mich mein geliebter Professor mit seiner Familie nach Feuchtwangen, um *Romeo und Julia* zu sehen.

Romantik, Stille, die Sterne und der Mond über dem alten Kreuzgang. Timothy als Romeo auf der Bühne – nein, ich war nicht aufgeregt. Ich wußte nur nicht, wie stark seine Ausstrahlung auf der Bühne sein würde. Vor der Kamera kannte ich sie ja.

Liz Verhoeven führte Regie. Die Aufführung war so lebendig, als wären es halbe Kinder von heute, die dort aus purem Übermut mit ihren Säbeln durch die Nacht fuchtelten. Sie fielen in das Netz der Liebe – unvorbereitet –, die sie mit Wucht weitertrieb bis in ihr Grab.

Danach gab es ein kleines Abschiedsfest, halb auf der Bühne. Günther Zeiler und seine Familie waren glücklich und brachten mich zurück in mein Krankenbett.

Am 2. August 1995 wurde ich entlassen und flog nach Hamburg, wo am nächsten Tag eine große Pressekonferenz zum Start der *Anna Voss* – am 16. September – stattfand.

Danach endlich wieder auf die Alm!

Die folgenden Wochen waren ziemlich grauenhaft. Wer hat schon eine Vorstellung davon, wie es ist, keine Arme zu haben – und für was man sie alles braucht! Und die Schmerzen! Zu allem Überfluß ging ich noch drei- bis fünfmal am Tag in die Sauna. Die Wärme tat mir gut, aber danach brach ein wahres Inferno an Schmerzen los, die noch wunden Muskeln entzündeten sich immer mehr. Günther Zeiler beschimpfte mich so laut, wie ich ihn noch nie gehört habe, als ich ihm die Sauna gestand. Seitdem wird es jeden Tag ein wenig besser.

Nichts soll rechts und links mich kränken,
folg ich kühn dem raschen Flug.
Sollte jemand anders denken,
ist der Weg ja breit genug.

J. W. v. Goethe

Geburt

Sie fuhr mit der Straßenbahn in die Klinik, um mir das Leben zu schenken.

Sie war neunzehn, heute ist sie neunzig Jahre alt.

Meine Mutter.

Gestern habe ich sie gefragt: »Mutti, sag mal, erinnerst du dich, wie das war bei meiner Geburt? Wie lange hat es gedauert? War's schlimm?«

Mutti lachte und war plötzlich ganz jung.

»Es war so schlimm, daß ich am Schluß zum Professor g'sagt hab: ›Jetzt ist mir alles wurscht, jetzt soll's schon kommen – und wenn's a Katz is!«

»Dankeschön«, sagte der Herr Professor und küßte ihr die Hand, »jetzt komm ich noch rechtzeitig in die Oper.«

Dieser Handkuß muß Mutti so beeindruckt haben, daß sie jedem von uns vier Kindern immer die gleiche Uhrzeit der Geburt nannte, nämlich: »Kurz vor sieben, rechtzeitig für die Oper.«

Liebesgeschichte

Die Liebesgeschichte meiner Eltern ist so außergewöhnlich, daß man sie kaum glauben kann.

Mutti war an den Münchener Kammerspielen engagiert und galt als große Hoffnung des deutschen Theaters. Ihr Rollenfach hieß »Jugendliche Sentimentale«, was für unsere Zeit fast ein wenig lächerlich klingt, vor allem aber theatralisch, wie es das Theater damals auch war – trotz so großer Schauspieler wie Moissi, Kainz und vor allem der unsterblichen Duse.

Mein Vater, ein junger Dichter aus der Schweiz, war von Professor Artur Kutscher ins Theaterseminar der Universität München eingeladen worden, um aus seinen Werken zu lesen.

Mutti – als strebsame »Jugendliche Sentimentale« – saß in der ersten Reihe. Sie war betroffen von der Schönheit, Kraft und dem vehementen Vortrag dieses jungen Menschen, trotz seines damaligen schweizerdeutschen Tonfalls.

Auf dem Heimweg – es muß ein schwebender Sommertag gewesen sein – ging Mutti in einem weißen Kleid von der Uni zurück in ihre Schwabinger Wohnung.

Leicht, beinahe tanzend.

Theodor Storm sagt in einem seiner schönsten Liebesgedichte:

»Trug in der Hand den Sommerhut und weiß nicht, was beginnen ...«

Hinter dem Mädchen im weißen Kleid gingen drei feurige, erfolgstrunkene Jünglinge, alles Dichter wie mein Vater – jeder direkter

Nachfolger von Schiller, Goethe und Shakespeare. Sie lachten über das Frühlingsmädchen vor ihnen, das jetzt auch noch zu »singen« begann. Dabei kann Mutti bis auf den heutigen Tag nicht einmal »Kommt ein Vogel geflogen« erkennbar singen.

Mutti drehte sich kurz um, wie wir das alle kennen, wenn uns die Energie eines Blicks im Rücken trifft. Papa blieb stehen, wie erschrocken vor der märchenhaften und zeitlosen Schönheit dieses Mädchens, und sagte zu seinen Freunden: »Wartet auf mich im Kaffeehaus – die wird meine Frau!«

Die sprachlosen Freunde trollten sich, und Papa ging, eine Mischung aus Sherlock Holmes, den er leidenschaftlich liebte, und Ludwig I., die Leopoldstraße entlang – dem Sommer seines Lebens entgegen.

Endlich kamen die romantischen Seitenstraßen von Schwabing. Papa sah das Mädchen im weißen Kleid in eine schmale Gasse einbiegen, raste um die Ecke und konnte noch sehen, wie sie hinter einem schmiedeeisernen Tor in einem Garten verschwand, an dessen Ende ein verschnörkeltes, ein wenig heruntergekommenes Haus aus der Jahrhundertwende stand.

Er öffnete die schwere Eichentür und stand in einem hellen Treppenhaus mit einem eisernen Geländer, gebogen wie aus Spitzen.

Es blieb ihm nichts anderes übrig, als die Treppen hochzurasen – und er hatte Glück.

Im obersten Stock fiel eine Tür zu. Außer Atem las er das kleine Messingschild: »Gretl Noé von Nordberg.«

Sein Herz blieb stehen. Das konnte doch nur ein Doppelname sein – oder war sie verheiratet?! Er klingelte trotzdem.

Mutti öffnete, noch immer beschwingt, die Tür. Ihr Herz blieb ebenfalls stehen.

Der junge Gott aus der Lesung im Theaterseminar stand vor ihr.

Ob sie einander in die Augen sahen, haben sie uns nie erzählt. Er stellte sich vor – sie flüsterte ihren Namen.

»Ich muß Sie sprechen«, er schaute nochmals auf das Namensschild, »Fräulein Noé von Nordberg.«

Sie widersprach nicht bei »Fräulein«, und Papas Herz begann wieder normaler zu schlagen.

Sie lächelte bezaubernd und verlegen. »Ich erwarte meine Freunde in einer halben Stunde, Sie können aber gerne bei uns bleiben.«

Papa war verärgert. Der »Sommer« war weg. So konnte man einen Schweizer Dichter nicht behandeln! Trotzdem lächelte er.

»Ich muß Sie aber allein sprechen.«

»Dann müssen Sie bitte morgen noch einmal vorbeikommen.«

Mutti erzählte uns immer, es sei wie Hypnose gewesen.

»Gut, also wann?« Er lächelte noch immer.

»Ich habe bis zwei Uhr Probe, danach können Sie kommen«, sie atmete tief, »wann Sie wollen.«

»Ich komme um drei.«

Er stürzte die Treppe hinunter ins Kaffeehaus. Die Freunde erwarteten Ereignisvollstes, aber Papa trank nur seinen Kaffee, benommen vor Glück, und wiederholte leise: »Die wird meine Frau!«

Ich nehme an, daß Mutti am Morgen bei der Probe ihrem Fach der »Jugendlichen Sentimentalen« besonders entsprach.

Punkt drei Uhr klingelte Papa bei Gretl Noé von Nordberg.

Mutti öffnete im weißen Theodor-Storm-Kleid. Sie führte ihn in ihr kleines Wohnzimmer und bat ihn, Platz zu nehmen.

»Danke«, sagte Papa, »aber was ich Ihnen zu sagen habe, kann ich nur stehend sagen.«

Seine Augen wurden dunkler und schicksalsschwer. Er hatte etwas von einem Soldaten, der in den Krieg zieht.

Die Pause war lang.

»Wollen Sie meine Frau werden?«

Mutti schloß die Augen. Als sie sie wieder öffnete, sagte sie: »Ja.«

Erst jetzt, im Alter, erinnert Mutti sich, wie verzweiflungsvoll die beiden nächsten Tage waren. Sie war gläubig, beinahe zu sehr. Sie wollte alles rückgängig machen, wußte aber nicht wie. Sie hatte zwar einen Freund, der ihr zuhörte, der ihr aber dennoch am Ende den Rat gab, auf alle Fälle beim Theater zu bleiben.

So lief sie hilflos durch die halbe Stadt, bis sie am Ende beim lieben Gott in der Heilig-Geist-Kirche am Viktualienmarkt landete.

Im Gebet hatte sie auf einmal eine Vision ihres Lebens. Inmitten des Altargemäldes einer Pfingsterscheinung sah sie uns vier Kinder und wußte, daß sie sich in ihnen verwirklichen würde.

Damit hatte sie sich für uns und gegen die Kunst entschieden – was ihr Mann in der Ehe ohnedies brutal von ihr fordern sollte.

Vom lieben Gott fuhr sie direkt zu ihrem Vater nach Wien.

»Ich habe mich verlobt!«

Opapa lächelte gütig. »Soso, mit wem denn – und wie heißt er?«

»Er ist ein Schweizer Dichter. Er hat große dunkle Augen und einen wundervollen Mund.«

»Na gut, dann soll er halt kommen.«

Er kam.

Opapa schaute ihn lange an, legte ihm die Hand auf die Schulter und sagte:

»Du g'fallst mir!«

Woher sie kamen

Opapa, wie wir unseren Großvater Karl Noé von Nordberg alle nannten, war der Enkel des letzten Stadthauptmanns von Wien.

Er erzählte gerne, wie er als fünfjähriger Bub mit seinem Großvater, dem Stadthauptmann, durch den Haupteingang der Hofburg ging und die Soldaten mit blitzblanker Uniform Salut trommelten, jene Soldaten, von denen Maria Theresia gesagt haben soll: »Mein Gott, so schöne Uniformen, und was haben's g'macht damit? In den Kriag ham's es g'schickt!«

Die blitzblauen Männer mit den roten Tschakos und den goldenen Knöpfen trommelten, bis der Stadthauptmann – mit militärischem Gruß und seinem Enkel an der Hand – durch das breite Hoftor geschritten war.

Die aber rannten, wie zwei Lausbuben, hinten durch, um vorne nochmal aufrecht durchgetrommelt zu werden. Der Kleine streckte sich fast bis zur Hüfte des Stadthauptmanns, der seinerseits nur gnädig die Hand leicht zum Gruß hob und den Enkel offiziell die Parade abnehmen ließ. Die Soldaten, darunter viele Väter, lachten in ihre gepflegten Bärte.

Opapa war Medizinalrat geworden und Leiter einer der großen psychiatrischen Kliniken Wiens. Zur gleichen Zeit wie Freud gab er der Seelenforschung Fundament und Wirkung. Seine Güte, Ruhe und herzliche Souveränität strahlten Vertrauen und Liebe aus.

Er hatte in unserer Wohnung am Kardinal-Nagel-Platz 7 eine Ordination, in der er mittwochs und samstags seine Privatpatienten um drei Uhr empfing.

Zuvor aß er regelmäßig mit uns zu Mittag. Und da gab es dann die spannendsten Augenblicke unserer Kindheit – aber er ließ uns warten und hatte wie ein Lausbub seine Freude daran. Er lächelte gütig und verschmitzt und sprach endlich den erlösenden Satz: »Na, dann bringt's halt schon die Tasche.«

Wir stürzten schreiend in den dunklen Eingang.

Und da stand sie! Die Tasche – immer am gleichen Platz!

Opapas glühende und verzückte Patientinnen hatten die ganze Woche über ihre »Desserts« gesammelt und sie ganz vorsichtig in die immer bereitstehende Tasche gelegt.

Jede der Damen glaubte, die einzige zu sein, nicht wissend, daß Opapa die Gabe der vorangegangenen Spenderin längst in einer Lade seines Schreibtisches versteckt hatte: Birnen, Äpfel, Bananen, Trauben – und eingepackte, aber zerdrückte Kuchen. Uns Kindern machte das überhaupt nichts aus. Bananen, Trauben und Kuchen vor allem waren damals noch etwas Seltenes. Silberne Zuckerdosen hatten sogar noch einen Schlüssel und standen immer ganz hinten im Buffet.

Opapa hatte seine Frau Elisabeth noch als Assistent kennengelernt. Sie war die berühmteste Harfenistin Wiens, einundzwanzig Jahre alt. Von ihren Eltern sollte sie gezwungen werden, den Baron Chiari zu heiraten, und wurde darüber so schwer depressiv, daß sie sich sogar mit Selbstmordgedanken trug. Opapa aber war überzeugt, daß er – und nur er – sie heilen könne.

Ich habe sie kaum gekannt, doch ein lebensentscheidender Eindruck verbindet mich mit ihr für immer. Gegen Ende ihres Lebens lag sie nicht in der Klinik ihres Mannes, sondern in Steinhof; denn Opapa hatte sie trotz seiner großen Liebe nicht heilen können.

Meine Mutter las für die Patienten von Steinhof aus den Werken meines Vaters auf der Bühne des Sanatoriums. Ich saß in der ersten Reihe auf dem Balkon, staunend und glücklich, eine so wunderbare

Mutter zu haben, als sie plötzlich von einem verlegenen Krankenwärter von der Bühne geholt wurde.

Es dauerte vielleicht zehn Minuten, bis sie zurückkam und das Gedicht meines Vaters über Johann Strauß zu Ende las. Ich erinnere mich an die letzten Zeilen:

Alle die Weisen
lockend umkreisen
Flüsse und Winde in ewigem Chor,
tragen die Geister
den glücklichen Meister
in tanzendem Reigen zum Himmel empor.

So habe ich zur gleichen Zeit Tod, Dichtung und Disziplin des Künstlers begriffen, denn Mutti war in den zehn Minuten Abwesenheit von der Bühne hinaufgerufen worden, um ihrer sterbenden Mutter die Augen zuzudrücken. Ich war acht Jahre alt.

Opapa hatte wenig Glück in seinem Leben. Er verlor zwei Töchter, eine an der spanischen Grippe, die andere ertrank im Schloßteich seines Bruders. Beide waren erst sechzehn Jahre alt.

Großmama war eine hochgewachsene, wunderschöne Frau. Man erzählte, daß sie und Opapa gemeinsam überall Aufsehen erregten.

Immer wieder schilderte Mutti mit Begeisterung, wie Großmama einmal in einem blumenübersäten Fiaker – aufrecht wie eine Königin an Kaisers Geburtstagskorso – durch Wien von vier weißen Schimmeln gezogen wurde.

Bis auf den heutigen Tag steht auf dem Tischchen neben dem Bett meiner neunzigjährigen Mutter ihr Bild im alten Rahmen.

Durch den Umgang meiner Großmutter mit Musik und einem hochangesehenen Kapellmeister kamen die größten Komponisten der Zeit ins Haus, um dem Maestro ihre neuesten Werke vorzuspielen. In unserer Wohnung stand ein großer Flügel, auf dem Liszt noch gespielt hatte. Die Russen haben ihn nach dem Zweiten Weltkrieg aus Holzmangel verheizt. Mutti erzählte auch, daß Anton Bruckner als alter Mann auf die Frage »Na, Meister, wie wär's mit dem Heiraten?« antwortete: »I' wüßt' schon, wen i' möcht'!« Dabei habe er verliebt auf das junge Mädchen geschaut, das im weißen Kleid mit großer rosa Schleife neben dem Klavier stand.

Bei jedem Besuch brachte er ihr im zerschnupften Taschentuch Krapfen mit, vor denen ihr aber gräßlich grauste. Vielleicht hat sie ihn deshalb nicht genommen.

Mein Schweizer Urgroßvater fiel mit elf Jahren an Christi Himmelfahrt vom Dach des kleinen Bauernhauses in Oberbiberg im Kanton Schwyz. Das kam so: Seine elf Geschwister, Vater, Mutter und die Großeltern knieten um den Kamin, beteten und sahen zu, wie der liebe Heiland langsam und feierlich durch den Rauchfang in den Himmel schwebte. Oben auf dem Dach stand mein Urgroßvater und zog die Gipsfigur mit dem aufgemalten blauen Mantel in die Höhe. Aber der dünne Faden riß, Gottes Sohn kam wieder auf die Erde, mein Urgroßvater stürzte ab und brach sich das rechte Bein.

Ärzte waren um 1850 für arme Bauern noch zu teuer, und das Bein mußte mit Kräutern und des Baders Hilfe von selber heilen und blieb steif. Fridolin Holdener, so hieß mein Urgroßvater, hinkte ein Leben lang, aber er bekam für die Schmerzen manchmal ein Stück Kuchen.

Die Lebensmittel waren so knapp, daß Fridolin, zum Einkaufen ins Dorf geschickt, einmal auf dem Heimweg ein großes Brot aushöhlte, mit Heißhunger das Innere verschlang und die Kruste mit Holzstäbchen kunstvoll stützte, den leeren Laib auf den Küchentisch legte und für drei Tage im Wald verschwand.

Ich habe ihn noch gekannt, den Urgroßvater. Als vierjähriges Mädchen saß ich auf seinem Schoß und durfte ihn am »Godderl« unter dem Kinn kratzen. Nach einer Weile schrie er dann wie ein Stier, ich quietschte und rannte durch die Wohnung von Tante Elise, bei der mein Urgroßvater lebte. Sie war von seinen drei Kindern die Tochter, die bei ihm geblieben war.

Sein Sohn, auch ein Fridolin, wurde ein angesehener Arzt in Goldau, nahe Schwyz.

Auf dem Dach der roten Backsteinvilla, die umgeben war von einem großen, verwilderten Garten voller Blumen und Beeren, hatte er verschiedene Fernrohre installiert. Seine Leidenschaft! – und wohl nicht nur der Sterne wegen.

Er konnte auch den alten Bauern auf dem Gipfel des Berges beobachten, der in der Abendsonne sein Pfeifchen rauchte, trotz strikten Rauchverbots. Beim nächsten Besuch fragte er den Bauern:

»Aber geraucht hast nix?«

»Nein, niemals Herr Doktor. Nein!«

»Und gestern abend, um Viertel nach sieben vor dem Sonnenuntergang?«

Der Bauer konnte nicht rot werden, seine Haut war schon zu alt. Beide grinsten.

Der Doktor galt bald als allwissend und hat vielen geholfen. Ich habe ihn allerdings in Verdacht, daß er auch seinen Patientinnen beim allnächtlichen Ausziehen gerne behilflich gewesen wäre. Er ging mir zu oft aufs Dach abends, bevor die Sterne kamen.

Seiner Großvater- und Onkelpflichten entledigte er sich, indem er uns allen bei jedem Besuch ein Fünf-Franken-Stück in die Hand drückte. Wir fuhren Stunden mit den Radeln, um ihn zu »besuchen«. Die Ausreden waren dabei das Schwierigste.

Einmal saß er am oberen Ende des Tisches, wir Kinder alle um ihn herum. Da griff er mit drei Fingern in den Schokoladenpudding und schmierte ihn sich auf die Stirn.

Die Eltern schrien entsetzt auf. Onkel Fridolin schaute uns herausfordernd an.

»Na, was ist? Traut ihr euch nicht?« – und befahl mit einem Grinsen und den Eltern zum Trotz: »Schokolade auf die Stirn!« Unsere kleinen Händchen – zuvor noch ein ängstlicher Blick auf die Eltern – wühlten in der Schüssel, und im Nu waren unsere Stirnen schwarz.

Es konnte ja nicht mehr viel passieren, die fünf Franken hatten wir schon in der Tasche.

»Jetzt Nase, einen großen Bart und zum Schluß das ganze Gesicht!« Wir gehorchten – bis sich alle vor Lachen nicht mehr halten konnten.

Von Onkel Fridolin habe ich auch etwas Lebenswichtiges gelernt. Ich war bei ihm in den Ferien in Goldau. Seine Assistentin hatte frei. Ein Mann mit abgehacktem Daumen stürzte in die Praxis. Onkel Fridolin fragte mich kurz: »Willst du mir helfen?«

Ich war bleich und zitterte.

Noch einmal kam ein barsches »Ja oder nein?«

Ein winziges »Ja« und dann leise: »Aber wie – bitte?«

»Hol eine Schüssel mit warmen Wasser!« Und er fing an, den herunterhängenden Daumen anzunähen.

Nie mehr habe ich mich vor Blut gefürchtet.

Als ich schon ziemlich berühmt war, sagte ein junger Kellner im Speisewagen von Zürich nach Paris, als ich zahlen wollte, zu mir: »Darf ich Sie einladen? Sie haben mir einmal das Leben gerettet.«

Und wir erinnerten uns gemeinsam, wie ich auf dem Heimweg von der Schule diesem Burschen auf menschenleerer Straße begegnet war. Aus seinem Arm spritzte das Blut mit jedem Herzschlag. Ich nahm, ohne ein Wort zu sagen, die saubere Mittelseite meines Mathematikheftes, legte sie auf die Wunde, band den Arm mit einem Gürtel ab und brachte den Jungen ins Krankenhaus.

Nun bedankte er sich für die Rettung, und ich bedankte mich für die Einladung. Ich habe ihn nie wiedergesehen.

Der Schweizer Urgroßvater war ein äußerst tüchtiger Mann mit natürlicher Autorität und vor allem Humor. Er hatte erfolgreiche Kinder, eines davon war meine Großmutter väterlicherseits, dann Onkel Fridolin und Tante Elise, lebenslang ein Jungfräulein.

Mit achtundsiebzig Jahren brach sich Tante Elise das Becken. Ich legte sie in die Erste Klasse und bat die Ärzte, alles zu tun, ihr die Schmerzen zu erleichtern. Prompt wurde sie zur Morphinistin.

In ihrer jungfräulichen Glückseligkeit schrie sie durch die Gänge: »I' wott mi's Morphium, 's Gritli zahlt alles!« Sie eröffnete dem Apotheker sogar noch ihre lebenslange Liebe, die sich freilich jetzt nicht mehr erfüllen konnte. Bei meinem letzten Besuch brachte ich ihr einen blühenden Blumenstock. Er blüht noch weiter auf ihrem Grab.

Ich war zweimal fast ein Jahr lang bei Tante Elise in Schwyz. Dort bekam ich auch meinen ersten Kuß in dem kleinen Garten mit den betongefaßten Rabatten, der noch heute existiert.

Merkwürdigerweise hat uns unsere Mutter immer wieder monatelang »verschickt«.

Mich das erste Mal mit vier Jahren, behängt mit einer Tafel, darauf Adresse und Opapas Telefonnummer. Mit der Nummer 526 war er einer der ersten Telefonteilnehmer Wiens.

Bei der Ankunft in Basel half mir der Schaffner die großen Stufen aus dem Zug hinunter auf den Bahnsteig. Niemand war da.

Der Schaffner schaute sich suchend um, aber dann mußte er weiterfahren. Ohne jede Angst setzte ich mich auf mein kleines Köfferchen und wartete.

Langsam sammelten sich Menschen um mich.

Jeder fragte das gleiche: »Bischt du abr äs Liabs, ja was machschst denn da? Bisch du es Herzigs!«

Ich muß wohl jedesmal eine andere Antwort gegeben haben, jedenfalls lachten sie, und am Ende klatschten sie sogar. Langsam löste sich eine sehr hübsche Frau aus der Menge, lächelte und kam mit ausgestreckten Armen zu mir und meinem Köfferchen.

»Bist du die Schweizer Großmutti?«

Sie hob mich hoch, und ich hatte sie gern, für mein ganzes Leben. Dann nahm sie mich bei der Hand und brachte mich in ihre kleine Pension in der Steinen-Vorstadt in Basel.

Anna Scholl, die Schweizer Großmutti, hatte zwar einen Putzfimmel, aber dafür einen romantischen kleinen Garten hinten raus und zwei Kätzchen – leider aber auch eine arg böse Nachbarin vis-à-vis. Einmal, als mein Vater bei seiner Mutter zu Besuch war, klagte die böse Nachbarin bei Gericht »wegen Unzucht«.

Großmutti hielt den Namen des Unzüchtigen geheim bis zum Schluß. Erst auf die forsche Frage des Richters: »Wer war der Herr?« zeigte Großmutti mit dem Finger auf meinen Vater und sagte: »Der Herr isch nääämlich min Sohn!«

Wann immer sie diese Geschichte erzählte, stand sie auf und schmetterte mit großer Würde den Satz, den sie dem Richter entgegengeschleudert hatte.

Sie hat viel durchgemacht, die arme Großmutti. Ihr Mann Ferdinand Schell, ein Kapellmeister aus dem Badischen, starb nach nur vier Jahren Ehe an Lungentuberkulose. Und wenige Tage danach der drei Monate alte zweite Sohn. Der Kapellmeister hatte allzuoft darum gebettelt, ihn in seinen letzten Tagen im Arm halten zu dürfen.

Eigentlich verdanken wir es diesem unglücklichen Umstand, daß wir Schweizer sind. Denn es gab ein Gesetz, daß Witwen mit kleinen Kindern, die durch die Heirat mit einem Ausländer ihre schweizerische Staatsbürgerschaft verloren hatten, diese beim Tod des Ehegatten automatisch wiedererlangten.

Ich kam dann noch zu Tante Elise und dem Urgroßvater nach Schwyz und blieb dort bis zum Sommer.

Um das Schneiderhandwerk zu erlernen, ging der Schweizer Urgroßvater mit neunzehn Jahren zu Fuß von Schwyz nach Paris, alldieweil es noch keine Eisenbahn gab.

Wenn man bedenkt, daß meine Kinder praktisch auf den Mond fliegen könnten, ist die Spanne meines Lebens bis ins dritte Jahrtausend unglaublich weit.

Auf dem Heimweg von Paris fuhr der Schweizer Urgroßvater bereits mit der Eisenbahn zurück nach Schwyz in der Schweiz. Er mietete ein kleines »Lädali«, einen Laden, kaum größer als ein Tisch.

Hinter dem Schaufensterchen der Straße zu lag der Pariser Anzug aufs Eleganteste drapiert. Ein Vorhang trennte ihn von Schneidertisch, Kasse und wahrscheinlich nur wenigen Metern Stoff.

Die Tür war verschlossen. Man mußte klingeln, mehrmals, dann rief eine Stimme freundlich: »Guata Tag – as Momentali, bitte.« Ein nackter Arm griff durch den Vorhang und holte den Anzug. Es dauerte eine Weile, und der Urgroßvater stand im eleganten Pariser Anzug vor dem Kunden.

Zurück in der Schweiz lernte er meine Urgroßmutter kennen – von der ich leider nur aus Erzählungen weiß.

Sie besaß ihrerseits ein winziges Grundstück inmitten von Schwyz. Auf diesem Grundstück unterhielt sie einen großen Backofen mit Bänken und Tischen drumherum.

Dorthin kamen reihenweise die Frauen des Städtchens, um ihre Brotlaibe auszubacken und zu tratschen. Es gab auch etwas zu trinken – ein gutgehendes »Schwyzer Business«.

Urgroßvater verkaufte alles, nahm eine Hypothek auf und baute den ersten Stock eines Hotels. Auf diesen ersten Stock erhielt er eine Hypothek für den zweiten – und so weiter bis zum fünften –, bis ein ansehnliches Hotel dastand, das ihn stattlich und wohlhabend machte.

Seine geliebte Frau hinkte wie er. Und so hinkten sie beide, jeder nach seiner Seite, zum Altar und durchs Leben.

In die Sonne geworfen

Meine Eltern heirateten am 12. April 1925 in Wien. Es war eine kleine Hochzeit, mit Opapa, Großmutti und wenigen Freunden.

Beethovens ›Ich liebe Dich‹, gesungen von einem Dichterfreund, ersetzte alle weiteren Feierlichkeiten. Es ist eines der schönsten, vielleicht das schönste Liebeslied, das ich kenne.

Mutti packte ihr selbstgenähtes Brautkleid und den Myrtenkranz sorgfältig mit viel Seidenpapier in eine Schachtel, verstaute sie in Opas Schrank und fuhr im Dirndl mit unserem Vater auf die Alm.

Wir Kinder durften ausnahmslos nur verheiratet auf die Alm kommen. Erst als Mutti älter und weiser wurde, lockerten sich die strengen Regeln mehr und mehr. Heute dürfen sogar Geliebte für kurze Zeit vorbeikommen.

Vermutlich hatte Mutti in der Verlobungszeit unserem Vater die Alm zwar zeigen dürfen, zärtliche Küsse gab es sicher auch, aber die Keuschheit blieb Gesetz ihrer Liebe bis zur Hochzeit. Mutti ging, es dämmerte schon, nach der langen Reise von Wien an ihrem Hochzeitstag auf die Jagdhütte zu, zitternd vor Freude und Angst.

Die Freude spricht aus Vaters Gedicht:

Er liebt mich, er liebt mich.
Wohin soll ich es jubeln!
Er liebt mich, er liebt mich.
Jauchze, mein Herz!

O Mond und o Sonne,
O Stern und o Stunde,
ich sehe nur Schönheit,
und hin ist der Schmerz.
Ich bin ja so selig
und glücklich dabei,
so taumelnd und fröhlich,
gebunden und frei.
Er liebt mich, er liebt mich.
Wohin soll ich es jubeln!
Er liebt mich, er liebt mich.
Jauchze, mein Herz!

Über der Tür war eine Tafel angebracht mit einem von gemalten Tannenzweigen umrahmten »Waidmannsheil«. Die Tafel hängt heute noch da.

Der Bruder des Stadthauptmanns hatte die Jagd und die Hütte gemietet, die ursprünglich eine Badestube war, gebaut zur gleichen Zeit wie das Bauernhaus – im Jahr 1723.

Da trieben die Bauern ihr erotisches Unwesen, aber nur einmal im Monat. Die Badestuben wurden vom Papst, zuerst in Deutschland und später auch in Österreich, verboten, aber nicht wegen der Erotik allgemein, sondern wegen der damals noch nicht heilbaren Syphilis.

Der Stadthauptmann und sein Enkel, der Medizinalrat, haben später das Land gekauft. Vererbt an meine Mutter gehört es heute Maximilian und mir.

Da steht nun mein neues Haus, zwischen Hütte und dem alten Bauernhof! Und ganz oben in unserem Besitz baut Maximilian sein Haus, so daß es ein kleines Schelldorf werden wird – sogar mit Kapelle. Ein Eindruck aus Rußland, wo bei jedem Bauernhof ein eingezäunter Friedhof angelegt ist, in dem die Ahnen jedes Fest mitfeiern können. In unserer Kapelle wird immer unter der Holzbank eine

1

2

1 – 4 Ich wußte nie,
daß ich eigentlich ganz hübsch war.
Portraits aus den fünfziger Jahren

3

4

Flasche Wein stehen, damit wir den von uns Gegangenen in der Ewigkeit zuprosten können.

Als Hochzeitsnachtskind habe ich darüber nachgedacht, wann unser Leben entsteht – sicherlich in der Begegnung der beiden Liebenden und dem Zustand ihrer Seelen. Sonst wäre es nicht möglich, daß Geschwister meistens sehr verschieden sind, trotz gleicher Lebensumstände und Traditionen.

Sie sind ein Abbild der Liebesstunden ihrer Eltern. Aber ich weiß, daß auch Kinder aus wenig glückhaften Begegnungen hohe Begabung, manchmal sogar Genialität ins Leben mitbekommen können.

Die Natur versucht immer, ihre Kräfte auszugleichen.

In der Entstehung ist sicherlich noch keine Bewußtheit, aber wir sind in diesem Augenblick in das Leben und in die Sonne geworfen. Wir spüren schon bald Bewegung und nehmen wahr, *daß* wir sind. Später Gefühle, Orientierung, *wo* wir sind. Wir hören zum erstenmal den Herzschlag der Mutter, fühlen ihr Schlafen und Wachen. Und schon bald kommen Botschaften vom Leben draußen dazu. Die Stimme des Vaters, seine Zärtlichkeit, sogar seine Hand. Papa erzählte, er habe mein Füßchen fassen können, das ich ihm aber mit einem Ruck gleich wieder entzog.

1928 kam mein Bruder Carl zur Welt, 1930 Maximilian. Als er vielleicht zwei war, schrieb Papa dieses Gedicht:

Du bist mein kleines Königskind,
nur du hast solche Augen,
ein Königskind nur solches Haar
und kleine Händchen, die so weiß
nur für ein Zepter taugen.

Immy kam vier Jahre später. Die Liebesblüte war welk geworden, aber Vater und Tochter blieben sich bis kurz vor Papas Tod sehr nahe.

Den Sommer verbrachten wir auf der Alm, den Winter in Wien.

Aus unserem ersten Wiener Winter stammt meine früheste Kindheitserinnerung, jetzt im Krankenhaus wiederbelebt:

Papa und Mutti kamen von einer Einladung spät in der Nacht zurück, holten mich aus dem Bettchen und setzten mich auf den Topf. Dort haben sie mich vergessen. Ich weiß nicht wie lange. Als Mutti sich meiner erinnerte, hing ich schräg über meinem Topf – ich war eingeschlafen.

Das vorsichtige, langwierige Lösen des Töpfchens brachte mich halb ins Bewußtsein zurück, umwölkt vom Veilchenduft aus Muttis langem Seidenschal. Bis auf den heutigen Tag warte ich im Frühling auf die ersten Veilchen.

Unsere Eltern hatten überhaupt kein Geld. Wir konnten aber im kleinen Laden in Preitenegg, eine Fußstunde von der Alm entfernt, anschreiben lassen bis zum Ende des Sommers. Dort gab es alles, aber wirklich alles! Zitronen neben Persil, Schokolade unter den Zigaretten, Schaufeln, Werkzeuge, Blusen im Ausverkauf, Mausefallen, Milchfläschchen, Schulhefte, alles durcheinander.

Klopapier gab es noch nicht. Wir schnitten die Zeitungen in kleine Blättchen, alle lasen dasselbe auf dem Almklo, und zurückgekommen erzählten wir das Gelesene mit großer Dramatik als eben erst gehörte oder erlebte Geschichte. Schon damals ein Kampf um Originalität.

Mutti pflückte im Sommer Preiselbeeren, sammelte im Herbst Pilze, die der kleine Laden kistenweise nach Klagenfurt verkaufte. So verkleinerte Mutti die Sommerschulden.

Brot war zu teuer, also bekamen wir Polenta, in Kärnten ›Sterz‹ genannt, mit Kakao in Blechhäferln zum Frühstück. Hinter der Hütte hatte Opapa eine Kultur aus Fichten angepflanzt, die heute weit übers Land schaut. Damals reichten uns die Bäumchen gerade bis zur Nasenspitze.

Es hatte sich eine Allee gebildet – auf halbem Weg das Klo mit der erwähnten Lektüre.

Ganz hinten hatten wir Kinder uns ein Haus gebaut, aus Tannenzweigen mit Dach und Eingangstür.

Morgens aufgewacht, schlichen wir mit Mutti im Taugras nach hinten. Sie trug die Sterzschüssel, und wir hatten die Kakaohäferln.

Bei jedem Schritt sagte Mutti viel zu laut »Psst, Ruhe, verflixt noch mal, Papa schreibt« oder »Papa schläft noch«, was wir selbstverständlich nach weiteren drei Schritten schon wieder ganz vergessen hatten.

Carl zottelte hinter uns her. Er mochte keinen Sterz. »Itti Utti Utteroti hamm ja?«

Das hieß: Bitte, Mutti, Butterbrot hab'n, ja?

Den ganzen Vormittag blieben wir verhältnismäßig ruhig. Mutti machte ihren Haushalt, brachte Papa Kaffee und kroch – hoffentlich – wieder zu ihm ins Bett.

Die Jagd hatte inzwischen drei Jäger: Opapa, meinen Vater und Onkel Kari, den Bruder meiner Mutter. Verschlafen in meinem Bettchen liegend, hörte ich unseren Jäger Rochus zum Schlafzimmer von Papa heiser hinaufrufen: »Herr Schell, fünfe is'!« Dann die leisen Schritte meines Vaters die steile Holztreppe hinab, von der wir alle, jeder mehr mit Geschrei als mit Wunden, hinuntergepurzelt sind. Der Hebel des eisernen Schlosses an der Hüttentüre machte klack, und es war wieder still. Ich lag in meinem Bettchen, kuschelte mich warm ein und wartete auf den Morgen.

Es ist kaum zu glauben, daß Mutti – 1905 geboren – schon in diesem Bettchen lag. Dann folgten ich und meine Geschwister. Danach unsere Kinder, und jetzt die Enkel, Nichten und Neffen und jedes Kind, das auf die Alm kommt.

Unten hat das Bettchen eine Lade mit duftendem Heusack. Die wird herausgezogen für das jeweils größere Kind.

Das Gitter des Holzbettchens mit den von allen Kindern abgegriffenen meterhohen Stäben kann vorne hochgehoben und herausgenommen werden.

Alle Kinder aller Generationen haben versucht, das schützende Gitterteil hochzukriegen, bis es ihnen gelang und sie endlich samt Gitter mit blutiger Nase auf dem Holzboden von 1723 landeten.

Es war Tradition, daß der Jäger beim Abschuß eines Bockes einen zweiten Schuß abgab. Freudengeheul, denn das hieß: »Ofen einheizen!«

Einmal gab es drei Schüsse in kurzen Abständen hintereinander. Wir liefen den Jägern, die drei Böcke auf den Schultern trugen, jauchzend entgegen. Die Böcke wurden auf den Stein vor der Hütte gelegt, der »Bruch«, ein Tannenzweig, wurde ihnen feierlich ins Maul getan. Und dann ein Riesendurcheinander an Arbeit. Mutti heizte den Ofen, bis er glühte. Wir holten Messer – Spitze nach unten –, Schüsseln und Wasser vom Brunnen. Die Hunde winselten um uns herum, bekamen hie und da was zugeworfen.

Die Geweihe wurden vorsichtig ausgelöst und durften nur von Opapa behandelt werden, der als Ältester natürlich das schönste behielt.

Als ich sechs Jahre alt war, weinte ich über jedes getötete Reh. Opapa sagte ganz ruhig: »Weißt du, ein Jäger ist vor allem ein Heger, der die Rehe schützt. Der alte Bock muß dem jungen Platz machen. Und die Geiß kommt nicht mit gebrochenem Bein über den Winter. Der Jäger füttert sie ja auch und macht Zäune für ihr Revier. Ein Blattschuß mitten ins Herz tut nicht weh.«

Ich war einigermaßen getröstet. Opapa trocknete mir die Tränen. Später ging ich mit ihm auf die Jagd, aber er hat in meiner Gegenwart nie geschossen. Das schönste war, mit ihm vor Anbruch des Tages auf den Auerhahn zu gehen. Nur wenn der Auerhahn die Augen zum Balzen schloß, konnte man zwei Schritte näher springen.

Weit hinten im Besitz stand eine Viehhütte, durch deren Bretterlücken die Sonne schien. Mein Königreich mit vier Jahren. Als ich meinen ersten Film in Wien drehte – *Der Engel mit der Posaune* –, habe ich von meiner Gage, 6000 Schillingen, mit Mutters Erlaubnis die alte Hütte wieder aufgebaut. Mutti hatte die Entwürfe gemacht mit einem zusätzlichen Schlafplatz unter dem Dach, zu dem eine steile Treppe führte. Das Holz dazu hat Mutti mir geschenkt. Die Hütte mit ihren tausend Herzen und Liebesinitialen der Sommerwanderer hat letzten Sommer ein neues Schindeldach bekommen.

Viele Male war ich wochenlang, besonders als ich noch sehr jung war, in dieser Hütte. So lange, daß ich den Autos auf der Straße wie fremden Tieren nachschaute.

Einmal saß ich im blauen Dirndl auf der Bank der Hütte. Zwei Rehe, ein Bock und eine Geiß, trieben ganz nahe an mir vorbei um die Hütte. Drei Tage lang. Ich saß stundenlang und rührte mich nicht.

Aber sie hielten immer Abstand voneinander. Blieb der Bock stehen, stand die Geiß, rannte die Geiß los, rannte der Bock. Dann habe ich sie nicht mehr gesehen. Sie vereinigten sich im Wald und gingen wohl auseinander.

Wenn ich daran denke, weiß ich heute, daß gerade diese Distanz die Liebe erhält.

Der ungarische Regisseur Géza von Radvanyi – er drehte mit mir und O. W. Fischer *Das Riesenrad* – sagte einmal: »In der Liebe ist alles ganz einfach. Wer zuerst einhängt Telefon, hat gewonnen.«

Mutti machte den besten Rehrücken der Welt – ein unbezahlbares Erbe. Was am Freudentag nicht verzehrt wurde, kam in Schüsseln und Fliegennetzen in den tiefen, kühlen Keller ins Bauernhaus – für die Hunde unerreichbar.

An den Wänden hingen Sensen. Eine davon verletzte beim Herunterfallen Teufele so schwer, daß es kurz darauf starb.

Teufele und Ricke waren zwei kleine Rehkitze, die Nachbarsbuben im Wald aufgestöbert hatten und meiner Mutter brachten. Mutti befahl, sie sofort wieder dorthin zu legen, wo sie sie gefunden hatten. Und die Rehmutter nahm sie, nach der Berührung von Menschenhand, nicht mehr an. So wuchsen Teufele und Ricke mit mir auf. Sie bekamen das Fläschchen zur gleichen Zeit wie ich.

Eifersüchtig kämpften sie mit ihren kleinen Köpfchen, stupsten Mutti von hinten; jedes wollte das erste sein.

Satt geworden liefen sie in den Wald zurück, und Mutti brauchte nur zu rufen, da kamen sie, schauten mit großen Augen über den Körbchenrand, der draußen beim Brunnen stand.

Das zweite Kitz muß auch früh gestorben sein, denn es stand, meine ganze Kindheit über, ausgestopft vor dem Lisztflügel in Wien.

Das Pendeln zwischen Sommer und Winter, Alm und Wien wurde nur unterbrochen durch Verschickung in die Schweiz zu Tante Elise und Großmutti.

Nach monatelangem Aufenthalt in Schwyz stieg ich, vier Jahre alt, aus dem Autobus in Preitenegg.

Mutti ließ mich aus ihren Armen herunter, und ich sagte ihr im breitesten Schwyzerdütsch: »Ä schoene Gruess soll ich euch usrichte vo dä Frau Düggelin. Und ihr choemmet dänn äs Buschi über.«

Mutti war erstaunt. Sie war im siebten Monat schwanger mit Maximilian. Sie fragte weiter, und nur daher kenne ich die Geschichte: Tante Elise ging gerne, vorbei am Friedhof, in das kleine Tal, in dem ein Einsiedler mit Kapelle und winzigem Häuschen wohnte. Sie gab mir die erste Information in punkto Kinderkriegen: »Die kommen allesamt vom Einsiedler«, sagte sie, »der hat sie unter den großen Steinen in der Kapelle aufgeschichtet nebeneinander liegen.«

Wer sich also ein Kind wünschte, ging zum Einsiedler und spendete, je nach Größe des Kinderwunsches, in die Büchse. Das hatte ich mir gemerkt.

Ich half Tante Elise beim Abwaschen und Aufräumen der Wohnung. Am Ende der Woche hatte ich zehn Rappen beisammen. Tante Elise kochte am Montag sechs Kartöffelchen für die Woche und aß jeden Tag eines davon abgebraten, manchmal auch zwei.

Mit den zehn Rappen ging ich zum zweitenmal zum Einsiedler, nachdem ich ihm beim erstenmal auf der Wiese gepflückte Blumen brachte und er mir sagte: »Das choschtet aber scho ä Batze.«

Jetzt kam ich mit dem schwer erarbeiteten Batzen, meinen zehn Rappen, und streckte sie ihm hin: »I möcht gern äs Buschi ha, äs Brüderli.« Der Einsiedler antwortete: »Da muend mir aber ins Kapellali go und bötte.«

Ich hatte ein Kopftüchlein um, weswegen weiß ich nicht, wahrscheinlich wegen der Kapelle und dem kalten Steinfußboden, und einen Rosenkranz um die kleinen Hände.

Als wir fertig gebetet hatten, warf der Einsiedler die zehn Rappen in die Büchse. Und ich war überzeugt, daß er jetzt den großen Stein hochheben würde und ich mein Brüderchen aussuchen könnte. Er versuchte erst gar nicht, den Stein zu heben, sondern erklärte mir, daß er es nachschicken würde, und ich sollte noch mal zehn Rappen vorbeibringen, denn Brüderchen seien teurer.

Ich war verzweifelt – nicht wegen der zehn Rappen –, aber ich wußte, daß ich in zwei Wochen auf die Alm zurückfahren würde. »Gib mir deine Adresse, ich schicke es nach«, sagte der Einsiedler ungeduldig und schob mich aus der Kapelle.

Ungern, aber doch zufrieden, lief ich zurück. Niemand sollte von meinem Geheimnis erfahren. Kurz vor der Heimreise zurück auf die Alm gab mir Frau Düggelin, eine Nachbarin, den dringenden Auftrag, nicht zu vergessen, meine Mutter zu grüßen, was ich zum Erstaunen meiner Mutter auch als erstes tat. Mutti kannte Frau Düggelin überhaupt nicht.

Maximilian kam auf die Welt. Der Einsiedler hatte die Adresse also nicht vergessen. Und ich blieb überzeugt, daß ich und natürlich nur ich ihm das Leben geschenkt hatte.

Die Geschichte sprach sich bei Verwandten und Nachbarn herum, man bestellte Kinder bei mir, und ich suchte einen so großen Stein wie in der Kapelle. Auf halbem Weg zum Klo fand ich ihn. Ich war überzeugt: Kindermachen kann ich auch ohne Einsiedler!

Die schwangeren Tanten und Nachbarinnen bestellten kurzfristig, so daß ich nicht so lange auf die jeweiligen Babys warten mußte. Und dann bekam ich Schokolade.

Wir hatten eine Sommerdiensthilfe mit Namen Burgel, die allen anwesenden Männern auf der Alm den Kopf verdrehte. Sie trug immer bunte Fähnchen und Stöckelschuhe, und ich liebte sie abgöttisch.

Ich bettelte, ihr auch ein Kind machen zu dürfen. Mutti sagte: »Aber sie hat doch keinen Papa dazu.« Ich bettelte weiter, bis Mutti eines Tages ungeduldig nachgab: »Na dann mach ihr halt in Gottes Namen ein Baby.«

Als es dann tatsächlich auf dem Weg war, wurde Burgel von der Alm gewiesen. Und ich bekam generelles Verbot, Kinder zu machen.

Wir waren vier

Männer kommen und gehen. Einen Bruder verliert man nicht.

Als ich einmal, ganz jung, Maximilian in einem länger anstehenden Brief schrieb, wie sehr ich ihn liebte, rief er mich an und sagte: »Wenn man jemanden liebt, muß man auch etwas dafür tun.«

Von diesem Tag an hat es nie mehr als eine Woche gegeben, daß wir nicht voneinander hörten.

Wenn ich auf der ganzen Welt, wo immer es ist, über irgend etwas weine, vor allem über Liebesgeschichten, läutet innerhalb von zehn Minuten das Telefon, weil Maximilian spürt, daß irgend etwas nicht stimmt. Er redet dann zwar über alles andere, findet aber schnell den Grund meiner Tränen. Oft hat er sich darüber beklagt, daß, wann immer er sich gerade an meine »neue Liebe« gewöhnt hatte, ich schon wieder an schmerzlicher Trennung litt.

Heute telefonieren wir alle zwei, drei Tage.

Maximilian hat spät geheiratet. Natascha Andeytschenko, seine Partnerin aus dem Film *Peter der Große*, eine der erfolgreichsten Schauspielerinnen Rußlands, wurde seine Frau. Es war eine große Liebe, von allen Seiten bedrängt.

Russische Frauen durften nicht nach zehn Uhr mit einem Ausländer im Hotel sein. Als sie Natascha deshalb einmal rausschmeißen wollten, packte Maximilian alles zusammen, und sie übernachteten auf ihren Koffern draußen auf dem Roten Platz.

Ich war Trauzeuge, als sie in Moskau heirateten.

Wir saßen auf dem Standesamt – feudal schäbig. Etwa dreißig Paare warteten im Vestibül. Ein Harmonium mit zertretenen Pedalen spielte zwei Takte von Mendelssohns Hochzeitsmarsch, und das erste Paar ging durch eine abgewetzte Eichentür zum Standesbeamten.

Eine Pause von knapp einer Minute – das Paar kam wieder heraus – die Braut selig lächelnd, mit drei Nelken im Arm. Blumen waren in Moskau unerschwinglich.

Dann wieder Mendelssohn, das zweite Paar ging, bis die Reihe endlich an uns war. Ich hatte Natascha einen zauberhaften Brautstrauß aus München mitgebracht, der getrocknet noch heute in ihrer Küche in Moskau hängt.

Ein Jahr später kam Nasti, auf Russisch Nastassija, zur Welt.

Natascha wurde mir nicht nur »a sister in law«, sondern auch »a sister of heart«. Sie brachte aus erster Ehe Mitja, einen wunderschönen Jungen, einen Zarewitsch, mit in die Ehe. Maximilian adoptierte ihn, und somit ist die Schweiz um drei Bürger reicher geworden.

Da Maximilian viel in Amerika arbeitet, hat er in Los Angeles ein Haus gekauft, und auf mein diplomatisches Bitten und Drängen hin entsteht nun auch sein Haus auf der Alm.

Es wird vieler Überredungskünste bedürfen, daß die Alm sein Lebenszentrum wird. Das dürfte aber dank unserer gemeinsamen Filmpläne nicht so schwer erreichbar sein.

Maximilian gehört für mich zu den besten Schauspielern, vor allem aber auch zu den besten Regisseuren der Welt.

Meinen Bruder Carl, der vor Maximilian geboren wurde, hatte ich noch nicht unter dem Stein hervorholen können, weil der Einsiedler noch nicht in mein Leben getreten war.

Carl hatte eine schwere Kindheit. Papa blieb ihm gegenüber immer sehr zurückhaltend, was Carl sehr weh getan haben muß. Bei der kleinsten Ungenauigkeit, sogar schon Unpünktlichkeit, stempelte er ihn zum Versager. Mutti kämpfte um seine Anerkennung, konnte aber nicht verhindern, daß er bereits mit fünfzehn Jahren von zu Hause fortging.

Wohin, wußten wir nicht. Wir hatten keine Adresse. Auch wenn Mutti wenige Tage lang eine Telefonnummer hatte, durften wir nicht anrufen. Papa hatte es verboten. Nur in seinen Gedichten konnte Papa seine Liebe zu uns Kindern ausdrücken, sogar zu Carl.

Entgleite mir nicht in die Welt,
liebes Kind.
Aber ich muß dich lassen.
Hast dein eigenes Leben.
Allen muß ich es geben,
jeder kann es umfassen.

Carl schlug sich mit hunderterlei Berufen notdürftig durch, bis er mit zwanzig nach Paris ging. Dort, vermutete Mutti, hat er am Anfang sogar unter Brücken geschlafen.

Später quartierte er sich in einem winzigen Hinterzimmer im Künstlerviertel Montmartre ein, lernte Erich Maria Remarque kennen, spielte eine kleine Rolle in einem Film mit Maurice Chevalier und lernte nach etwa einem Jahr eine Gruppe von Schauspielern kennen, die in São Paolo in Brasilien ein neues Hollywood gründen wollten.

Sie bezahlten Flugtickets, auch für die Rückreise, und eine sehr kleine Gage.

In São Paolo war natürlich kein Geld da für Hollywood, nur ein kleines Theater mit Cafeteria. Carl lernte die Sprache und spielte sogar den Romeo auf Portugiesisch.

Das Theaterchen konnte sich nicht halten, so übernahm Carl die Cafeteria, aber auch damit war es bald zu Ende.

Für kurze Zeit wurde er »Professor für Schauspiel« mit Hungergehalt. Dann hatte er endlich genug und fuhr mit einem Frachter heim nach Europa.

Bei einer gemeinsamen Fernsehserie lernte er die Schauspielerin Stella Mooney kennen. Die Liebe war so groß, daß er ganz blöd wurde. Er ließ sich scheiden. Nach vielen Schmerzen und Kämpfen blieb seine, inzwischen wiederverheiratete, erste Frau Candida mit ihren drei Kindern zurück.

Während der Außenaufnahmen zur Serie fanden Stella und Carl in Brissago an einem steilen Hang über dem Lago Maggiore, mitten im Gestrüpp, einen halb verfallenen Bungalow. Mit dem eben verdienten Geld kauften sie den Bungalow und etwas Grund dazu, bauten mit eigenen Händen ein Zimmer für sich aus und mit der ersten Hypothek – wie seinerzeit der Schweizer Urgroßvater – den ersten Stock ihres Hauses.

Mit weiteren Theaterarbeiten kauften sie Stück für Stück, bis sie endlich den ganzen Hang ihr eigen nennen konnten. Sie planierten Terrassen, legten Wasser, fanden Käufer, und jetzt stehen kleine Villen bis zur Straße hinauf. Heute gibt es schon einen Lift mit Stationen bei jeder Villa und Garagen am Straßenrand. Zuvor mußte man 201 verwilderte und zerbrochene Stufen mit Zeitungen, Milch, Gemüse und Kaminholz hinunter- und mit Abfall und Kindern wieder hinaufsteigen, um den Abfall in die Mülltonnen und die Kinder in den Kindergarten zu bringen – zwanzig Jahre lang, bis die Kinder auf eigenen Füßen hinauf und in ihr Leben gehen konnten.

Zum fünfundsechzigsten Geburtstag schenkte Stella ihrem Mann eine Dattelpalme. Mit großem Aufwand wurde sie aus Marokko per Schiff und Lastwagen nach Brissago gebracht. Ein Hubschrauber flog sie hängend an die vorgesehene Stelle neben dem Haus, ließ sie sanft auf den Boden, wo sie von Carl persönlich in die Erde gebracht wurde. Mit einer Flasche Champagner wurde sie schließlich getauft.

Kurze Zeit danach besuchte ich Carl und Stella. Ich freute mich auf Datteln, die ich ganz besonders liebe.

»So einfach geht das nicht«, sagte Carl, »das ist eine männliche Dattelpalme, die braucht ein Weib.«

»Dann schenke ich dir ein Dattelweib.«

Die ganze Prozedur noch einmal! Kosten fünftausend Franken. Ich warte weiterhin auf Datteln, denn Dattelmänner sind wählerisch. Sie brauchen bis zu sechs Frauen, um gelegentlich eine mit Datteln zu beglücken.

Die Natur produziert immer und überall – manchmal auch skurrile Liebesgeschichten.

Immy, als letztes von uns vier Kindern, kam 1934 zur Welt. In Wien war Revolution, und am Kardinal-Nagel-Platz standen Kanonen auf unser Haus und den ganzen Block gerichtet. Schußbereit.

Papa stürzte ins Haus und in die Wohnung und schrie: »Stellt euch an die Wand! Niemand geht ans Fenster!«

Zur gleichen Zeit lag Mutti in der Klinik, kurz vor Immys Geburt. Sie hörte die Schießerei und bat die Schwester um ein Buch, um sich abzulenken. Die Schwester brachte einen Krimi, in dem noch mehr geschossen wurde als draußen.

Zu Hause standen wir alle an die Wand gepreßt. Papa sagte zu mir: »Pack einen Koffer für die Kinder. Wir müssen weg.«

Der Kleiderkasten stand am Fenster. Ich ging ruhig vor, packte alles Nötige, und wir schlichen mit Papa aus dem Haus und in ein Taxi. Er brachte uns in Opapas Sanatorium mit großem Garten und hoher Mauer.

Auf dem Rückweg zu Mutti in die Klinik wurde das Taxi angeschossen. Doch Papa blieb unverletzt.

Immy wurde am 11. Februar geboren, und meine gläubige Mutter nannte sie Maria Immaculata.

Immy war erst vier Jahre alt, als sie von den Eltern getrennt wurde. Sie blieb zwölf Jahre in einem Schweizer Kinderheim – das ironischerweise »Paradiesli« hieß. Sie fühlte sich verlassen und benachteiligt und konnte das ein Leben lang nicht verwinden. Es war sicher auch schwer, Geschwister zu haben, von denen zwei so besonders erfolgreich wurden.

Zwar ging auch sie zum Theater und machte Filme, unter anderem *Schwester Ingeborg*, hatte jedoch, um sich von mir zu distanzieren, den Namen Editha Nordberg angenommen. Die Produzenten bestanden aber auf dem Namen Schell, und so wurde doch wieder Immy Schell daraus. Ihr ganzes Leben hatte sie zu kämpfen. Zeitweilig war ich ihr sehr nahe und versuchte zu helfen, wo ich konnte. Relativ spät heiratete sie Walter Kohut, einen großen Schauspieler. Doch verlor sie ihn, der nach einem Herzinfarkt fünf Monate im Koma lag, schon nach einer kurzen Ehe.

Mit Immy verbrachte ich Tage und Nächte in der Intensivstation in München. Dann wurde Walter nach Innsbruck in ein Hospital für Komageschädigte verlegt. Wir wohnten gemeinsam in der Wohnung eines Kollegen in der Nähe der Klinik. Für durchwachte Nächte belohnten wir uns im Morgengrauen mit Knoblauchnudeln und konnten übermüdet sogar unter Tränen lachen. Die Koma-Station blieb für mich das Erlebnis der Hölle – fünf Monate lang.

Nur selten kam ich zu den Kindern nach Wasserburg in unser Haus. An einem Abend hatten wir Karten für die Münchner Oper, aber ein plötzliches Gefühl sagte mir: Ich muß zurück nach Innsbruck.

Walter lag, abgemagert bis auf die Knochen, unverändert im Koma. Gegen Morgen läutete das Telefon. Immy fuhr hoch in ihrem Bett, und eine Stimme sagte: »Es geht ihm sehr schlecht. Kommen Sie schnell.«

Ich wußte, daß er tot war.

Die ganze Zeit hatte Immy darum gebetet, daß er ihr wenigstens im Rollstuhl erhalten bliebe, – und ich, daß er um Gottes Gnade willen sterben möge. Wir rasten über alle roten Ampeln hinweg ins Krankenhaus. Immy lief die Treppe hoch und den langen Gang zu seinem Zimmer. Ich ging ganz langsam hinter ihr her. Ein Schrei, und Immy raste zurück in meine Arme.

»Er ist tot.«

Sie brauchte Jahre, um darüber hinwegzukommen. Eigentlich hat sie es nie geschafft.

Als die Autogurte Vorschrift wurden, bat sie meinen Arzt, ihr mit einem Attest Klaustrophobie – Platzangst – zu bescheinigen. Das hat sie ihr Leben gekostet.

Maximilian und ich bekamen über Umwege in München eine Benachrichtigung der Polizei aus Wien. Immy hatte einen schweren Autounfall gehabt und lag auf der Intensivstation. Sofort fuhren wir nach Wien.

Immy hing in einem Rollstuhl, kahlgeschoren und bewußtlos. Sie erkannte uns nicht.

Fast ein Jahr hat es gedauert, bis sie einigermaßen wieder bei Bewußtsein war, mit großen Schmerzen und einer nachfolgenden schweren Depression. Sie starb im August 1992.

Während ihrer Krankheit hatte ich den Film *Nach langer Zeit* in Frankreich und Kanada gedreht. Ich telefonierte täglich mit Immy und fuhr direkt nach Drehschluß des Films zu ihr auf die Alm. Dort fand ich Immy abgemagert und krumm wie eine alte Frau. Ich alarmierte unseren Hausarzt, der noch am gleichen Tag eine Blutprobe nahm.

Am nächsten Morgen rief er an und sagte: »Immy muß mit der Rettung ins Krankenhaus.«

Oliver, mein Sohn, übernahm es, Immy vorsichtig darauf vorzubereiten. Ich stand vor der Tür und hörte sie schluchzen, ging hinein, nahm ihre Hand und sagte ruhig zu ihr: »Wenn du leben willst, mußt du jetzt mit mir kommen.«

Die Rettung wartete schon, und wir mußten lachen, weil der Sanitäter so dick war, daß er die Trage nicht in das Rettungsauto schieben konnte. Und in Graz fand er eine Stunde lang das Krankenhaus nicht.

Ich blieb bei Immy im gleichen Zimmer. In einem schmerzhaften Eingriff wurde ihr eine Probe ihres Rückenmarks entnommen. Ich hielt sie fest. Sie war sehr tapfer.

Das Rückenmark, das fortlaufend neues Blut produziert, war bei ihr zerstört, als Nebenwirkung eines falschen Medikaments. Sie bekam die fehlenden Thrombozyten in Infusionen. Wie durch ein Wunder wurde sie lebhaft, beinahe glücklich, und wollte sofort wieder auf die Alm zurück. Aber die Wirkung ließ bereits am zweiten Tag nach.

Sie schrie nach einer Transfusion wie einst Tante Elise nach ihrem Morphium.

Es gab noch eine letzte Möglichkeit – die Methode eines Schweizer Professors. Wir hatten die Wahl zwischen München, Zürich und Wien. Immy entschied sich für Wien. Wieder wohnte ich bei ihr, und wir hatten beinahe eine glückliche Zeit.

1992 fand die Olympiade statt, Maximilian filmte in Afrika, und wir telefonierten ihm alle Resultate zweimal täglich durch.

Dann begann das Experiment. Immy wurde isoliert. Nur ich durfte zu ihr hinein, mit Handschuhen, Mundschutz, total vermummt. Am zweiten Tag zeigten mir die Ärzte stolz, weil sie einen neuen Computer hatten, die Verschattung der Lunge. Sie durfte nicht größer werden. Aber sie wurde größer.

Und dann ging alles sehr schnell.

Dennoch fuhr ich für eine Nacht auf die Alm, um nach den Kindern und Mutti zu sehen. Mutti ging es nicht gut, und alle Kinder waren erkältet.

Ich rief unseren Hausarzt um Hilfe, der aber sagte: »Wie kann ich den Kindern in den Hals schauen, die sind alle auf den Bäumen.« Sofort befahl ich die Kinder ins Bett.

Als ich in mein Auto steigen wollte, kam Mutti vollkommen angezogen aus dem Haus: »Ich fahre mit!«

Mutti wußte immer alles, und so war es auch das letzte Mal, daß sie Immy gesehen hat.

Mutti blieb in Wien und schlief in Immys Wohnung. Abends, als meine Schwester endlich eingeschlafen war, fuhr ich zu Mutti, um sie nachts nicht alleine zu lassen.

Um fünf Uhr früh klingelte das Telefon. »Immy verlangt nach Ihnen, bitte kommen Sie.«

Mit dem Taxi fuhr ich durch menschenleere Straßen hinaus in die Klinik. Immy war sehr schwach. Sie keuchte ganz leise, die Lungen waren fast zerstört.

»Ich bin so froh, daß du da bist.«

Das waren ihre letzten Worte.

Ich hielt ihre Hand. Maximilian rief sie an. Aber sie konnte nicht mehr sprechen. Ich hörte nur seine Stimme: »Ich komme morgen. Ich habe dich so lieb.«

Kurz danach ein Aufbäumen, ein Blick nach oben, und sie war von uns gegangen.

Eine Stunde saß ich da und wußte nicht, was ich tun sollte. Ich mußte Maximilian verständigen – es fiel mir unendlich schwer.

Er drehte in Afrika noch eine große Szene, ohne jemandem vom Filmteam etwas zu sagen, und flog anschließend nach Wien.

Immys Lieblingslied war das »Hobellied« aus Raimunds *Verschwender*. Maximilian wollte, daß ein kleines Orchester am Grab dieses Lied spielte, aber in Moll. Das Orchester versuchte es, fiel aber immer wieder in Dur zurück. Maximilian wollte am Grab sprechen, aber er konnte nicht.

Maximilian und Immy waren einander sehr nahe gewesen, auch schon in der Kindheit – und vor allem im Sport. Ich versuchte immer, Immys Nachfolge anzutreten, gab Maximilian, wo immer er war, alle Ergebnisse durch – vom UEFA-Cup bis Dortmund und ich weiß nicht was –, bis ich in meinem neuen Leben zu der Erkenntnis kam, Sport sei für mich kein Maßstab, auch kein geistiger, wie Maximilian ihn sieht: Daß nämlich ein paar Zentimeter höher oder einige Sekunden schneller entscheidend für den Wert eines Menschen, eines Sportlers, sein können.

Als mich vor Tagen ein Reporter fragte: »Welchen Sport lieben Sie?«, gab ich ihm zur Antwort: »Ich bücke mich gern.«

Weg aus der Kindheit

Opapa schenkte mir ein Weglein, nicht viel breiter als meine kleinen Füße, von der Hütte bis hinunter zur Straße, durch den ganzen Besitz.

Mit zweieinhalb Jahren ging ich diesen Weg, bis es dunkel wurde. Mit Laternen und Rufen suchte man mich bis tief in die Nacht.

Man fand mich neben dem Weglein schlafend im Gras. Mutti, voller Tränen, fragte: »Ja, Mörele, wo willst du denn hin?«

»Opapa gehn, Wien – weit.«

Ich war überzeugt in meinem kleinen Denken, daß der Weg, den Opapa mir geschenkt hatte, auch zu ihm führte.

Erst jetzt ist mir bewußt, daß Opapa für mich das Bild des Vaters vollkommen erfüllte.

Die Erinnerung an meinen Vater ist geprägt von Strenge, wehtuenden Spielen, wie in die Luft geworfen zu werden und mit tiefer Angst wieder in seine Arme zurück zu fallen, seinem unrasierten Bart, der sich wie Stacheln in mein Kindergesicht drückte.

Papa war auch sehr jähzornig.

Ganz klein schon lernte ich Disziplin und Einordnung. Sechs Stunden lang mußte ich unter die große Fichte, weil ich ungeduldig als erste beim Essen in die Schüssel gegriffen hatte. Papa sagte nur streng:

»Mörele unter die Fichte.«

Mein Stolz war so groß, daß ich erst nach sechs Stunden kam, um meine aufgewärmten Nudeln zu essen. Am zweiten, dritten und vierten Tag wurden die Zeiten kürzer, bis ich brav warten gelernt hatte, daß man mir etwas auf den Teller tat.

Aber es gab auch viele Sonnenseiten.

Jedes der vier Kinder bekam ein etwa vier Quadratmeter großes Gärtchen – natürlich mit Zaun, Türe und Schlüssel. Wir durften pflanzen, was wir wollten, hatten eigene Radieschen und Erdbeeren. In meinem Gärtchen wuchsen Blumen und ein Kirschbäumchen, das heute noch lebt.

Carls Garten war immer ein bißchen verwildert.

Maximilian interessierte sich nicht für seinen Garten, hatte außerdem den Schlüssel verloren und ging lieber, wann immer möglich, auf die Jagd mit seinem kleinen Holzgewehr.

Immy war noch zu klein. Sie hat die Alm nur vier Jahre vor dem Krieg erlebt.

Der Weg ist über die Jahre zugewachsen und in einem großen Lärchenwald untergegangen.

Ein Mädchen in Wien

Ich hatte fünf Schillinge gestohlen, um Opapa etwas besonders Schönes damit zu kaufen.

Es blieb ein Schilling zwanzig übrig. Damit ging ich zum ersten Mal ins Kino. Das Kino war eine Bretterbude hinter dem Kardinal-Nagel-Platz, der Film hieß *Der Tiger von Eschnapur*. Es blieben sogar noch ein paar Groschen übrig für türkischen Honig.

Opapa freute sich über das Geschenk, fragte aber:

»Woher hast du soviel Geld?«

Die Tränen flossen, ich gestand.

Opapa sagte: »Mit gestohlenem Geld macht man keine Freude.«

Der Tiger von Eschnapur war nicht meine erste Begegnung mit Theater und Film.

In der Wiener Urania, einem Haus mit tausend Plätzen, das heute noch steht, gab es eine Aufführung von Kindern für Kinder: *Das Prinzeßchen , das einen guten Menschen suchen ging*. Ich spielte den Narren der Prinzessin.

Eine halbe Stunde vor der Aufführung ging ich die Treppe hoch zum Haupteingang, um nach hinten zur Bühne zu kommen. Hunderte Kinder standen am Eingang und um die Treppe herum. Ich mußte mich durchzwängen. Freilich kannten sie mich nicht, aber mein Hochgefühl war so groß, als würde ich zum »Oscar« aufgerufen.

Die Prinzessin auf der Suche nach einem guten Menschen kam samt Narren auch ins Schlaraffenland.

Da flogen gebratene Hühner aus Pappe, der Fluß floß aufgemalt aus Milch und Honig, und aus einem Backofen quoll ein Apfelstrudel.

Bei den Proben war natürlich nie einer da, aber bei der Premiere vor vollem Haus kam tatsächlich ein Strudel.

Ich stopfte mir ein großes Stück in den Mund und das übrige in alle Taschen, die das Narrenkostüm hergab. Die Erwachsenen im Publikum jaulten vor Vergnügen. Mutti zischte aus der Kulisse: »Wirst du weiterspielen! Und wirst du deinen Satz sagen: Apfelstrudel mag ich nicht!«

Ich würgte den Satz mit vollem Mund heraus und bekam Applaus – meinen ersten.

Der Wurschtelprater war eine Freude für uns Kinder, aber was mich verzauberte, war der Wienerwald. Noch heute trage ich ein Parfum von Balmain – »Vent vert«. Es hat den Geruch von gefallenem Herbstlaub, durch das ich im Wienerwald kilometerweit stapfen konnte, immer den Eltern voraus.

Es gab auch mitten im Wienerwald einen kleinen See, genannt das Heustadelwasser. In dem trüben Wasser konnte man sogar schwimmen.

Dort spürte ich zum erstenmal, daß es ein bisher unbekanntes, köstliches Gefühl gab.

Ein kleiner, dicker Mann bot sich an, mir das Schwimmen beizubringen. Er hielt mit der linken Hand mein Kinn über Wasser und faßte mit der rechten Hand unter den Bauch, gefährlich nah jenen Zonen, denen ein merkwürdig schönes Gefühl entsprang. Ich lag ganz flach und vergnüglich auf dem Wasser.

Der Weg zur Schule war sehr weit. An Mauern entlang, über die ich mich später wunderte, daß sie so klein waren, über den Karlsplatz und vorbei an einer Konditorei mit Trüffelabfall, für den zehn Groschen gerade reichten, kam ich endlich in die Schule. Ungefähr mit elf Jahren blieb ich einmal am Karlsplatz stehen, schaute in den Springbrunnen und rechnete mir aus, daß ich in fünf Jahren sechzehn, nach vier weiteren Jahren zwanzig und dann nach weiteren zehn Jahren dreißig Jahre alt sein würde. Darüber hinauszudenken war unvorstellbar und bedrohend.

Es war die Zeit kurz vor dem Krieg. Hitler war schon einmarschiert.

In der Hofburg auf dem Kaiserbalkon hielt er eine Rede vor Tausenden und Abertausenden von Menschen. In einer Ecke des Platzes durften Kinder auf Elefanten reiten. Die Massen schrieen: »Heil Hitler!« Und unter ihnen riefen meine zwei kleinen Brüder: »Heil Motta! Heil Motta!« Das war der damalige Bundespräsident der Schweiz. Als er später davon hörte, schrieb er einen Brief und bedankte sich.

Ich muß die Verführungstaktik schon damals gespürt haben, denn ich bin aus der Schlange der wartenden Kinder hinausgetreten.

Kurze Zeit danach kam ein Mädchen in unsere Klasse, nahm das Kruzifix über dem Katheder ab und hängte an den Nagel ein Hitlerbild.

In der Pause – die einen waren dafür, die anderen dagegen – wurden wir handgreiflich. Ich schlug einem Mädchen das Nasenbein ein und wurde von der Schule verwiesen. Nach drei Wochen holte mich die Polizei, brachte mich aber nicht in die alte Schule zurück, sondern in das einzige humanistische Gymnasium für Mädchen in Wien, gleich eine Straße von der Ringstraße entfernt. Dort wurde ich auserkoren, Hitler bei seinem Triumphzug über die Ringstraße einen Blumenstrauß zu überreichen. Ich lehnte ab mit der Begründung: »Ich bin Schweizerin.«

Ich weiß nicht, was aus mir geworden wäre, hätte ich nicht die Unterstützung der Familie gehabt. Wäre ich nur ein paar Jahre älter gewesen und hätte von Anfang an beim Publikum so großen Erfolg gehabt – hätte ich mich dann der propagandistischen Maschinerie des Naziregimes entziehen können?

Papa hat mir diese Aufrichtigkeit übelgenommen. Er hielt sich zugute, daß er die deutsche Staatsbürgerschaft nicht angenommen hatte. Sie war ihm angeboten worden nach einem Erfolg im Burgtheater mit seinem Stück *Der Bürgermeister von Zürich*. Papa behauptete immer, er sei aus Protest gegen den »Anschluß« mit der ganzen Familie in die Schweiz zurückgegangen. Das stimmte, aber ich entgegnete ihm jedesmal: »Du hast es leicht gehabt, Papa. Du hattest im Gegensatz zu fast allen Emigranten, die sich gegen Hitler stellten, einen Schweizer Paß für dich, Mutti und uns vier Kinder.«

Er ging also zurück in die Schweiz – mit zwanzig Franken Reisegeld pro Person.

Mutti hatte hohes Fieber. Ich war beleidigt, daß die Reise um ein paar Tage verschoben wurde, und heulte auf meinem Koffer.

In der Schweiz angekommen – ohne Geld –, mußten die Eltern uns verteilen, denn mit den Schweizer Verwandten war das gar nicht so einfach. Maximilian und Carl kamen in eine Schule in einem Baseler Waisenhaus, Immy in ein Kinderheim nach Brunnen in der Nähe von Schwyz und ich nach Colmar im französischen Elsaß.

Dafür bin ich den Eltern ewig dankbar. Ich lernte ein akzentfreies Französisch, ohne das ich einen meiner schönsten Filme, *Gervaise*, nie hätte drehen können.

Papst Pius war da

Die »Belgischen Schwestern« im elsässischen Colmar, Les sœurs de l'Assomption, sprachen ein elegantes Französisch. Sie trugen tiefviolette Roben, blütenweiße Schleier und ein großes aufgenähtes weißes Kreuz auf der Brust.

Eine Schwester verehrte ich sehr, ja ich liebte sie. Und eine wunderschöne Mitschülerin aus Spanien, eine Prinzessin.

Wir machten es den Schwestern nicht leicht. Es war zum Beispiel verboten, Süßigkeiten, die wir per Post bekamen, bei uns zu behalten. Sie mußten in den verbeulten rechteckigen Blechschachteln mit unseren Namen darauf ins Refektorium. Nur Mittwoch- und Samstagnachmittag bekam jede für eine halbe Stunde ihre Dose. Da wurde dann getauscht, gefressen und versteckt, im Büstenhalter, notfalls auch im Höschen, denn es gab nichts bis zum nächsten süßen Samstag oder Mittwoch. Die Schwestern standen am Ausgang und hatten ihre Hände überall. Doch einiges ging durch.

Zur Strafe bekamen sie verdünnte Tinte ins Weihwasserbecken und hatten dann drei blaßblaue Tupfen auf ihrem Klostergewand. Aber die Bräute des Herrn schauten so unterwürfig zum lieben Heiland auf dem Altar empor, daß sie die Flecken auf ihrem Brautkleid gar nicht bemerkten.

Ich war unter dem Einfluß meiner Mutter damals katastrophal katholisch. Die dreizehn Kreuzwegstationen in der dunklen Kirche machte ich auf einem Bein.

Wir waren blütenkeusch. Einmal in der Woche wurde gebadet –

im Badekleid. Wir durften unseren Körper nicht berühren, aber ich habe das Badekleid nur kurz ins Wasser getaucht und dann naß auf den Stuhl gelegt. Den Baderaum konnte man nicht abschließen, die Schwestern kamen und gingen – und kicherten grundlos.

Mit Ausnahme des Beichtvaters und Religionslehrers bekamen wir keinen Mann zu Gesicht. Viele Jahre lang war der spätere Papst Pius XII. in dieser Eigenschaft in dem Internat tätig gewesen. Bei der Nachricht von seiner Wahl waren, so hieß es, die Schwestern vor Glück in Ohnmacht gefallen. Aber das war lange, bevor ich kam.

Sein Nachfolger war jung und gutaussehend. Wir mußten weiße Handschuhe tragen und die Hände stets gefaltet auf dem Pult liegen lassen. Eine rundliche Schwester saß neben ihm und sah zu uns her, mit bösem, strengem Blick. Wir sollten zwar auf den Religionslehrer schauen, aber nur mit halbgesenktem Blick, und vor allem nicht tief in die Augen. Geschah es dennoch einmal – der Religionslehrer wußte ja um alle Sünden des jungen Gemüses, das da mit gefalteten Händen vor ihm saß –, kam sofort ein Klopfen mit dem Bleistift und ein strenges »Mademoiselles, les yeux en haut!«

Einen männlichen Freund gab es – unseren Zahnarzt. Selbst zu ihm wurde man von einer Schwester begleitet, die jedoch wenigstens im Wartezimmer sitzenblieb.

Ich hatte jedesmal alle Taschen voll mit heimlich verfaßten Liebesbriefen, denn Briefe schreiben durften wir nicht.

Der Zahnarzt hatte ein gutes Herz und brachte meine Post auf den Weg. Sogar die Briefmarken hat er spendiert.

Ein einziges Mal durfte ich allein zu ihm gehen, die Schwester wollte mich abholen. Ich war früher fertig, ging ins Kino und sah *Quai des Brumes* von Marcel Carné mit Jean Gabin und Michelle Morgan, die Jahrzehnte später meine Freundin wurde.

Es war Ende August 1939. Wir wurden, angeblich für eine Woche Ferien, nach Hause geschickt. Ich ließ alles in Colmar und fuhr überglücklich nach Zürich. Wenige Tage später brach der Krieg aus.

Kriegsfrieden in der Schweiz

Am 8. Mai 1945 läuteten in der ganzen Schweiz eine Stunde lang alle Glocken.

Ich fuhr hinauf zum Bieler See und saß den ganzen Nachmittag unter weißblühenden Apfelbäumen. Ich versuchte das Wort Frieden für mich und die Welt zu begreifen.

Aber es blieb abstrakt, denn ich hatte den Krieg nie erlebt. Nur am Rand.

Im ersten Kriegsjahr war auch in der Schweiz Verdunklung befohlen. Aber als irrtümlich Bomben das Land trafen, wurde die Anordnung, Fenster, Autos und Straßen zu verdunkeln, sofort aufgehoben. Für mich hieß das nur, die kleine schwarze Kappe, die ich mir genäht hatte, wieder runterzunehmen von meiner Fahrradlampe.

Ich erinnere mich, wie einmal, als ich mit Papa auf der Bank vor der Villa Wesendonk saß, der ganze Himmel am Horizont brannte. Aber auch darauf folgte kein Schmerz, keine Konsequenz.

Nur eins empfand ich als unangenehm, daß es nämlich Butter, Kaffee, Fleisch und Zucker nur auf Lebensmittelmarken gab. Die aber stahl ich, um sie meinen vergötterten Schauspielern am Bühnentürl vom Schauspielhaus Zürich zu überreichen.

Einer meiner Angebeteten war Robert Freitag, der in der Fernsehserie *Der Clan der Anna Voss*, die ich noch drehte, während ich schon an diesem Buch arbeitete, meinen Ehemann spielte.

Wir Schülerinnen schwirrten, wann immer es ging, in der Nähe des Schauspielhauses herum. Und einmal hat mich Bobby Freitag hinter einer Kulisse geküßt. Leider sah ich kurz darauf, daß Bobby auf der anderen Seite der Bühne hinter einer Kulisse ein anderes Mädchen küßte.

Darauf schrieb ich an Maria Becker, seine Frau: »Sehr geehrte gnädige Frau, ich sehe ein, daß ein Mann wie Robert Freitag neben einer so großen Frau wie Sie eine Geliebte haben muß, aber bitte doch nicht zwei ...«

Danach verlagerte ich meine Mädchenträume auf Lukas Ammann. Er nahm mich mit ins Kino: *Jour des fêtes*.

Und natürlich nachher zu sich nach Hause. Ich lag auf der Blumendecke seines Bettes. Er küßte mich. Danach sprach ich den bedeutungsvollen Satz: »Für dich wäre es nur ein Heute, aber für mich ein Immer.«

Er setzte mich auf, erzählte mir ein Märchen und brachte mich nach Hause. Ich werde es ihm nie vergessen.

Mit fast vierzehn Jahren bekam ich meine Tage. Entsetzt lief ich zu Papa.

»Moment«, sagte er, »ich hole uns eine Flasche Champagner.«

Er kam zurück, öffnete die Flasche, und ich mußte aufstehen und mit ihm anstoßen.

»Ich gratuliere dir. Du bist eine Frau geworden!«

Dann nahm er Bleistift und Papier, zeichnete die zwei Schlösser und die Gebärmutter darauf.

Und den Besuch, den ich einmal bekommen würde, hat er auch gezeichnet.

Wie ein Märchen erzählte er mir, was als Frau auf mich zukommen würde und wie die Gebärmutter sich Monat für Monat vorbereitet, das Haus zu bauen für ein kommendes Leben. War kein Besuch gekommen, mußte sie das Haus wieder einreißen und von neuem bauen.

»Und weil sie umsonst gearbeitet hat, wirst du jeden Monat zwei oder drei Tage traurig sein.«

Wir stießen noch einmal stehend feierlich an, und ich war in meine Weiblichkeit entlassen. Oft habe ich daran gedacht, wenn ich wieder drei Tage lang scheinbar grundlos traurig war.

Bis auf den heutigen Tag habe ich große Achtung vor diesem unglaublichen Ereignis. Ich habe lange Zeit versucht, Thomas Manns Erzählung *Die Betrogene* zu verfilmen, die bewegende Geschichte einer alternden Offizierswitwe, die – getäuscht von den Symptomen einer Krankheit und der blinden Liebe zu einem Jüngeren – das physische Wiedererwachen ihrer Weiblichkeit zu erleben glaubt. Das ›Fruchtbarkeitswunder‹ wird dort zum Sinnbild von Leben und Tod.

Der Beruf beginnt

Ich wollte in Zürich nicht mehr in die Schule. Ich war vierzehn, meine Schulpflicht war erfüllt.

Soweit ich mich erinnere, hat es in meiner Jugend keinen bestimmten Augenblick gegeben, an dem ich mich entschlossen hätte, Schauspielerin zu werden, – bis auf die Antwort, die ich mit acht Jahren in Wien gab, jedesmal wenn man mich fragte: »Was willst du denn werden?«

»Straßensängerin oder Nonne!«

In unserem Hinterhof am Kardinal-Nagel-Platz sang ein Vater mit seiner achtjährigen Tochter Straßen- und Jammerlieder, die mich sehr beeindruckten. Zum Beispiel:

Warum bist du so traurig und hast die Wangen blaß?
Ich seh's an deinen Augen, daß du geweinet hast.
Du sollst jetzt nicht mehr klagen und nicht mehr traurig sein.
Ich will das Kind ernähren und will ihm Vater sein …

Ich warf ihnen einen in Zeitungspapier gewickelten Groschen hinunter.

Schauspielerin werden hieß: Ich mußte nur heranwachsen und groß genug sein, mit dem Beruf zu beginnen.

Man hat mir immer wieder die Frage gestellt, warum ich Schauspielerin geworden bin. Meine Antwort lautete: Mehr Leben zu haben als nur das eigene.

Mein Vater – trotz seiner Begeisterung für Literatur und Theater – verlangte von mir, einen »richtigen« Beruf zu erlernen.

Ich nahm den kürzesten Weg, ging auf die Handelsschule, lernte Schreibmaschine und Stenographie.

Zur Ausbildung gehörte ein Praktikum. Im Blauring, einem katholischen Mädchenverein, hatte ich eine junge Frau kennengelernt: Catton Jost. Ich liebte sie, und die Berührung Arm in Arm beim Spaziergang machte mich schaudern. Sie arbeitete in einem Verlag für religiöse Bücher, und so machte ich mein Praktikum bei ihr, um in ihrer Nähe zu sein. In einem Nebenraum packte ich eineinhalb Jahre lang Päckchen mit religiösen Büchern und sah sie nur manchmal durch die Schiebetür.

Niemand kann bis heute in meiner Gegenwart Päckchen machen, ohne daß ich die Aktion sofort übernehme.

Im zweiten Jahr der Handelsschule und meines Praktikums in Zürich kam eine Anfrage von der Filmproduktion Stapenhorst an meine Mutter.

Der Regisseur Siegfried Steiner stand kurz vor Drehbeginn seines Films *Steibruch* (deutsch: *Steinbruch*). Stapenhorst, der Greta Garbo entdeckt und bei ihren ersten Filmen begleitet hatte, suchte ein zwölfjähriges Mädchen für die Hauptrolle.

Nachdem man bereits seit Wochen Schweizer Mädchen getestet hatte – inzwischen sollten es über fünfhundert gewesen sein –, kam Stapenhorst auf die Idee, bei den emigrierten Schauspielerfamilien nachzufragen, ob es irgendwo ein Mädchen dieses Alters gab.

Ich wurde eingeladen. In einem winzigen Büro, vollgestopft mit rauchenden Männern, wurde ich erst einmal begutachtet.

Meine Nase gefiel ihnen nicht. Die Zöpfe waren zu dünn und die Beine zu dick, trotzdem wurde ich zu Probeaufnahmen in das Züricher Filmatelier Belle Rive bestellt. Zwei weitere Mädchen waren auch noch da – aber ich bekam die Rolle.

Im Herbst 1942 kam der Film *Steibruch* heraus, das Publikum strömte, und ich hatte mein erstes Titelblatt. Es hing am Kiosk auf dem Paradeplatz in Zürich. Zwei Stunden lang ging ich um den Kosk herum und dachte: Jetzt kennt mich die ganze Welt!

Als aber keiner die Zeitung kaufte, holte ich mein Taschengeld heraus und kaufte drei Exemplare.

Das Mädchen am Kiosk schaute mich lange an, und ich dachte: Jetzt erkennt sie mich – aber sie schien keine Ahnung zu haben, wer da vor ihr stand.

Ein bißchen entschädigt für meine Enttäuschung wurde ich einige Tage später. Ich saß im Bahnhofsrestaurant und wartete auf meinen Zug.

Junge Soldaten, wahrscheinlich Rekruten auf der Reise in den Heimaturlaub, grölten und sangen neben mir am Tisch. Die Wirtin flatterte hin und her. Sie, endlich sie, hatte mich erkannt.

»Entschuldigen Sie! Sie sind doch's Gritli Schell? D'Soldate sind so froh, daß sie hei chönnt.«

Dann flatterte sie weiter zu den Soldaten, und ich hörte sie dreimal meinen Namen flüstern, aber so laut, daß ich den Kopf senkte.

Einer der Soldaten torkelte zu mir herüber, verbeugte sich mit seinem Glas in der Hand: »Sie muend bitte entschuldige, mir chönnet nüd dafür.« Er tauchte seinen Finger ins Glas: »Da sind d'Liadli dinne!«

Ich nahm erst den nächsten Zug.

Nach der Erfahrung, als Schauspielerin in einem Film Anerkennung gefunden zu haben, wollte ich um keinen Preis mehr auf die Schule und in mein Praktikum zurück, trotz meines Mädchenschwarms Catton.

Papa verlangte von mir den Beweis, daß ich mit dem, was ich bisher auf der Handelsschule gelernt hatte, mich notfalls ernähren könnte. Ich bat ihn, mir alleine eine Stelle suchen zu dürfen. Denn es sollte ja ein Zeichen meiner Selbständigkeit sein.

Dr. Knoll, Psychoanalytiker und Sexualtherapeut, suchte eine Schreibkraft.

Ich stellte mich vor.

Nach kurzer Prüfung meiner Fähigkeiten sagte er: »Gut, ich nehme Sie. Heben Sie die rechte Hand und schwören Sie, daß nichts, aber auch gar nichts aus diesem Raum nach außen dringt.«

Papa fragte mich beim Frühstück – ich war sehr eilig –, wo denn dieser Dr. Knoll wohne und wo er seine Praxis habe.

»Das kann ich nicht sagen, ich bin vereidigt.« Und schon war ich draußen.

Dr. Knoll diktierte mir Berichte und Sexualgutachten, von denen ich kein Wort verstand.

Der Schlüssel des Ordinationszimmers war immer umgedreht.

Vornübergebeugt stand er hinter meinem Sessel und atmete in mein rechtes Ohr. Er roch ungewaschen und nach Rauch. Seine linke Hand lag auf meiner Schulter, die rechte blieb immer in der Hosentasche.

Es klingelte.

Er ging ins Vorzimmer und schloß die Tür hinter sich. Ich hörte Papas Stimme.

Der Wortwechsel wurde immer lauter.

»Sind Sie wahnsinnig geworden, ein sechzehnjähriges Mädchen zu vereidigen?«

Dann ging die Tür auf, Papa nahm mich bei der Hand, und mit den Chancen einer erweiterten Sexualaufklärung war es aus.

Papa sagte nur streng: »Du suchst dir eine Stellung, und ich sage ja oder nein.«

Ich fand eine Möglichkeit bei einem Hersteller von Golddruckmaschinen.

Papa traf sich mit ihm, und nach langem Hin und Her sagte er endlich ja.

5

5 Mit sechzehn Jahren die erste Zigarette – und das Zeugnis: »Fräulein Gritli Schell ist durchaus geeignet, ihr Leben selbständig zu finanzieren.«

6

6 Mutti war nicht hübsch – sie war schön!
Engagiert war Margarete Noé von Nordberg als ›Jugendliche Liebhaberin‹ in München.

7 Gebärde eines künftigen Dichters: »… Blüte oder Frucht zu reichen.« (H. F. Schell)

7

8

9

8 Hermann Ferdinand Schell. »Wenn er mich ansah, war das wie Hypnose«, sagte Mutter.

9 Meine Großmutter Elisabeth mit ihrer Tochter Margarete

10

12

10 Opapas Großvater, der Stadthauptmann von Wien

11 Meine Wiener Großeltern mit Muttis Schwester Muckerl

11

12 Meinen Urgroßvater, Schneider zu Schwyz, habe ich noch am ›Godderl‹ gestreichelt.

13 Die Schweizer Großeltern mit ihrem Sohn Hermann Ferdinand

14

14 Mutti mit Carl, Maximilian (stehend) und mir auf der Alm in Kärnten

15 Mit meinem ›großen Bruder‹ Maximilian

16 Vater mit seinem Sohn Maximilian

17 Mutti auf der Alm

18 Mutti mit meiner Schwester, mir und Maximilian

15

16

17

18

19
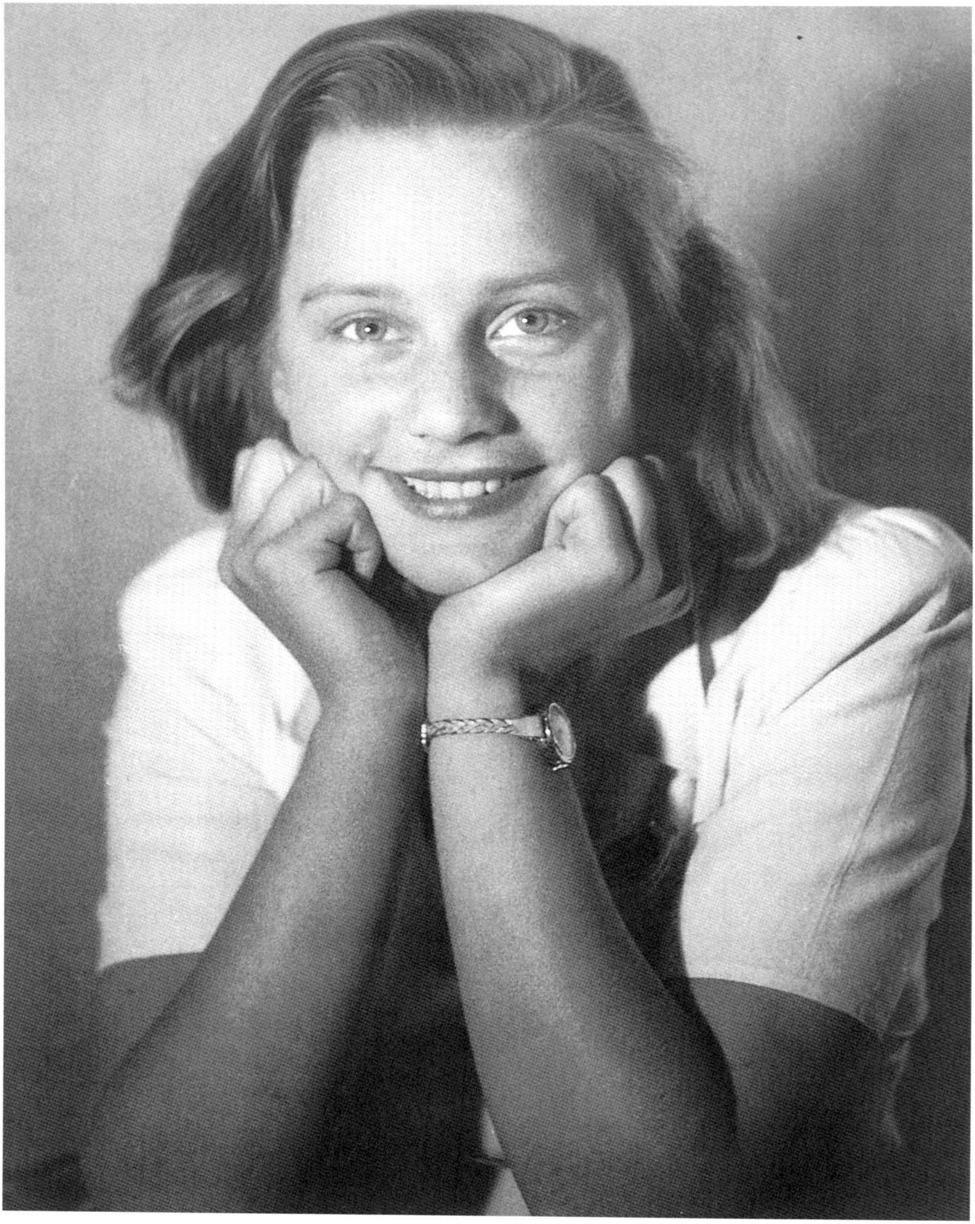

19 Zur Zeit meiner ersten Filmrolle
(*Steinbruch*, 1942; Regie Siegfried Steiner)

Das Treffen fand in dem Café statt, in dem Papa oft schrieb und wo er einmal mehrere Tage lang eine Frau hatte sitzen sehen, die ihn zu dem Gedicht mit dem Titel *Im Kaffeehaus* inspirierte:

> Mit leeren Augen
> schaust du ins Leere,
> als ob die Leere
> dein Innerstes wäre.
> Schaust in den Rauch
> wie im Nebel gefangen,
> du schönes Geschöpf,
> ist über dich nie
> die Hand einer großen Liebe gegangen?

Ich trat meine Stelle an. Jeden Morgen mußte ich mit dem Fahrrad um den ganzen Zürichsee herum.

Am ersten Morgen war ich pünktlich im Büro.

Der Golddruckmaschinenhersteller war stolz, daß er englischen Tee kochen konnte wie kein anderer in der ganzen Schweiz. Er schaute genüßlich in die Runde und sagte dann: »Machet Sie mal einen Tee, Fräulein Gritli Schell.«

Die Angestellten grinsten.

Ich ging in die Küche, gab eine Prise Tee in die Kanne, wie ich es bei meiner sparsamen Mutter gesehen hatte, und ließ heißes Wasser aus dem Boiler darüberlaufen. Schnell und strahlend kam ich wieder zurück, mit Kanne und Teetassen.

Der Golddruckmaschinenhersteller schenkte sich ein, roch nur kurz an der Tasse, tat einen tiefen Atemzug und sagte: »Daas isch än Tee?! Fräulein Gritli Schell. Chömet Sie amal mit.«

Wie gingen alle in die kleine Küche. Ich stand wie angeklagt am Fenster. Dann führte er die ganze englische Teeprozedur minuziös vor. Und die ging so:

Die ganz dünne Porzellankanne mit kochend heißem Wasser füllen.
Dann Tee nach Bedarf in den heißen Bauch der vom Wasser entleerten Kanne füllen.
Danach Deckel zu und Tee sich öffnen und erwärmen lassen.
Kochendes Wasser bis zur Höhe der Teeblätter geben.
Drei Minuten ziehen lassen.
Dann entweder die entstandene Tee-Essenz in die Tasse und mit kochendem Wasser auffüllen oder kochendes Wasser mit Tee-Essenz in der Kanne mischen.
Dann: Zuerst Zucker, danach heiße Milch oder kalte, je nach Wahl.
Die Tassen, natürlich hauchdünnes Porzellan, müssen vorgewärmt sein.

Nach mehreren Telefonaten mit meinem Vater gab mir der Golddruckmaschinenhersteller bereits nach drei Monaten das Zeugnis: »Gritli Schell ist durchaus geeignet, ihr Leben selbständig zu finanzieren.«

Ich war also frei. Frei, meine Laufbahn zu beginnen.

Staatliche Prüfung und erstes Engagement

Eine staatliche Kommission der Eidgenossenschaft verlangte, daß alle in der Schweiz lebenden Schauspieler, gelernte und ungelernte, eine Prüfung auf Eignung abzulegen hatten.

Man wollte damit heimische Talente vor der Konkurrenz durch den großen Strom in die Schweiz emigrierter Schauspieler schützen.

Rudolf Bernhard, der in Zürich sein eigenes Theater besaß, das Rudolf Bernhard Theater, hatte mich in meinem ersten Film, *Steibruch*, gesehen. Er engagierte mich für die Komödie *Drunter und drüber* mit dem berühmten Schweizer Komiker Emil Hegetschwyler.

Am Tag vor der Premiere ging ich ins Theater zur Probe und sah, wie Arbeiter meinen Namen in riesigen Buchstaben über dem Eingangstor befestigten.

Ich bekam einen Schock und wußte, obwohl noch ohne jede Erfahrung und Ausbildung, daß ich von nun an Verantwortung für Erfolg und Qualität der Aufführung trug.

Ich rannte nach Hause und legte mich ins Bett. 41 Grad Fieber. Mutti setzte sich zu mir und sagte: »Eine Schauspielerin versäumt niemals eine Probe oder eine Aufführung. Wenn du nicht gut sein kannst, dann mußt du den Mut haben, schlecht zu sein.«

Ich fühlte mich auf der Bühne wie zu Hause und brachte die anderen zur Verzweiflung. Ohne jede Disziplin tat ich einfach, was mir in den Sinn kam, gab dem Vater freche Antworten, die nicht im Buch standen, und das störte, zum Vergnügen des Publikums, die Mitspieler so gründlich, daß der große Emil Hegetschwyler mir auf offener Bühne eine schmierte.

Wir spielten die Komödie über einhundert Mal.

Rudolf Bernhard ließ sofort ein zweites Stück für mich inszenieren: *Scampolo.*

Ich weiß nicht mehr, wer mir das Buch von Konstantin S. Stanislawski, dem einzigen wirklich großen Schauspiellehrer unseres Jahrhunderts, mit dem Titel *Das Geheimnis des schauspielerischen Erfolges* geschenkt hat, aber es wurde mir zur Grundlage meines Berufes, meines Lebens – zur ersten Religion.

Stanislawski, der berühmte Gründer des Moskauer Künstlertheaters, verlangt vom Schauspieler wie auch vom Menschen die größte Wahrhaftigkeit. Und um ganz verschiedene Menschen »wahrhaftig« auf die Bühne zu stellen, bedarf es einer großen Vorstellungskraft, des Talents und mit der Zeit wachsenden Könnens, um es in den Schicksalen der Menschen, die wir darstellen, transparent und sichtbar zu machen.

Ich fing an, meine Vorstellung in der Wirklichkeit zu suchen, so daß ich sie anfassen konnte.

Scampolo ist ein kleines Wäschermädchen, das beim Austragen der Wäsche sein großes Glück findet. Ich suchte in Zürich die Straße, die ich in meiner Vorstellung sah, das Treppenhaus, immer den Korb mit schwerer Wäsche unter dem Arm, spielte die Szene viele Male, blieb mit Herzklopfen an der Tür des Geliebten stehen, keuchend auf und ab, bis die Szene mir richtig erschien.

Am Abend konnte ich dann vor dem Hinaustreten auf die Bühne das in der Realität erfahrene Treppenhaus fühlen und brachte die Vergangenheit von Scampolo mit auf die Bühne. Jeder Mensch, der durch unsere Türe tritt, bringt seine Vergangenheit, Gegenwart und Zukunft mit sich. *Scampolo* war ein großer Erfolg beim Publikum, aber vor allem für mich der erste Schritt zu dem, was ich unter »Theaterspielen« verstehe.

Der berühmte Kritiker Diebold, ebenfalls in die Schweiz emigriert, schrieb in der *Neuen Zürcher Zeitung*: »Seit dem Auftreten der blutjungen Elisabeth Bergner gab es kein solches Talent mehr auf den deutschsprachigen Bühnen.«

Papa war darüber so empört, daß er an die Zeitung einen Leserbrief schrieb: »Wie können Sie ein so junges Mädchen beurteilen und im besten Fall verderben für ihren eventuellen weiteren Weg.«

An diesem Theater meines Triumphes, dem Rudolf Bernhard Theater, fand die Prüfung der staatlichen schweizerischen Kommission für Schauspieler statt. Im Parkett saßen neben der Kommission die Theaterleiter der ganzen Schweiz, die Antragsschauspieler auf dem Balkon.

Ich wurde aufgerufen als »Nummer 41«.

Mir schien es empörend, einen Künstler mit einer Nummer anstatt mit seinem Namen aufzurufen, der, wie in meinem Fall, darüber hinaus auch noch groß über dem Eingang stand – der Name einer Schauspielerin, die auch schon einen erfolgreichen Film gemacht hatte!

Ich ging betont langsam auf die Bühne, stand hinter der Dekoration von *Scampolo* und versuchte mich hinüberzudenken und hineinzufühlen in die Gestalt des Klärchens aus Goethes *Egmont*.

Ich brauchte Zeit.

Die Herren draußen wurden ungeduldig.

»Was isch jetzt, Fräulein Schell?«

Ich nahm die Hände vom Gesicht, schaute aus der Kulisse wie eine Piepmaus und sagte in Schweizerdeutsch: »Nur äs Momentali, bitte. I mues mi no konzentrierä.« Die Hände wieder vor dem Gesicht, versuchte ich im Schnellgang die Vorstellungswelt von Klärchen zu ertrotzen. Aber es schwamm alles weg. Ich hörte ein Klingeln an ein Glas. Die Herren wurden nervös.

Ich stürzte auf die Bühne, warf die Hände in die Luft und begann mit meinem Monolog: »Wie eine Fahne will ich vor euch hergehen.«

Ich ließ die Hände in der Luft stehen, schaute in das dunkle Loch des Theaterraumes und sagte: »Entschuldigen Sie, meine Herren, ich kriege das Gefühl nicht.«

Es gab ein schallendes Gelächter. Ich stürzte über die schmale Treppe hinauf in meine Garderobe und warf mich schluchzend auf meinen Schminktisch. Rudolf Bernhard stand in der Tür. »Gritli, du sollscht aba cho.«

Ich wußte nicht, wie und wo, heulte noch immer und stapfte an Rudolf Bernhards Hand die dunkle Treppe hinunter ins Foyer.

Da stand Leo Delsen, ein kleiner Mann mit einer riesigen Nase, der man Spürsinn für Talente nachsagte.

»Ich engagiere Sie.«

Seine Stimme war dunkel, theatralisch imponierend.

Ich schluchzte noch immer.

»Aber Herr Direktor, Sie haben ja gar nichts von mir gesehen.«

»Das macht nichts, Sie wirken komisch auf die Leute.«

Ich bekam mein Engagement – soviel ich weiß, als einzige von den Kandidaten.

Leo Delsen war Direktor des Städtebundtheaters Biel-Solothurn. Es wurde jeweils die halbe Saison in Biel, die andere Hälfte in Solothurn gespielt. Gewechselt wurde an Silvester. Gage: zweihundert Schweizer Franken.

Das Geld reichte bestenfalls bis zum Fünfzehnten des Monats.

Ein Koch in einem sehr guten Restaurant war ein Theaterliebhaber. Wir waren drei junge Schauspielerinnen und bekamen ein Menue mit einem Stück Fleisch und soviel Beilage, daß wir satt werden konnten. Wir schenkten ihm dafür zu jeder Premiere zwei Freikarten, und er saß im dunklen Anzug in der ersten Reihe.

Ab dem Fünfzehnten eines jeden Monats aß ich nur noch »Hörali« mit Butter, Spiegelei und viel Maggi, dann nur noch »Hörali« allein mit doppelt soviel Maggi.

Seither begleitet mich die Maggiflasche durchs Leben.

Ich wohnte in einem kleinen Zimmer mit Blick in den Garten, neben der Waschküche fürs ganze Haus. Die Waschküche war mein Badezimmer. Ich war stolz darauf.

Ich verwandelte und verwandle noch immer jeden Raum in Minuten in meine Welt. Auf Kisten kamen Deckchen, Kerzen und Blumen. Nötigenfalls ein paar Vorhänge an die Wände oder Fenster. Ein altes Grammophon, Bücher.

Um unser knappes Gehalt ein wenig aufzubessern, organisierte ich bereits in den Theaterferien im ersten Jahr kleine Tourneen, gemeinsam mit zwei oder drei Kollegen. Und das ging so:

Im Ort ankommen.
Zum Pfarrer gehen, ein paar Möbel erbitten.
Bühne aufbauen.
An die Kasse setzen.
Hauptrolle spielen.
Verbeugen, Vorhang zuziehen.
Möbel zum Pfarrer mit Dank zurückbringen.
Die Abendkasse von zirka fünfhundert Franken mit den Kollegen teilen.

Ich spielte alles, Neben- und Hauptrollen. Stanislawski behütete mich vor jedem Klischee.

Während der zweiten Saison in Biel-Solothurn wurde ich an das Stadttheater Bern engagiert. Bern war plötzlich für kurze Zeit das Zentrum der Welt. Es waren nicht nur die Gage, ein neues, etwas größeres Zimmer, neue Kollegen, sondern vor allem die Nähe von Mutti, die am Konservatorium in Bern die Schauspielabteilung leitete.

Meine Gage war von 220 auf 440 Franken gestiegen. So reich kann ich nie mehr im Leben sein!

Direktor Kohlund, seit vielen Jahren Leiter des Berner Stadttheaters, gab mir alles an Rollen, die eine junge Schauspielerin spielen kann: Ophelia in *Hamlet*, Beatrice in *Viel Lärm um Nichts*, die Titelrolle in *Pygmalion* von George Bernard Shaw, *Rose Bernd* von Gerhart Hauptmann sowie Rollen in modernen Stücken wie *Unsere kleine Stadt* von Thornton Wilder.

Heute haben es junge Schauspieler sehr schwer. Sie gehen nicht mehr den Weg durch die Provinztheater, sondern sind oft durch Fernsehserien verdorben, bei denen es nur darauf ankommt, wie sie aussehen und daß sie einem bestimmten Typ entsprechen.

Im Film gibt es fast keine Chancen für die Jungen, die oft nur durch die langjährige Wiederholung ihrer Rollen in Serien bekannt werden. Der Weg zum Theater ist nach solch zweifelhafter Berühmtheit dann doppelt schwer.

Junge Leute, die sich zum Theaterspielen berufen fühlen, können zwar auf eine Schauspielschule gehen, aber es gibt leider sehr viel mehr Bewerber als Plätze an diesen Schulen. Und leider nur sehr wenige Lehrer.

Die Ausbildung dauert drei Jahre, die erst einmal finanziert werden müssen, und nach Abschluß einer Ausbildung sind die Aussichten auf ein Engagement verhältnismäßig gering.

Die Besten, wie etwa die Absolventen der Falkenbergschule in München, werden von den Kammerspielen und anderen großen Theatern gleich von der Schule weg engagiert; die anderen müssen den Weg über die Provinz suchen mit Gehältern, die in etwa um das Existenzminimum liegen.

Andere, insbesondere die ohne Ausbildung, versuchen irgendwie ›reinzukommen‹ – als Statisten beim Fernsehen, Film oder Theater mit hundert Mark Tagesgage, beim Synchronisieren ausländischer Filme mit einem ›Komm-Geld‹ von fünfzig Mark, je nach Größe der Rolle. Oder sie fahren Taxi oder jobben irgendwo, um ihren Lebensunterhalt zu verdienen.

Papa hatte schon recht, als er von mir forderte, das Künstlerleben mit einem zweiten Beruf abzusichern! Leider hat er sich selbst nicht daran gehalten, obwohl er einen sensationellen Tenor hatte.

Ausschlaggebend aber sind und bleiben das Talent, die Begeisterung und die Einsatzbereitschaft, die ein Mensch für seinen Beruf mitbringt. Seine Wahl sollte so nah wie möglich dem sein, was er selbst mit größter Leidenschaft tut. Und wenn er nicht weiß, was er wirklich liebt, sollte er sechs Wochen gar nichts tun. Er wird es schon entdecken.

Käthe Gold, eine der größten Schauspielerinnen ihrer Zeit, kam zu einem Gastspiel mit *Rose Bernd* nach Bern. Ich bat Direktor Kohlund, die kleine Rolle der Schwester von Rose Bernd spielen zu dürfen, um mit dabei und in der Nähe meines vergötterten Idols zu sein. Ich wollte wissen, wie sie dachte und was für sie dieser Beruf bedeutete.

Käthe Gold hatte damals große Filmerfolge wie mit *Amphitryon* oder am Theater mit *Des Meeres und der Liebe Wellen* von Grillparzer.

Ihre fast unerschöpfliche Gefühlspalette, eine faszinierende, fast singende Sprache und ihre große Anmut machten sie einzigartig. Allenfalls ließ sich einschränkend sagen, daß sie im Mädchenhaften steckenblieb, auch in reiferen Rollen. Aber sie erfüllte alles, was Stanislawski von seinen Schauspielern forderte. Bereits eine halbe Stunde vor Aufführungsbeginn war Käthe auf der Bühne, machte Atemübungen, stimmte sich ein auf das Schicksal ihrer Rose Bernd.

Ich schlich hinter ihr her, ihr Buch im Arm, ihren Schal und eine Thermosflasche mit Kaffee, den ich zu Hause für sie gekocht hatte. Vielleicht war ich sogar ein bißchen lästig.

Käthe Gold nahm das Publikum im Sturm, hielt es atemlos, zwang es zur Teilnahme.

Viele Jahre später, als ich den Film *Rose Bernd* unter Wolfgang Staudtes Regie drehte, schlug ich vor, Käthe Gold zu bitten, die Frau Flamm zu spielen – die unglückselige Frau, die Herrn Flamm kein Kind gebären konnte.

Die Szene zwischen Rose Bernd und Frau Flamm war für mich fast unspielbar, weil mir die Erinnerung an Käthe Golds Darstellung in Bern so lebendig vor Augen stand.

In jener Zeit kam auch Jean-Louis Barrault zu einem Gastspiel nach Bern.

Ich half ihm beim Bühnenaufbau am Nachmittag. Der Vorhang war hochgezogen und gab den Blick frei in den leeren Zuschauerraum des wunderschönen Theaters aus der Jahrhundertwende. Dreißig Jahre später, als wir in Paris einander wiedertrafen, hat er sich an diese Begegnung erinnert. Nicht an meinen Namen, nicht an die Schauspielerin, sondern an einen jungen Menschen mit leuchtenden Augen.

Junge Schauspieler sollten sich die vor Augen halten, die vor ihnen erfolgreich waren, sich an ihrem Leben, ihren Erfolgen und ihrer Karriere orientieren, auch an dem Schweren ihres Lebens. Sie sollten ihre Biographien lesen, überhaupt von allen großen Künstlern den Werdegang begreifen.

Ich habe immer die Nähe der großen und besonderen Menschen in unserem Beruf gesucht – auch schon als junges Mädchen.

Zurück nach Wien

Nach der zweiten Theatersaison in Bern – die meisten Kollegen sonnten sich im Tessin – fuhr ich mit meinen ersparten Franken nach Wien. Ich hatte mir ein Visum besorgt, das man damals, im Jahre 1947, noch brauchte, und mußte, mit vielen Aufenthalten, vier Grenzübergänge der Besatzungszonen passieren, bis ich nach vierzehn Stunden endlich in Wien ankam.

Opapa stand auf dem Bahnhof und staunte überhaupt nicht, daß seine Enkelin inzwischen erwachsen geworden war.

Auch er war für mich unverändert.

Vom Bahnhof aus gingen wir durch die zum Teil zerbombten Straßen. Ich wunderte mich kaum. Wenn es für mich eine Vorstellung vom Krieg gab, dann war es genau dieses Bild.

Wir gingen die Mariahilfer Straße hinunter. Ich ließ Opapa meinen Koffer nicht tragen. Aber er bestand darauf, bis ich nachgab. Schließlich war Opapa ja erst Mitte fünfzig.

Die zerbombten Häuser wurden weniger, bis wir am Ring das alte wunderbare Wien von Johann Strauß, Kaiser Franz Josef, der ganzen Belle Epoque, ein einziges unschätzbares Kunstwerk, unzerstört vor uns liegen sahen. Wenn ich daran denke, daß diese Pracht den Krieg überdauert hat, und daß dies einem jungen Major namens Carl Szokoll, noch nicht dreißig Jahre alt, zu verdanken ist, bin ich sehr glücklich, ihn zu kennen.

1953 drehte er als Produzent zusammen mit Helmut Käutner als Regisseur und mit mir in der Hauptrolle den Film *Die letzte Brücke*. Es wurde einer meiner wichtigsten Filme und der Beginn meiner internationalen Karriere.

1944 war dem Generalstabsoffizier Carl Szokoll die Aufgabe übertragen worden, die von Hitler beabsichtigte Zerstörung Wiens vorzubereiten. Vom vierten Stock des alten Kriegsministeriums aus gab er die Kommandos für die Plazierung der Bomben und Minen um den gesamten Innenbezirk herum. Ganz Wien konnte von dort aus mit einem einzigen Knopfdruck ausgelöscht werden.

In einem Versteck im Keller versammelte er aber zugleich höhere Offiziere und Soldaten, die zum Widerstand bereit waren.

In einem gewagten Wechselspiel zwischen viertem Stock und Keller, zwischen Vorbereitung der Zerstörung und ihrer Verhinderung, gelang es ihm, die Vernichtung Stunde um Stunde hinauszuschieben, vor allem durch seine Initiative, mit den Russen Kontakt aufzunehmen, um ihnen den unblutigen Weg nach Wien zu ebnen.

Carl Szokoll wurde dennoch von den Russen verhaftet und blieb sechs Monate im Gefängnis. Aber er hatte Glück gehabt. Denn drei seiner Gefährten aus dem Widerstand waren noch in letzter Minute von den Nazis gehängt worden.

Eines Tages wird Carl Szokoll ein Denkmal am Ring haben. Aber noch muß er darauf warten, denn Gott sei Dank lebt er – und hoffentlich noch sehr lange. So kann ich ihn immer wieder dankbar in meine Arme schließen.

Endlich kamen Opapa und ich am Kohlmarkt an, und ich wollte schon in die Wallnerstraße einbiegen, zu unserer letzten Wohnung in Wien vor unserer Abreise in die Schweiz, als Opapa leicht meinen Arm drückte und sagte: »Wir wohnen nicht mehr dort.«

In der Wallnerstraße Nr. 3 hatte Maria Theresia ein Stadtpalais gehabt, wo sie die Bürgerlichen empfing. Durch einen unterirdischen Gang konnte sie von der Hofburg in die Wallnerstraße gelangen, von Dienern mit Fackeln begleitet, und von dort wieder zurück in ihre Gemächer, ohne von irgend jemandem gesehen zu werden.

Maria Theresia war eine wunderbare Frau. Eine besonders schöne Geste der Gemeinsamkeit zwischen der Kaiserin und ihrem Volk hat mich immer wieder bewegt: Als sie einmal von ihrer Kutsche aus eine junge Frau mit einem unterernährten Säugling ihr zujubeln sah, ließ sie anhalten, legte das Kind an ihre Brust, bis es satt war. Sie hatte so viele Kinder, daß sie praktisch immer Milch hatte.

Vom äußeren Anschein war ihr Palais inmitten der anderen Häuser der Wallnerstraße bescheiden. Innen aber hatte es prachtvolle Gemächer und eine große Freitreppe, im letzten Stock geräumige, wenn auch niedrige Zimmer für die Dienerschaft.

Diese Wohnung hatten meine Eltern zusammen mit Opapa gemietet. Wie sie dazu kamen, weiß ich nicht. Obwohl wir kaum Geld hatten, haben wir immer sehr schön gewohnt.

In Zürich zum Beispiel, kurz vor Kriegsende, lebten wir in der Villa Wesendonk. Dort wohnten wir ebenfalls im Diensttrakt mit seinen kleinen Zimmerchen, benutzten aber die Riesenküche der großen Villa und den Park, der erst sehr viel später für das Publikum geöffnet wurde.

Opapa also sagte: »Wir wohnen nicht mehr in der Wallnerstraße. Die Russen sind eingezogen und haben alles behalten. Ich durfte nur ein paar Möbel mitnehmen – den Lisztflügel haben sie verheizt.«

Er hatte ein trauriges Lächeln. »Ich wohne jetzt gleich vis-à-vis am Kohlmarkt 5.«

Wir gingen hinüber auf die andere Straßenseite.

In einer der Auslagen war nur ein verstaubter Hut zu sehen, in einer anderen lagen gebrauchte, zerfledderte Bücher, in der berühmten Konditorei Dehmel nur ein Brot und irgendwelche mageren Kuchen, in einem Friseurladen nichts als eine große Fotografie der achtjährigen Elizabeth Taylor – die mir später eine gute Freundin wurde.

Dann sah ich das Optikergeschäft der Gebrüder Ott. Es war noch da!

Opapa führte mich in seine Hinterhofwohnung, die dunkel, aber sehr gemütlich war. Er stellte mich Tante Anni, wie er sie nannte, vor, einer früheren Patientin, die ihn glühend liebte, ihm den Haushalt besorgte und die er kurz vor seinem Tod noch heiratete.

Ich konnte bei Opapa auf dem Sofa schlafen.

Am nächsten Tag erschien ich im Geschäft der Gebrüder Ott und fragte den alten Optiker, wie es seiner Tochter Elfriede ginge.

»Wir haben unsere alte Wohnung behalten. Sie ist drüben.«

Ich war ganz aufgeregt, rannte die drei Treppen hinauf, und da war es tatsächlich, das alte Messingschild: Familie Ott.

Ich klingelte.

Elfi Ott öffnete.

Sie war ein wunderschönes Mädchen geworden.

Ich sagte nur schnell guten Tag, stürzte voraus in das Eckzimmer, setzte mich auf einen Stuhl und rief: »Mein Gott, alles, wie es war!«

Elfi kam mir verblüfft nach, setzte sich auf einen Stuhl zu mir.

Ich sagte: »Ich bin die Margritl aus der Wallnerstraße, erinnerst du dich? Weißt du noch, daß wir gemeinsam Theater gespielt haben? In eben diesem Zimmer. Wir bauten mit Stühlen eine Loge … Ich glaube, ich spielte immer den Mann und forderte dich zum Tanzen auf. Wir waren beide acht Jahre alt. Wir hatten nur eine einzige Schallplatte. Auf der einen Seite ›Ich tanze mit dir in den Himmel hinein‹ und auf der anderen ›Schön ist jeder Tag, den du mir schenkst, Marie Luise‹ … Dein Bruder, um viele Jahre älter als wir, ging immer spöttisch durch das Eckzimmer und zeigte uns beim Türenschließen einen Vogel. Jedesmal.«

Ich fragte Elfi: »Was macht dein Bruder? Wie geht es ihm?«

Elfi sagte nur leise mit gesenktem Kopf: »Er ist tot.«

Jetzt hatte der Krieg mich doch noch eingeholt. Ich fühlte zum ersten Mal Schmerz. Lange drückte ich ihre Hand. Elfi weinte. Wir saßen noch eine Weile da.

»Ich fahr jetzt auf die Alm nach Kärnten, und dann komm ich dich besuchen.«

Sie blieb allein zurück.

Am nächsten Tag ging ich in das damals beste Theater Wiens, das Theater in der Josefstadt. Ich meldete mich im Büro von Direktor Steinböck.

»Der Herr Direktor ist in einer Inszenierung und kann niemanden empfangen.«

»Danke, ich warte.« Insgesamt wartete ich acht Tage.

Direktor Steinböck raste mindestens siebenmal am Tag an mir vorbei und in sein Büro, warf auf dem Weg der Sekretärin hundert Aufträge an den Kopf.

Ich stand jedesmal auf, wollte mein Anliegen vorbringen, bis er am achten Tag barsch fragte:

»Was wollen Sie denn eigentlich?«

»Ich möchte bei Ihnen engagiert werden.«

Er maß mich von Kopf bis Fuß.

»Kommen Sie rein.« Und ohne mir einen Stuhl anzubieten, sagte er: »Gut, ich engagiere Sie.«

»Herr Direktor, Sie haben ja noch gar nichts von mir gesehen.«

»Ich weiß, Sie sind begabt, aber ich kann Ihnen nur das zweite Fach anbieten. Das erste Fach ist besetzt von Aglaia Schmitt.« Sie wurde später seine Frau.

Ich war überzeugt, daß ich viel besser war, als er es sich vorstellen konnte, und bat um einen Vorsprechtermin.

Er sagte: »In der nächsten Woche«, nannte Tag und Stunde, und ich verabschiedete mich überglücklich.

Bis zum Termin blieb ich auf der Alm und bereitete mich so gründlich vor, daß mein Talent und mein Engagement an der Josefstadt mir ganz Wien zu Füßen legen würde.

Rochus, unser Bauer, hatte mich mit Pferd und Heuwagen an der Straße abgeholt. Die Alleebäume hinter der Hütte waren gewachsen. Die Hütte war gleichgeblieben, roch gleich. Der Brunnen plätscherte wie immer.

Die ganze Bauernfamilie mit Gusti, unserer Bäuerin, die den kleinen Hof seit vielen Jahren bestellte, – alles war da, aber ich war zu sehr ausgerichtet auf mein Ziel, Wien zu erobern, als daß ich mich dem Zauber hätte hingeben können, den die Alm in meiner Kindheit auf mich ausgeübt hatte.

Ich fuhr nach Wien zurück. Opapa verwöhnte mich. Um ihm eine Freude zu machen, kaufte ich ihm einen Kanarienvogel, damit er mit Tante Anni nicht ganz alleine war.

Der Tag des Vorsprechens rückte näher.

Durch einen Zufall traf ich Paul Hubschmid am Stephansplatz. Er nahm mich gleich mit zu einer Party in seiner Wohnung.

Ich erinnerte ihn an unsere erste Begegnung: Wir saßen auf einer Bank vor dem Schauspielhaus in Zürich. Paul war schon recht berühmt seit seinem Film *Füsilier Wipf*.

»Erinnerst du dich?« Ich schaute Paul strahlend an.

Kleine Pause. »Wir schmusten ein bißchen.«

Nach einer längeren Pause sagte Paul ganz ernst: »Ja, den Anzug trägt mein Vater heute noch.«

Eine Schweizer Liebeserklärung.

Auf seiner Party lernte ich Joschi Fisher kennen, einen Manager für Schauspieler. Er nahm mich anschließend in den Künstlerklub im Innenbezirk mit. Wir tappten in der Nacht über Steine und Geröll in das nahegelegene Kaffeehaus, das voll war mit Rauch und vielen Künstlern Wiens.

Es gab zu essen und zu trinken – für uns sehr wichtig. Alkohol und eine herrliche Gulaschsuppe mit Semmel.

Ernst Haeussermann, der in die USA emigriert war und in der amerikanischen Armee diente, war als Theater- und Filmoffizier, zuständig für das gesamte künstlerische Geschehen in Österreich, nach Wien zurückgekommen. Er hatte im Künstlerklub seinen Stammtisch, den er bis zum Lebensende behalten hat.

Ich wurde von Joschi Fisher an eben diesen Stammtisch gebracht, mit Neugier betrachtet und allen Anwesenden vorgestellt: Curd Jürgens, Karl Hartl, Susi Nicoletti, der Frau von Ernst Haeussermann, und Géza von Cziffra, einem gefragten Regisseur von Lustspielen, Operettenfilmen und Musicals.

Er hat später über mich gesagt: »Begabt und hübsch ist sie schon, aber bedient auf die Pedale.«

Was hieß: Meine Beine waren zu dick.

Auf dem Weg zum Stammtisch hatte Joschi Fisher mir zugeflüstert: »In zwei Wochen beginnt der Karl Hartl einen großen Film. Er sucht ein Mädchen für eine Hauptrolle, aber sagen Sie ihm nicht, daß Sie Schauspielerin sind. Er liebt es, Unbekannte zu entdecken.«

Ich flüsterte noch: »Was soll ich denn sagen?« – da waren wir schon am Tisch.

Ich saß auch prompt neben Karl Hartl.

Er hatte ein kleines Schnauzbärtchen mit millimeterlangen Stoppeln, an denen er unaufhörlich zog, und einen unüberhörbaren Wiener Akzent. Österreich hat ihm viele große Filme zu verdanken.

Er schaute mich von der Seite an und sagte: »Was machen S' denn so in Wien?«

»Ich studiere Medizin.«

»Schauspielerin wollen S' net werden?«

Er griff in die Tasche seines neben dem Stuhl hängenden Mantels und holte sechs Seiten hervor, hielt auf halbem Weg inne, steckte sie zurück in den Mantel und übergab mir ein ganzes Manuskript. »Morgen um zehn mach ich Probeaufnahmen, wollen S' net kommen?«

Am nächsten Morgen, ich war spät dran, machte ich mir eilig die Haare und, während sie auf Wicklern trockneten, eine Eiermaske.

Ich lag auf Opapas Sofa. Er fächelte mir mit einer Zeitung kühle Luft zu, damit die Eiermaske schneller trocknete.

Nach zehn Minuten die Wickler raus, die idiotische Eiermaske runtergewaschen, ein letzter Blick in den Spiegel, ein Toi-Toi-Toi vom Opapa, und schon war ich weg – pünktlich zur Probeaufnahme in den Ateliers der Wien-Film.

Ich wurde geschminkt. Neben mir saß die berühmte Schauspielerin Hedwig Bleibtreu. Ein Maskenbildner legte unter ihre Augen und in die Falten weiße Schminke ein. Sie drehte sich empört zu ihm um.

»Sagen Sie bitte, was machen S' denn da?«

»Ich versuche, Ihre Falten wegzuschminken.«

»Sind Sie wahnsinnig geworden? Ich habe achtzig Jahre gebraucht, um mir diese Falten zu verdienen – und Sie wollen sie mir wegnehmen!«

Und nach einer Pause, während sie sich die weiße Abdeckschminke vom Gesicht rieb, schaute sie mich mit ihrem alten Gesicht an.

»Wissen Sie, wie man jung bleibt, mein Kind? Benehmen Sie sich immer so, als ob Sie fünf Jahre älter wären, und Sie bleiben immer eine junge Frau.«

Ich machte die Probeaufnahme und bekam die Rolle in dem Film *Der Engel mit der Posaune* nach einem Roman von Ernst Lothar – mit Paula Wessely, Paul und Attila Hörbiger, Curd Jürgens, Hans Holt, Oskar Werner. Gage 6000 Schilling.

Ich schwebte nur noch durch die Straßen von Wien. Opapa freute sich sehr, aber der Kanarienvogel saß ganz traurig in seinem Käfig.

»Was hat er denn?«

»Ich glaube, er braucht ein Weibchen.«

Ich kaufte ihm eines. Aber nach kurzem Versuch saßen beide traurig im Käfig. Ich tauschte das Kanarienweibchen um, aber auch das neue wurde verschmäht. Erst das dritte gefiel ihm. Dieses riß ihm zwar sämtliche Federn aus, aber er liebte es abgöttisch. Sie saßen immer ganz nahe beisammen, und die Federn wuchsen wieder nach.

Am Tag meiner Abreise zurück nach Bern – mein Koffer war schon gepackt, Opapa wollte mich zum Bahnhof bringen, es war noch eine knappe Stunde Zeit – rief ich: »Warte bitte auf mich, ich bin rechtzeitig wieder da.«

Ich lief hinüber zu Elfi Otts Wohnung, klingelte dreimal. Es war niemand da.

Also fragte ich den alten Herrn Ott im Laden nach ihr. »Die Elfi, ja, das weiß ich nicht.« Er schaute hoch. »Da kommt sie gerade.«

Wir gingen hinüber zum Dehmel und tranken einen »Blümchenkaffee«. Der hieß so, weil er so dünn war, daß man das auf dem Boden der Biedermeiertassen gemalte Blümchen sehen konnte.

Die Unterhaltung mit Elfi war sperrig.

Ich erzählte von meinem großen Glück, daß ich an der Seite von Paula Wessely eine Hauptrolle spielen würde, zählte die Namen aller Mitwirkenden auf und kündigte an, daß ich sie im September öfter besuchen könne.

Sie staunte nicht, wartete einfach und sah mich an. In meinem Ton muß schon sehr viel Überheblichkeit gelegen haben. Die Künstlerin und das Bürgermädchen. Ich nahm an, Elfi werde das Optikergeschäft ihres Vaters übernehmen, und sah sie mit einer Lupe im Auge an ihrem Arbeitstisch sitzen, Dioptrien messen und Brillen putzen.

Nach einer Pause fragte ich:

»Und du? – Was machst du so?«

»Ich? Ich bin am Burgtheater.«

Die große Elfriede Ott.

Beginn meiner Karriere

Zurück in Bern ging ich als erstes zu Direktor Kohlund, erzählte ihm von meinem Engagement und wollte gerade um meine Entlassung bitten, als er sagte: »Eine solche Chance muß man wahrnehmen. Ich gratuliere Ihnen. Sie sind zwar schon auf der Besetzungsliste für Molières *Der eingebildete Kranke*, aber das kann ich irgendwie richten.« Ich bedankte mich, umarmte ihn, packte meine Koffer und fuhr nach Wien zurück. Seine Großzügigkeit und sein Verständnis werde ich ihm nie vergessen.

In Wien angekommen, mietete ich in der Burggasse 19 eine kleine möblierte Wohnung. Der Weg zu einem Raum mit zwei großen Fenstern führte durch die Küche.

Die Dreharbeiten hatten begonnen. An einem Dienstag sollte ich morgens um sieben abgeholt und ins Studio gefahren werden.

Am Abend zuvor wusch ich mir die Haare. Einen Fön hatte ich nicht, und Strom gab es ohnehin nur stundenweise. Gas immerhin jeweils zwei Stunden lang zur Essenszeit, also morgens, mittags und abends.

Ich zündete den Backofen an und trocknete in der herausströmenden warmen Luft die Haare. Nach einer Weile hörte die Gaszufuhr auf, ich vergaß, den Hahn zuzudrehen, und ging ins Bett.

Gegen Morgen hörte ich heftige Geräusche, wachte auf und erkannte sofort: Gas!

Irgendwie schleppte ich mich zum Fenster, riß die Flügel auf und brach zusammen.

Der Chauffeur verständigte die Aufnahmeleitung. Große Aufregung. Das Telefon klingelte ununterbrochen. Es wurde an der Tür gehämmert, und schließlich wurde sie aufgebrochen.

Man fand mich ohnmächtig vor dem Fenster liegen und brachte mich ins Krankenhaus.

Ich weiß nicht, was man dort mit mir gemacht hat, aber es war schnell vorbei.

Die Dreharbeiten waren wunderbar.

Der Engel mit der Posaune erzählt die Geschichte einer Klavierbauerfamilie von Anfang des Jahrhunderts bis nach dem Zweiten Weltkrieg. Diese Familie veranstaltet einen großen Wettbewerb in Wien, um den besten jungen Pianisten des Jahres zu ermitteln. In meiner Rolle gewinne ich den ersten Preis, einen Flügel, der mir vom Sohn des Hauses übereignet wird. Im Laufe der Geschichte wird dieser Sohn mein Mann.

Bei der Preisverleihung spielte ich ein Impromptu von Franz Schubert. Ich hatte lange daran gearbeitet, denn ich kann nicht Klavier spielen – im Gegensatz zu meinem Bruder Maximilian, der ein außerordentlicher Pianist ist. Außerordentlich deshalb, weil seine Art zu spielen fast wie ein Erzählen ist.

Im Atelier waren die Wände des Saals, in dem die Feierlichkeiten stattfanden, noch feucht und wurden von Filmbauarbeitern getrocknet. Ich nutzte die drei Stunden, Stanislawskis Methode eingedenk, stand vor dem Flügel, um für meine Rolle ganz zu erfassen, daß dieser Flügel jetzt mir gehörte und mein Leben verändern würde.

Man hatte unendlich viel Zeit bei diesem teuren österreichischen Film. In einer Liebesszene mit Hans Holt auf dem Kahlenberg sollte ich die Verse sprechen: »Hast du die Stadt vom Kahlenberg besehn, so wirst du, was ich war und was ich schrieb, verstehn.«

Die Stadt sollte hinter Hans Holt und mir im Sonnenlicht liegen. Drei Wochen lang fuhren wir jeden Tag auf den Kahlenberg, aber die Stadt lag jedesmal unter einer dichten Dunstdecke.

Gott sei Dank war ich in Hans Holt verliebt, und die Dunstdecke machte mir nichts aus.

Die Produktion des Films dauerte über hundert Drehtage.

Gegen Ende der Drehzeit ließ mich Karl Hartl in sein Büro kommen.

»Kannst du Englisch?«

Da ich wußte, daß er kein Wort Englisch konnte, sagte ich: »Ja, ein bißchen.«

»Du sollst nach London kommen. Der Alexander Korda macht den *Engel mit der Posaune* nochmals auf Englisch.«

Am Wochenende packte ich mein kleines Köfferchen und stieg zum ersten Mal in ein Flugzeug. Das Flughafengebäude von Wien war 1948 nur eine kleine Holzbaracke.

Keine Kontrollen, kein Durchleuchten des Gepäcks, überhaupt keine Sicherheitsmaßnahmen.

In Frankfurt mußten wir zwischenlanden. Die Berliner Luftbrücke hatte Vorrang, und wir sollten viele Stunden warten. Es gab keinen Service, kein Restaurant, keine Kioske, vor allem nichts zu trinken, und man konnte nur gegen Scrip-Dollars, die Armeewährung, etwas kaufen. Und die hatten wir nicht.

Was blieb mir anderes übrig, als mit einem amerikanischen Offizier zu flirten, der mir einen Scrip-Dollar schenkte. Mit dem konnte ich für jeden der Zivilpassagiere eine Suppe, ein Bier und eine Semmel kaufen.

Alexander Korda, ein Ungar, war zusammen mit A.J. Rank der größte britische Filmproduzent.

Ich wurde von einem riesigen Rolls Royce abgeholt. Der Chauffeur legte mir eine Decke über die Knie, es gab offenbar noch keine Wagenheizung.

Wir fuhren ins Claridge's, eines der vornehmsten Hotels Londons. Die Doormen am Eingang sahen in ihren Uniformen aus wie hohe

Generäle. Alles riß sich um mein kleines Köfferchen. Man brachte mich, mit drei Lakaien im Gefolge, in meine Suite: Ein großer Salon, dann ein Musikzimmer mit Bibliothek, alles voller Blumen und Willkommensgrüße.

Ich verkroch mich in mein Schlafzimmer und war recht ratlos.

Da klingelte das Telefon.

Alexander Korda bat mich, nach oben zu kommen, in den obersten Stock, den er für sich eingerichtet hatte.

Ich zog meinen Regenmantel, den karierten Schottenrock und das weiße Blüschen aus und ein recht albernes schwarzes Seidenkleidchen mit gesticktem Goldkragen an. Und schon wurde ich von einem Diener abgeholt.

Kordas Appartement, von großen Terrassen umgeben, blickte über ganz London. Innen ein Meer von Kerzen, eine lange Tafel, überall Blumen.

Korda stellte mich den Anwesenden wie die Unschuld vom Lande vor. Da waren Orson Welles, Eileen Herlie – für die Rolle von Paula Wessely, welche leider kein Englisch sprach – und Carol Reed, der Regisseur vom *Dritten Mann*. Er sagte später einmal zu mir: »Versprechen Sie mir, daß Sie jeden Tag ein paar Stunden Deutsch sprechen, um die Melodie Ihrer Sprache nicht zu verlieren.«

Erst heute ist mir durch Leonard Bernsteins Kassette *Musik für die Jugend*, die ich meinen Enkelkindern geschenkt habe, bewußt geworden, wie sehr alle großen Komponisten der Welt die Sprache ihrer Heimat, die Melodie ihres Landes in Musik umgesetzt haben.

Mozart kann nur ein Österreicher gewesen sein. Alles schwingt mit, was dieses Land ausmacht. Beethoven hat die ganze Schwere des deutschen Gemüts. Richard Strauss schrieb eine Musik, die das deutsche Wesen verwandelte in etwas Neues – ein Übergang zur Moderne, die sich einem allgemeinen Weltempfinden nähert, während Gershwin und Leonard Bernstein ganz die Offenheit Amerikas widerspiegeln.

Das Essen habe ich als ein Ballett von fünf befrackten Kellnern in Erinnerung, die mir ständig nachservierten, pausenlos einen Teller wegnahmen und einen anderen hinstellten, Gläser auswechselten, die Butter von links nach rechts schoben. Die Ober hatten mir den Austernteller als letztes auf die übrigen Teller getürmt, dazu Austernbesteck. Denn als erste Vorspeise gab es Austern – riesige Austern, weil es ja Alexander-Korda-Austern waren!

Ich hatte noch nie Austern gegessen, noch nicht einmal gesehen. Ich gestand, daß ich nicht wußte, wie man sie ißt.

Man fand das sehr süß, und jeder gab mir seine bevorzugten Gewürze auf meine erste Auster – Zitrone, Essigsoße mit feinen Zwiebeln, Tabasco –, bis Alexander Korda in das herzliche Gelächter hinein sagte: »Jetzt ist es aber genug, nimm die Auster raus mit der Gabel.«

Ich tat's.

»Los, nimm sie in den Mund. Sie ist zwar lebendig, aber beiß ruhig rein.«

Alle starrten mich an, inklusive der fünf Kellner.

Ich biß rein und schluckte sie.

Danach konnte ich nichts mehr essen und winkte die weiteren Gänge freundlich, aber bestimmt ab.

Austern sind dennoch meine Leidenschaft geworden.

Am besten sind sie in der Bretagne, frisch aus dem Meer. Als ich dort Jahre später einen Film mit Ivan Desny drehte, nach Carl Zuckmayers *Herr über Leben und Tod*, warteten wir jeden Abend am Strand, bis die Fischer mit den Austern kamen.

Eine bezaubernde Austerngeschichte habe ich mit Mutti erlebt. Ich hatte sie anläßlich einer Filmpremiere nach Hamburg ins Hotel Atlantik eingeladen.

Wir bestellten das Abendessen auf unsere Zimmer.

Mutti hatte – wie ich damals in London – noch nie Austern gegessen. Sie war neugierig.

Also bestellten wir Austern.

Der Kellner nahm die Bestellung auf, und ich machte Mutti ein köstliches Bad mit viel Schaum. Die Badewanne war vornehmerweise im Boden eingelassen. Dann ging ich in mein Zimmer, um es mir bequem zu machen.

Der Ober aber war zurückgekommen, sah niemanden, öffnete die Tür zum Badezimmer einen Spalt und fragte im Frack: »Wünschen die gnädige Frau die Austern mit oder ohne Bart?«

Ich hörte nur ein Gurgeln, Mutti war untergegangen.

Ich stürzte ins Bad, Mutti konnte kaum reden vor Lachen, kam wieder hoch und prustete: »Nein, soviel Vornehmheit halte ich nicht aus.«

Ich mußte ihr erklären, daß die Austern außen einen Ring haben, schlabbriges Zeug, das man den Bart der Auster nennt. Vornehme Leute lassen diesen Ring entfernen.

Ich tat alle Gewürze auf die Austern, die ich inzwischen für mich entdeckt hatte. Sie haben ihr sehr geschmeckt.

Als in Kordas Appartement alles schon im Gehen begriffen war, flüsterte er: »Du bleibst bitte noch.«

Die meisten grinsten verständnisvoll.

Wir waren allein.

Er schaute mich liebevoll an, bevor er zum Eisschrank ging. »Wissen Sie, hübsche Mädchen finde ich dreizehn im Dutzend, aber ein Mädchen mit Seele wie Sie nur ganz selten.«

Das hat mir wahrscheinlich in Deutschland den Namen »Seelchen« eingebracht, denn Korda wird es nicht nur mir, sondern auch den Journalisten gegenüber geäußert haben.

Er holte aus dem Eisschrank Paprika, Tokaier und eingelegte Gurken. Neben dem Kühlschrank hingen an Holzhaken viele Sorten ungarischer Salami.

»Welche magst du?« Abwechselnd duzte und siezte er mich.

Ich hatte keine Ahnung, aber ich wählte die außen ganz rechts, sie sah am meisten der Wurst ähnlich, die es am Naschmarkt in Wien zu kaufen gab.

Er schob das goldene Besteck, Gläser und Teller zur Seite, und wir setzten uns an das Ende der Tafel.

»Jetzt erzähl mal. Was machst du so in Wien?«

Ich erzählte, daß ich den Film gemacht hatte.

Er unterbrach mich: »Ja, ja, den habe ich im Rohschnitt gesehen, der ist wunderbar, und ich will ihn für die Welt noch einmal machen ... Es ist traurig«, sagte er, »so große Schauspieler, aber sie können leider alle kein Englisch. Den Oskar Werner habe ich noch eingeladen, der ist unersetzlich.«

Ich war glücklich zu erfahren, daß Oskar Werner während der Drehzeit in London bei mir sein würde.

Korda nahm meine Hand mit beiden Händen und sagte mit dunkler ungarischer Stimme: »Ich will Sie aber nach diesem Film behalten und biete Ihnen einen Siebenjahresvertrag mit meiner Firma London-Films an.«

Ich schaute verlegen weg.

Ich war entsetzt. Von Wien fort? Undenkbar.

Wien war das Ziel all meiner Erwartungen. Darüber hinaus konnte ich nicht denken.

Außerdem war ich verliebt. Und ich wollte Theater spielen.

Korda legte meine Hand zurück auf den Tisch und schaute mich fast streng an: »Sie sind jung, aber eines Tages werden Sie fünfundvierzig Jahre alt sein, zurückblicken auf das bis dann Erreichte und sich sagen müssen, damals in London mit Alexander Korda habe ich eine große Chance verpaßt – und wenn es nur die Chance war, Englisch zu lernen.«

Da hatte ich verstanden.

Ich war bereit, den Vertrag zu unterschreiben, unter der Bedingung, drei Monate im Jahr Theater spielen zu dürfen.

Der Film in Wien war fertig, und ich zog schweren Herzens für sieben Jahre, wie ich glaubte, nach London, um meinen Vertrag anzutreten.

Ich mietete in London ein kleines Mewshouse, hinter dem Brompton Oratory. An einem verfallenen, romantischen Friedhof lag eine kleine Straße, die Ennismore Garden Mews.

Die Mews-Häuser waren am Ende eines großen Gartens mit Stallungen für Pferde, Kutschen und Falken gelegen. Und weil die Falken Tag und Nacht die verschiedensten Töne von sich gaben, also eine Musik machten, nannte man die Stallungen »Mews«-Häuser. So hat man es mir jedenfalls erzählt.

Sie wurden mit der Zeit in bezaubernde kleine Wohnhäuser umgebaut. Ich wohnte in dem Haus Nr. 28 und hatte den Blick in die Bäume des Friedhofs.

Hinter dem Haus war ein großer Garten, der zu den Herrschaftsvillen an der breiten Straße führte. Bäume, Vogelgezwitscher, kein Verkehr, nur alte Gaslaternen vor den kleinen Häusern.

Und das alles mitten in London.

Nach drei Monaten war mein Englisch perfekt – mehrere Stunden am Tag mußte ich die verschiedenen im Englischen vorkommenden th üben. Ich hab's heute noch im Ohr:

throw the thing
through the window
over there,
than throw it
higher
than that,
even though it is
difficult.

Ich bekam fünfzig Pfund Gage in der Woche. Die Wohnung kostete zirka zwölf Pfund im Monat.

Die Dreharbeiten waren schön. Nach Hause schrieb ich nur selten.

Mutti hat einmal – erbost darüber, daß alle vier Kinder nichts von sich hören ließen, nicht einmal zum Muttertag – eine Todesanzeige von sich drucken lassen und uns geschickt. Wir meldeten uns sofort. Und dann wieder monatelang nicht.

In den Londoner Studios wurde naturgemäß ganz anders gearbeitet als in Wien. Wir spielten zwischen gebauten Dekorationen in Ateliers, die zerbombten Häuserwände waren aus Pappmaché. Nichts vom Zauber der Wiener Straßen, des Kahlenbergs und der Heurigenstimmung.

Aber ich hatte ja Oskar Werner in meiner Nähe.

Seine Blödeleien waren umwerfend.

Am Piccadilly Circus fing er plötzlich an, ein geistig und körperlich behindertes Dodele zu spielen. Der Platz ist rund, von allen Seiten münden sternförmig Straßen in ihn ein. Mein Dodele bestand darauf, über alle Ampelkreuzungen hinweg von mir rund um den ganzen Platz geführt zu werden.

Die Polizisten hielten die Autos an.

Ungeachtet der Rot- und Grünlichter bekamen wir eine »Vorzugsbehandlung« vor dem staunenden und mitleidigen Publikum.

Auch in Wien hatten wir schon immer solchen Unfug getrieben.

Ich spielte in der Straßenbahn die Ausländerin, Oskar den Wiener. Vor der Wiener Oper sagte Oskar: »Schauen S' her, Fräulein, des is unser Burgtheater.«

Und ich sagte mit irgendwelchem Akzent: »Ach, wie schön. So, so, das ist das Burgtheater.«

Sofort mischten sich die Fahrgäste ein.

»Sie, Herr, das ist die Wiener Oper.«

Oskar: »San Sie blöd! – Hören S', i bin a Wiener. I wer do wissen, was das Burgtheater und was die Oper is.«

Im Nu entstand ein Mordsstreit, und wir mußten bei der nächsten Station abhauen. Im Aussteigen sagte Oskar noch: »Ich zeig dem Fräulein jetzt noch den Wurschtelprater neben dem Stephansdom.«

Ein andermal hielt Oskar, um vier Uhr früh aus dem Künstlerklub kommend, in Polizeiuniform an der Oper alle Straßenbahnen an, bis ein totales Chaos entstand. Danach gingen wir in den Künstlerklub zurück und fanden uns toll.

Ich habe mein ganzes Leben mehr oder weniger an seiner Seite gestanden, bis zum Schluß. Er hatte noch Festspiele in der Wachau eröffnet, spielte Richard III. von Shakespeare. Wenn ihm der erste Akt nicht gefiel, trat er vors Publikum und sagte: »Das wor nix, wir spuins nomoi.«

Seine Kinder nannten ihn »Deixl«.

Er machte Lesungen vor leeren Sälen, höchstens fünfzehn Personen. Die ersten fünfzehn Minuten waren so schön, daß man dachte, das Dach hebe sich und man sehe die Szene. Der Rest war nur ein Lallen.

Er ist bald gestorben. Ich habe ihn sehr lieb gehabt. Bis zuletzt hat er das Außerordentliche gewählt und unvergessene Filme hinterlassen wie *Entscheidung vor Morgengrauen*, *Kinder, Mütter und ein General*, *Jules und Jim*.

Mein nächster Film nach dem *Engel mit der Posaune* für Korda war *Heart of the Matter* nach Graham Greenes Roman, der auf deutsch unter dem Titel *Das Herz aller Dinge* herauskam.

Trevor Howard spielte die Hauptrolle.

Der dritte Film, *So Little Time*, erzählte die Geschichte eines hohen deutschen Offiziers, der sich während der deutschen Besatzung in ein belgisches Mädchen verliebt. Die Hauptrolle spielte Marius Goring.

Marius Goring gehörte zusammen mit Laurence Olivier zu den Stützen des englischen Theaters, obwohl sie beide damals noch ganz jung waren.

Mit dem Film *Die roten Schuhe* wurde Marius Goring weltberühmt. Seine Filmkarriere hat sich indes nicht so groß entwickelt wie die von Laurence Olivier. Er ist hauptsächlich beim Theater geblieben.

Marius war mit Lucy Mannheim verheiratet, einer berühmten Schauspielerin aus der Ära des Regisseurs Jürgen Fehling, die nach London emigriert war.

Mit Marius durchlebte ich die einzige große Liebe meines Lebens, die meinem Wesen ganz entsprach. Marius hatte alles, was ich mir erträumte. Alles war mir Heimat: sein Haus am Wald mit vielen Hunden, seine Vertrautheit mit jeder Art von Literatur und Musik, seine unglaubliche Zärtlichkeit.

Lucy war für kurze Zeit in Deutschland.

So konnte ich jeden Tag mit ihm in das Haus am Wald fahren. Ich war glücklich, wie ich es nie vor ihm und nach ihm gekannt habe.

Er hatte sich eine Konstruktion gebastelt, mit der man, anstatt von einem schrillen Wecker aus dem Schlaf gerissen zu werden, mit der Musik, die man am Abend aufgelegt hatte, aufwachen und langsam den Tag beginnen konnte.

So langsam allerdings nun auch wieder nicht. Denn um sieben kam die Putzfrau, die von Lucy Mannheim gebeten worden war, besonders gut auf Marius aufzupassen.

Ich mußte also in den Schrank.

Da hockte ich nun, während die Putzfrau die Marktpreise, die Post und sonstiges besprach und Marius vor dem Schrank Wache hielt.

»Ich kann auch gern den ganz Tag hierbleiben, Sir«, sagte die Putzfrau, »die Hunde sind jedenfalls schon gefüttert.«

»Nein, danke«, sagte Marius, »ich habe heute sehr viel Arbeit.«

Die Tür klickte unten im Parterre.

Ich konnte heraus aus dem Schrank.

Wir umarmten uns wie Kinder und machten Frühstück.

Ich bereitete mich zu dieser Zeit auf die Julia vor, die ich im Sommer in meinem Theaterurlaub spielen sollte, in einer Freilichtaufführung in Basel unter der Regie von Leonard Steckel und mit Will Quadflieg als Romeo.

Marius hatte mir das Shakespeare-Stück eingerichtet, handgeschrieben in Englisch und Deutsch und mit seinen Gedanken dazu.

Jede Trennung von Marius war überaus schwer geworden. Lucy Mannheim versuchte, zum Teil mit bösen Mitteln, unsere große Liebe zu verhindern.

Sie hat sich dennoch nach einem weiteren Jahr von Marius trennen müssen. Da war unsere Liebe aber bereits zerstört und konnte nicht mehr in die ersehnte Verbindung hinüberwachsen, die vielleicht möglich gewesen wäre.

Nach vielen, vielen Jahren traf ich Marius im Londoner Garrick-Club wieder. Er hatte seine zweite Frau mitgebracht. Wir sprachen über unser Leben und dachten, daß es eigentlich gut sei, wie es gekommen war.

Bis auf den heutigen Tag schreibt mir Marius Briefe. Eben erst ist wieder einer gekommen:

»Darling Maria,
meine ferne Geliebte,
arbeitest du in jeden Tag
oder fliegst du zu mir nach
Garwick, Sussex, bei die See?
Dein Marius«

Mein Weg nach Deutschland

Im zweiten Jahr meines Vertrages mit Korda fragte eine deutsche Produktion an, ob ich in dem Film *Es kommt ein Tag* nach der Novelle von Ernst Penzoldt unter der Regie von Rudolf Jugert die Hauptrolle spielen könnte.

Korda hatte im Augenblick keine Aufgabe für mich, und so lieh er mich aus. Die für mich ausgehandelte Gage gehörte ihm, und ich bekam in London weiter meine fünfzig Pfund pro Woche.

Der Film wurde 1950 in Göttingen gedreht. Dorthin fuhr ich von München aus mit meinem ersten Auto. Ohne Öl! Es war ein rotes, gebrauchtes Volkswagencabriolet. Ich war sehr stolz darauf.

Freundlicherweise gab es erst vor dem Eingang zum Gästehaus der Produktion, einer langgestreckten Holzbaracke, die einmal weiß gestrichen war, seinen Geist auf. Der arme Kerl rauchte, alle standen rundherum.

Das Cabriolet wurde abgeschleppt und repariert. Und wir begossen meine Ankunft in der Kantine mit Champagner.

Das Gästehaus, in dem man uns untergebracht hatte, war etwa zehn Minuten von den Ateliers entfernt, einer nicht mehr genutzten Flugzeughalle.

Der Film spielt während des Deutsch-Französischen Krieges von 1870/71 in einer französischen Kleinstadt. Zu den von den deutschen Offizieren requirierten Privathäusern gehört auch das von Madeleine und ihrer Mutter, die in dem Film von Lil Dagover gespielt wird. Der Sohn, Gaston, ist bereits im Krieg gefallen.

20

20 In dem Film *Der Engel mit der Posaune*
(1948; Regie Karl Hartl)

21 Sowohl in der österreichischen wie in der englischen Fassung (*The Angel with the Trumpet*, 1949) spielte ich zusammen mit Oskar Werner.

22 Mit Marius Goring, meinem Partner in *So Little Time* (1952; Regie Compton Bennett)

21

22

23

23 Mit Dieter Borsche in dem Film *Dr. Holl*
(1951; Regie Rolf Hansen)

24 

24 In meinem ersten Film mit O. W. Fischer,
Bis wir uns wiedersehn (1952; Regie Gustav Ucicky)

25 

25 und 26 In *Der träumende Mund* (1953; Regie Josef von Baky), meinem zweiten Film mit Otto

26 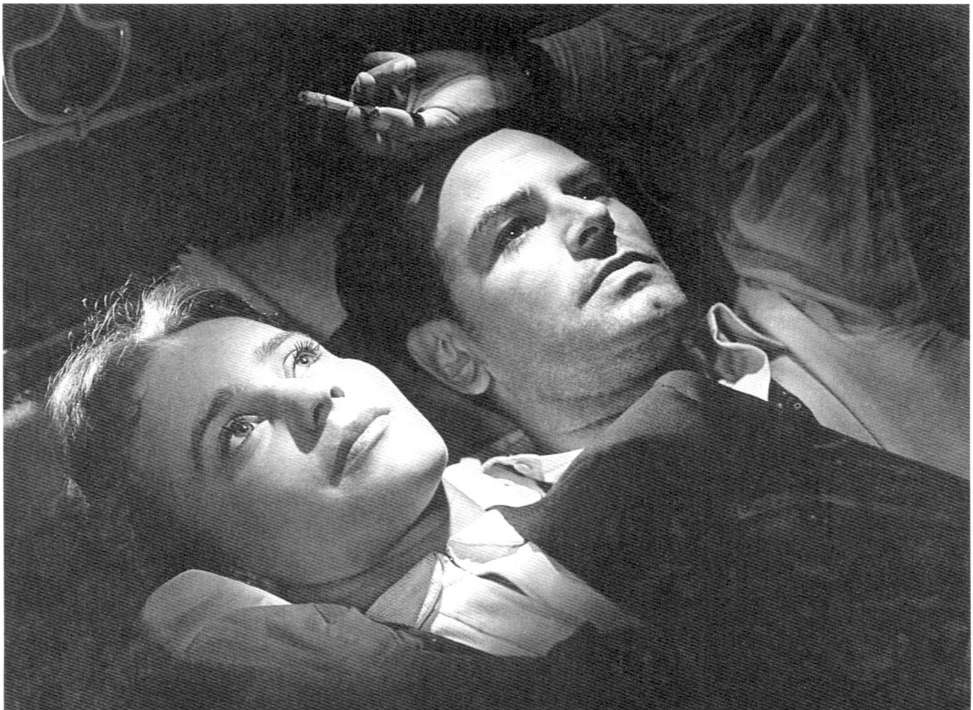

27 – 30 Szenen aus meinem schönsten Film, *Die letzte Brücke* (1954; Regie Helmut Käutner) 27

28

29

30

Mit Horst Hächler (27), Bernhard Wicki (29) und als Türkin (30). Preis als beste Darstellerin bei den Filmfestspielen in Cannes 1954

31

32

31 Heirat mit dem Schauspieler und Regisseur Horst Hächler, 1957

32 Sohn Oliver, geboren 1962

Dieter Borsche spielte den deutschen Leutnant, der sich in diesem Haus einquartiert hatte. Zwischen ihm und Madeleine beginnt eine große Liebe. Der sterbenden Mutter spielt der Leutnant den angeblich heimgekehrten Sohn vor, bevor er am Ende in Madeleines Armen stirbt.

Es wurde ein wunderbarer Film, den ich immer noch sehr liebe.

Dieter Borsche, der bereits mit Harald Brauns *Nachtwache* einen großen Erfolg gehabt hatte, traf ein paar Tage später ein. Wir warteten alle schon sehr auf ihn.

Der Weg zum Atelier führte durch wogende Kornfelder. Ich ging fast immer zu Fuß zur Arbeit. Dieter folgte mir und nahm meine Hand.

Er war eine große Persönlichkeit, männlich, gescheit und warmherzig – und er liebte Brahms. Die Erste und die Vierte Sinfonie haben uns durch die ganze Zeit in Göttingen begleitet.

Wir haben versucht, uns so oft wie möglich zu sehen, auch wenn wir an verschiedenen Orten arbeiteten. So saß ich einmal im Zug von München nach Paris, während Dieter im Auto nebenherfuhr, um mich in Augsburg nochmals in die Arme zu nehmen.

Ein anderes Mal drehte ich in London, und Dieter war in Paris. Am Wochenende flog ich zu ihm, heimlich, denn man durfte sich nicht ohne Einverständnis der Produktion vom Drehort entfernen.

Dieter holte mich vom Flughafen ab.

Ich hatte mit Oskar Werner in London Schnecken gegessen und muß fürchterlich gestunken haben. Dieter konnte keinen Knoblauch vertragen. Um so erstaunlicher, daß wir uns so sehr geliebt haben. Denn es gibt nur zweierlei Menschen: die, die Knoblauch lieben, und die, die sich grausam abwenden. Die einen können nicht mit den anderen.

Die einen sind Ästheten, bedacht, genau, vielleicht sogar ein wenig abweisend; die anderen spontan, gesellig, Fresser, Genießer und nicht selten Säufer.

So mußte ich mich von Dieter fernhalten, obwohl ich mich so sehr nach ihm gesehnt hatte.

Mit dem Taxi fuhren wir in ein kleines, romantisches Hotel. Der Portier begrüßte mich freundlich als Madame Borsche. Dieter schüttelte nur leicht den Kopf.

»Ah«, sagte der alte Portier, »ce n'est pas madame.«

»Quelque chose comme madame«, antwortete mein Dieter. Ich war glücklich.

Wir gingen in unser Zimmer, das in einen kleinen Garten hinausführte.

»Gib mir deinen Paß, ich bring ihn zum Pförtner.«

Die Tasche war weg. Ich hatte sie im Taxi liegengelassen. So mußte ich bis Montag warten, um zum Schweizer Konsulat gehen zu können, und rief mit schrecklich schlechtem Gewissen in London an.

Auf dem Schweizer Konsulat fragte man mich:

»Ja, bitte, Sie wünschen?«

»Ich brauch noch heute einen Paß.«

»Ja, wieso?«

»Ich bin Schweizerin.«

»Das kann jeder sagen.«

»Doch, doch, ich weiß sogar noch meine Paßnummer.«

Die hatte ich Tage zuvor zufällig auswendig gelernt.

»Heimatberechtigt?« fragte der Beamte streng.

»Oberbiberg.«

Mich kannte in Frankreich ja noch keiner.

Und so bekam ich meinen neuen Paß noch am gleichen Tag und flog abends noch nach London zurück.

Man hatte die Drehfolge meinetwegen umstellen müssen.

Sofort nach meiner Ankunft mußte ich ins Büro des Produzenten Ronnie Neame, der auch ein berühmter Regisseur war.

Ich saß da mit rotem Kopf und heulte.

Ronnie Neame war wütend: »So, und jetzt geh an die Arbeit!«

In der Türe hielt er das schluchzende Geschöpf auf.

»Komm zurück – setz dich!« Er nahm meine Hand. »Ich lasse niemanden heulend oder zornig aus meiner Türe gehen«, sagte er väterlich und küßte mich auf die Stirn.

»Als ich acht Jahre alt war«, erzählte er, »hörte ich in meinem Bett, wie sich die Eltern unten im Kaminzimmer furchtbar stritten. Ich schlich mich leise auf die Treppe und kauerte mich in die Ecke. Mir war kalt, und ich fröstelte. Plötzlich schlug unten die Haustüre laut zu. Meine Mutter schluchzte. Ich schlich zu ihr und in ihre Arme. Nach zwei Stunden brachten sie den Vater tot zurück.«

Erst vor kurzem traf ich Ronnie Neame in Monte Carlo wieder. Er sah unverändert aus. Ich erzählte ihm, wie oft ich diese Geschichte schon weitergegeben habe, wenn ich nicht wollte, daß Menschen sich im Ärger trennten.

Er erinnerte sich und lächelte.

Dieter litt bereits ganz früh unter einer unheilbaren Krankheit: Muskelschwund. Er hinkte schon immer ein bißchen, aber man hat es kaum gemerkt.

Viel später im Leben habe ich mit ihm und Will Quadflieg Goethes Briefwechsel mit Christiane Vulpius für das Fernsehen gelesen, im Kostüm der Zeit.

Als wir die Goethebriefe lasen – Dieter spielte den Eckermann, Goethes Sekretär –, war die Krankheit bereits so fortgeschritten, daß er sich nur im Rollstuhl bewegen konnte. In der Mittagspause rief er durch das ganze Atelier: »Man bringe mir ein Pferd!«, damit wir gemeinsam in die Kantine essen gehen konnten.

Er war unglaublich tapfer.

Ich fuhr zu seinem Begräbnis nach Hamburg.

Drei Frauen gingen hinter seinem Sarg.

Die Presse stürzte sich auf mich und wollte endlich wissen, ob ich ihn geliebt habe.

Ja, ich habe ihn geliebt. Sehr sogar.

Nach *Es kommt ein Tag* machten wir noch einen Film zusammen, *Dr. Holl*, der ein großer Erfolg wurde. Ich spielte ein dem Tode geweihtes junges Mädchen, von einer Krankenschwester – Heidemarie Hatheyer – betreut, deren Geliebter, ein Arzt, an einem Serum gegen diese Krankheit arbeitet. Der Vater des Mädchens – Karl Wery –, ein vielfacher Millionär, richtet dem jungen Arzt ein Labor ein und treibt ihn Tag und Nacht an, das Serum noch rechtzeitig zu entwickeln.

Das junge Mädchen verliebt sich in den Arzt, und der Vater bittet ihn, seine Tochter noch vor ihrem Tod zum Schein zu heiraten. Der Arzt findet das Serum, verliebt sich in sie – und die arme Krankenschwester muß verzichten, bekommt aber vom Vater zum Trost ein eigenes Krankenhaus.

Auf diese Art von Rollen wollte man mich festlegen, ich habe mich dem aber immer wieder entzogen.

Noch ein dritter Film mit Dieter Borsche war geplant, aber wegen der Eifersucht seiner Frau Uschi und um der Kinder willen nicht mehr möglich. Ein Jahr nach dem Ende unserer Liebe haben sie sich dennoch getrennt.

Geliebter Otto

Seit vielen Jahren, seit der Wiener Zeit, trug ich ein Bild von O. W. Fischer in der Tasche. Oskar Werner hatte es mir gegeben mit der Bemerkung: »Wenn du für den was tun kannst – er verdient's!« Und so schlug ich O. W. Fischer als Partner für den Film vor, den Dieter Borsche hatte absagen müssen.

Wieder in Göttingen. Mein kleines rotes Cabriolet funktionierte tadellos.

Otto fiel vor mir in der Kantine auf die Knie und sagte irgendwelche romantischen Sprüche.

Nanni, seine Frau, war immer dabei. Die beiden hatten zwei, drei Jahre zuvor in Wien ein angefahrenes winziges Kätzchen im Rinnstein gefunden. Es wurde ihr Kind.

Ich schätze Otto sehr. Vor kurzem ist er achtzig geworden. Nicht nur ich, die ganze Filmindustrie und alle seine Freunde bedauern, daß er sich so ganz von Film und Bühne zurückgezogen hat.

Er hat dafür seine Gründe, die leider nur schwer zu verstehen sind.

Auch die Katzen sind alle tot.

Er liebt die Einsamkeit, nur wenige Menschen können ihn anrufen.

Ich sage »Gritli«, noch bevor er sich am Telefon meldet, sonst würde er gleich wieder einhängen. Wir telefonieren recht oft, und zu meinem Erstaunen hat er kürzlich meinen Vorschlag, noch einmal einen gemeinsamen Film zu machen, mit Begeisterung aufgenommen.

Ich hoffe, ich kann ihn mit der von mir gegründeten Produktionsgesellschaft in den nächsten ein bis zwei Jahren realisieren.

Insgesamt haben wir fünf Filme zusammen gedreht.

Den ersten 1952. Gott, wie hieß er gleich? – *Bis wir uns wiedersehn.* Gustav Ucicky, der Regisseur, hatte das Drehbuch nach meiner Vertragsunterzeichnung zusammen mit seiner Geliebten, einer emanzipierten Bohnenstange, völlig neu geschrieben. Als wir in Göttingen ankamen, war daraus ein sentimentaler Schmarren geworden.

Mit allen Kräften kämpfte ich darum, daß das Originaldrehbuch verwendet wurde.

»Gott sei Dank hast du soviel Kraft«, sagte Otto zu mir, »ich habe sie nicht mehr.«

Otto, lange am Burgtheater mit großen Erfolgen engagiert, hatte vor jeder Premiere schreckliches Lampenfieber.

Bei der Generalprobe von *Don Carlos* nahm er zur Beruhigung eine halbe Schlaftablette und war grandios, zur Premiere eine ganze – und schlief ein.

Der zweite Film mit O.W. Fischer war *Der träumende Mund*, ein Remake nach der Erstverfilmung mit Elisabeth Bergner und Adolf Wohlbrück. Wie bei unserem ersten Film gab es in punkto Drehbuch Probleme.

Es ging um die Geschichte einer Freundschaft zwischen zwei Musikstudenten. Beide sind Geiger. Der eine bleibt in Hamburg bei seinem Orchester, während der andere als Solist berühmt wird.

Der Orchestergeiger heiratet und lebt mit seiner Frau in Hamburg. Die aber verliebt sich in den Virtuosen, als dieser zu einem Konzert in die Stadt kommt. In ihrem Konflikt weiß die junge Frau nicht mehr, wo sie hingehört, und nimmt sich am Ende das Leben.

Inmitten der Dreharbeiten beschlossen Verleih und Produktion: Maria darf nicht sterben.

Wir alle – einschließlich des Regisseurs Josef von Baky – weigerten uns, irgend etwas ändern zu lassen, und drehten den tragischen

Schluß. Daraufhin setzten Verleih und Produktion vom fertigen Film eine Szene aus der Mitte einfach an den Schluß, so daß ein falsches Happy-End zustande kam.

Wir prozessierten und verloren.

Seither enthalten alle meine Filmverträge die Klausel, daß weder während der Dreharbeiten noch nach Fertigstellung des Filmes irgend etwas ohne meine Einwilligung verändert werden darf.

Darüber haben sich viele in der Filmbranche geärgert und mich als schwierig deklariert, wohl auch deshalb, weil ich nicht diplomatisch genug war, mich für die Ablehnung eines Angebotes mit Ausreden zu entschuldigen, wie: »Es geht leider nicht mit anderen Terminen zusammen« oder: »Das Buch ist gut, aber die Rolle liegt mir nicht.« Statt dessen sagte ich jedesmal: »Es ist schlecht.«

Wenn ich schwierig war, dann nicht um meinetwillen, sondern immer für die Sache. Schauspieler, denke ich, kämpfen viel zu wenig für die Qualität der Filme.

Zwar können sie sich das nur dann leisten, wenn sie sehr erfolgreich sind, aber auch Erfolgreiche kümmern sich zu wenig um Stoffe und das Entstehen eines guten Drehbuches. Manche machen einfach zu viele Filme und sind im Grunde wenig daran interessiert, sich im Beruf fortzuentwickeln. Sie spielen sich selbst in schablonenhafter Wiederholung, und das genügt ihnen.

Fritz Kortner hat einmal gesagt: »Diese Schauspieler! Sie haben so viel zu tun. Sie haben überhaupt keine Zeit mehr für ihren Beruf.«

Kaum ein Satz von ihm, den man vergißt.

Zu mir sagte Kortner einmal im Hotel Vier Jahreszeiten, als ich ihm in den Mantel helfen wollte und er ablehnte: »Das Alter ist eine beschwerliche Angelegenheit, aber es ist die einzige Alternative zum Tod, und da zieht man halt das Alter vor.«

Ein Film, meine ich, sollte versuchen, Antwort auf die Bedürfnisse und Fragen der Zeit zu geben. Der Produzent, Regisseur und Schauspieler muß ein Gespür haben nicht für das, was im Augenblick ist, sondern für das, was in zwei Jahren, wenn der Film herauskommt, beantwortet sein will.

Was das schwache Interesse vieler Schauspieler an wirklich aktuellen Stoffen betrifft, so habe ich vor zwanzig Jahren in Amerika eine charakteristische Erfahrung gemacht.

Als ich 1976 am Broadway *Poor Murderer* von Pavel Kohut spielte, hatte ich mit Gery Schoenfeld die Möglichkeit erwogen, mit einem der neunzehn Theater der Shubert Organization, deren Chef er war, ein »International Theatre on Broadway« zu gründen.

Ich holte sofort Maximilian zu Hilfe und schrieb Briefe an alle großen Kollegen, wie Richard Burton, Liv Ullmann, Burt Lancaster, Lilli Palmer. Ich bat sie, mir ein Stück zu nennen, das sie, mit dem Regisseur ihrer Wahl, gerne spielen würden.

Ich wollte die übliche Regel durchbrechen: Am Broadway hat man entweder Erfolg und ist über ein Jahr gebunden, oder man hat keinen Erfolg und ist nach einer Woche von der Bühne verbannt.

Mein Konzept dagegen sah vor, den einzelnen Star jeweils nur drei Monate spielen zu lassen, was leicht auch für die größten Stars zwischen zwei Filmen möglich gewesen wäre.

Die Antworten der Kollegen waren begeistert, aber niemand nannte ein Stück. Als ich nachhakte und um mindestens drei Vorschläge bat, kam von den Herren siebenmal *Hamlet* und dreimal *Don Carlos* und von den Damen *Nora* und *Fräulein Julie*. Nicht ein einziges Stück von heute.

Obwohl ich mit Gery Schoenfeld schon das Theater bestimmt hatte, mußte ich das Projekt fallen lassen. Für mich wäre dabei nicht mehr herausgekommen, als eine mehr oder weniger gute Intendantin zu sein.

Wir haben viel zu wenig Wissen von Literatur, Musik, bekannten oder unbekannten Werken. Wir leben von den Angeboten, die mehr oder weniger zufällig auf uns zukommen, und nehmen jeweils das beste. Oder das bestbezahlte.

Schauspieler sind im allgemeinen zu sehr nur auf ihren Job ausgerichtet. Zu wenige sind interessiert an den übrigen Künsten und nehmen in ihrer Ichbezogenheit kaum Teil am Weltgeschehen – vielleicht gerade noch am Sport.

In meiner Produktion will ich versuchen, die besten Künstler zusammenzurufen und sie mit guten neuen Stoffen zu konfrontieren.

Ich bin stolz, daß ich für meine Produktion bereits sieben Stoffe in Aussicht genommen habe, wovon drei schon in Arbeit sind. Gute Themen sind das einzige und wichtigste Kapital einer Produktion.

Zurück zu O. W. Fischer. Unseren dritten Film, *So lange du da bist*, drehten wir 1953 unter der Regie von Harald Braun.

Eigentlich hätte Gustav Gründgens mein Partner sein sollen. Er hatte in einer Umfrage nach dem größten Filmeindruck des letzten Jahres meinen Namen genannt, worauf ich sehr stolz war.

Aber Otto, als er von Gründgens erfuhr, wollte diese – und nur diese – Rolle. Und bekam sie auch. Er konnte also doch kämpfen.

So lange du da bist ist einer der besten deutschen Nachkriegsfilme. Er erzählt die Geschichte einer jungen Frau nach dem Zweiten Weltkrieg, die mit ihrem Ehemann, gespielt von Hardy Krüger, in sehr ärmlichen Verhältnissen in einer Baracke lebt. Um etwas Geld zu verdienen, spielt sie als Komparsin eine winzige Rolle in einem Operettenfilm des berühmten Regisseurs X – streng, dunkel und faszinierend gespielt von O. W. Fischer in den Ateliers der Bavaria in München. Als Film im Film.

Als Komparsin sollte ich durch einen herabfallenden Scheinwerfer Feuer fangen und schreiend eine Dekorationstreppe, die ins Nichts führte, hinaufrennen. Stanislawski hätte beinahe daran schuld gehabt, daß ich verbrannt wäre.

Ich wartete schreiend, bis ich die Flammen, für die Großaufnahme der Kamera deutlich sichtbar, im Nacken spürte. Feuerwehrleute stürzten auf mich zu und löschten sie mit Decken.

In der nächsten Szene des Films wird die kleine Komparsin in den Sanitätsraum gebracht. Im Schock stammelt sie unzusammenhängende Worte, die ein schreckliches Erlebnis ahnen lassen. Der Regisseur X will sich nach dem Befinden der Komparsin erkundigen und hört die Geschichte der jungen Frau. Er beschließt, einen Film aus ihrem Leben zu machen, und überredet sie, am nächsten Tag zu Probeaufnahmen zu kommen. Die junge Frau wird geschminkt und ins Atelier gebracht. Dort wischt ihr der Regisseur mit seinem Taschentuch die Schminke vom Gesicht und zerwühlt ihre Haare. Sie ist wie gelähmt. Mit beschwörenden Worten führt er sie in die Situation ihrer vermeintlichen Schuld zurück: Sie hatte während des Krieges auf der Flucht ihren verwundeten Mann zurückgelassen.

Das war mit das Schwerste, was ich in meinem Beruf zu bewältigen hatte: Eine junge Frau zu spielen, die keine Ahnung vom Schauspielberuf hat, einen unbegabten Durchschnittsmenschen, der von einem Regisseur in die Darstellung äußerster Gefühle hineingetrieben wird.

Der vierte Film, *Tagebuch einer Verliebten*, ebenfalls 1953 gedreht, war endlich eine Komödie: Otto ernst und von großer Komik. Ich ebenso.

Zu seinem achtzigsten Geburtstag wurden auch Ottos *Peter Voss*-Filme gezeigt, die ich nie gesehen hatte. Seine Komik liegt nicht nur in Worten oder Gesten, sondern buchstäblich in seinem ganzen Körper. Im weißen Kellnerkittel ist er – sogar von hinten – unbeholfen, in der nächsten Szene ein vornehmer französischer Attaché und wieder in der nächsten Szene ein hoher SS-Offizier.

Unser fünfter Film, *Das Riesenrad*, 1961 entstanden, ist ein Meisterwerk von Géza von Radvanyi, eine Wiener Familiengeschichte, die auf das Bühnenstück *Das Himmelbett* von Jan de Hartog zurückgeht.

Otto und ich hatten uns von ganz jungen Menschen bis zu deren Lebensende zu verwandeln – von der Hochzeitsnacht über Kinder und Enkelkinder durch ein halbes Jahrhundert mit zwei Weltkriegen.

Es wurde eine der größten Leistungen von Otto.

Heute, mit seinen wirklichen achtzig Jahren, schaut er genau dem alten Hofrat, den er damals spielte, ähnlich.

Recht spät in unserem Leben haben wir noch einen Film gedreht: *Herbst in Lugano*. Vier Episoden mit vermutlich seinen Lieblingspartnerinnen.

Eine Episode ist mir unvergessen: Otto als alter, todkranker Pianist, der seiner geliebten geschiedenen Frau – wunderbar gespielt von Lieselotte Pulver – noch einmal begegnen will. Otto war so identisch mit seiner Rolle, daß sein gespielter Tod zum Fürchten war.

Unsere gemeinsame Episode dagegen war heiter. Ich spielte ein alterndes Hürchen aus Wien, das immer in den Süden fährt, um Ferien zu machen, seine Hotelrechnung nie bezahlt und dabei einem Ganoven, den sie von früher kennt – eben O. W. Fischer – wiederbegegnet.

Wenn ich jetzt darüber schreibe, spüre ich die große Zuneigung, die mich ein Leben lang mit ihm verbunden hat und noch immer verbindet. Aber meine Gebundenheit an ihn war auch mühsam, schmerzlich und unbefriedigend – bis auf unsere Arbeit.

Nanni war überall und immer dabei. Beide waren äußerst sparsam, brachten das Essen in Butterbrotpapier mit. Otto war immer müde.

Wenn er sich auszog, wandte ich mich diskret zum Fenster, bis Nanni rief: »Jetzt dreh dich um Himmels willen endlich um und bewundere seine nackte Schönheit, sonst kriegt er uns noch eine Lungenentzündung.«

In einem *Spiegel*-Interview, das ausschließlich auf meine Liebesverhältnisse ausgerichtet war, wurde ich von dem gescheiten Karasek gefragt, ob nun »ja« oder »nein» mit O. W. Fischer.

»Wie meinen Sie das, Herr Professor?« fragte ich, obwohl wir per Du waren.

Er brachte es nur mühsam hervor und wurde rot. »Haben Sie mit ihm geschlafen, ja oder nein?«

»Ja, ein halbes Mal.«

Herr Professor war verwirrt und bat um Aufklärung.

»Otto ist unfähig, eine Liebe zu erleben, außer zu seiner Frau Nanni, bei der er mit sechsundzwanzig Jahren das Zahnbürstl aufs Bett legte, um sie dann auch sofort zu heiraten.«

Ich habe Verständnis für ihn und bringe ihm große Achtung entgegen, auch heute noch. Ich würde es als Empfindung wie einem Bruder gegenüber bezeichnen, wenn meine Beziehung zu Maximilian, meinem wirklichen Bruder, im wahrsten und reinsten Sinne nicht viel erotischer wäre – das heißt kraftvoll und immer wieder voller Ideen und Überzeugungen, die einströmen in unsere Arbeit und in unser Leben.

Carl war damals, in der Mitte der fünfziger Jahre, noch nicht aus Brasilien zurückgekommen.

Immy spielte Hauptrollen in Luzern und in Berlin – dort, unter der Regie von Boy Gobert, im *Snob* von Sternheim, mit Gobert in der männlichen Hauptrolle.

Mutti leitete eine Schauspielschule in Bern, und Papa saß wie immer in seinem Dichterstübchen in der Züricher Culmannstraße. Das kleine Haus war ursprünglich ein Weinrebenhäuschen zur Zeit der Weinernte gewesen. Es war inmitten von Weinbergen gelegen, weitab von Zürich. Heute steht es unterhalb der Universität. Und nur ein alter Gasthof neben uns, »Zum Stapfer«, ist noch aus dem 17. Jahrhundert.

Mutti und Papa hatten das Häuschen mit 2500 Franken Anzahlung und einer Hypothek gekauft. Für jedes Gedicht, das in einer Zeitung abgedruckt wurde, bekam Papa fünf Franken, die er zu Fuß, um die Straßenbahn zu sparen, auf die Bank trug. Fünf Franken waren für den Anfang gar nicht so wenig. Auch in Wien konnte man dafür, wie Mutti erzählt, schon etwas kaufen. Zum Beispiel Eheringe.

Mutti hatte 1000, Papa 1500 Franken zur Anzahlung beigetragen. Ich scheue mich, die Hypothek, die noch immer auf dem Häuschen liegt, ganz zu löschen.

Der alte Geißenstall in der Culmannstraße steht immer noch an das Elternhaus gelehnt, mitten in einem winzigen Gärtchen mit Beeren und Blumen drum herum.

Wie wir alle in dem kleinen Häuschen leben konnten – inklusive Tante Hedi, die ein kleines Zimmerchen neben der Küche bewohnte –, ist mir heute unvorstellbar.

In Papas Nachlaß waren auf dem »Gedichtkonto« noch ein paar hundert Franken, Lohn für Gedichte, die zum großen Teil jeder bedeutenden deutschen Lyrik ebenbürtig sind.

Der Zweig

Lang war Schnee und hoch war Schnee,
meine Schaufel grub:
als ich einen Rosenzweig
aus der Tiefe hub.

Schüchtern lag er, kahl noch da,
aber leise grün:
Ach, mein Herz vergaß es schon,
daß die Rosen blühn.

H. F. Schell

Egon kann's nicht lassen

Zwischendurch war ich immer wieder in London und habe dort weitere Filme für Alexander Korda gedreht. Außerdem habe ich die mir vertraglich zugestandenen dreimonatigen Pausen ausgiebig fürs Theaterspielen genutzt. So spielte ich mit Will Quadflieg *Romeo und Julia* bei einer Freilichtaufführung in Basel unter der Regie von Leonard Steckel. Und an der Seite von Albert Bassermann als Mephisto das Gretchen auf einer Tournee durch Holland und die Schweiz.

Die Premiere fand in Amsterdam statt. Daß damals, so kurz nach der Besetzung des Landes durch die deutsche Wehrmacht, die Holländer überhaupt akzeptierten, ein Stück in deutscher Sprache, und sei es Goethes *Faust*, aufgeführt zu sehen, war ein großes Ereignis.

Bassermann war schon sehr alt, zerbrechlich – und großartig. Er kam so spät zur Generalprobe, daß wir das Stück nicht mehr zu Ende probieren konnten. In den verbleibenden zwei Stunden bis zur Premiere lief ich durch die Straßen von Amsterdam – wie vor Jahren als Scampolo in Zürich – und fand einen alten Brunnen und eine Kellertreppe, die in ein dunkles Loch führte.

Dort spielte ich für mich die Kerkerszene zwischen wirklichen mittelalterlichen Steinwänden mit einem winzigen Lichteinfall von der Straße her, abgeschlossen von der übrigen Welt.

Mein Erlebnis war vollkommen, und ich konnte es auf die Bühne und in den Abend mitbringen. Die Premiere bescherte mir Schlagzeilen und – neben Bassermann – Ruhm.

Direktor des Tourneetheaters war Egon Karter, mein Operettentenor aus Biel-Solothurn und meine erste Liebe. In Basel hatte er ein kleines Theater, das heute ein großes ist. Ich weiß nicht mehr genau das Jahr, aber wir haben gemeinsam sein Theater, Die Komödie in Basel, eröffnet. Bis zehn Minuten vor Premierenbeginn hatte ich den Zuschauerraum staubgesaugt und geputzt.

Auf dieser Bühne bekam ich später auch meinen ersten »Bambi« für die inzwischen in Deutschland angelaufenen Filme überreicht.

Wir blieben mit *Faust* eine Woche lang in Amsterdam. Jeden Abend war das Theater ausverkauft.

Nachts führte Egon Karter mich an den Grachten entlang durch das Rotlichtviertel. Dort saßen die Mädchen geschmückt hinter den Fensterscheiben ihrer kleinen Wohnungen. Manche Vorhänge waren zugezogen.

Egon und ich gingen engumschlungen – denn nur Freier oder Liebende, aber keine Neugierigen durften die Straßen entlanggehen – an den Fenstern vorbei.

Egon hat sich davon etwas versprochen – wie auch Jahre später in Paris, als ich unter den Regie von René Clément *Gervaise* drehte.

Schon immer wollte mich Egon Karter dazu verführen, mit ihm einen Pornofilm anzuschauen. So kam er an einem Wochenende während der Dreharbeiten zu *Gervaise* »mal eben so« in Paris vorbei, und wir suchten im strömenden Regen nach einem Pornokino. Alle waren geschlossen.

Egon schlug vor, uns Porno »live« anzuschauen.

Wir kamen in ein kleines Etablissement. Ich versuchte, mich hinter Kopftuch und großer dunkler Sonnenbrille zu verstecken. Inzwischen war ich so bekannt, daß ich auf keine Toilette gehen konnte, ohne daß dreihundert Frauen mitkamen.

Egon freute sich wie ein Kind, als man uns in ein kleines Zimmerchen mit einem Doppel-Doppelbett führte.

Das Mädchen kam, zog sich charmant aus, und dann kam der Junge.

Mitten in den Vorbereitungen aber fiel ihm seine Männlichkeit zusammen – er hatte mich trotz Kopftuch und Brille erkannt.

Dann beschloß er, sich doch noch zu ermannen, denn, wer weiß, vielleicht gab es ein Erlebnis zu viert. Ich bekam einen Lachanfall und nahm Kopftuch und Brille ab. Egon bestellte Champagner, und wir erfuhren die Geschichte der jungen Leute.

Sie war angeblich Mutter von zwei Kindern. Er Medizinstudent. Unter ihrem Broterwerb schienen sie nicht im geringsten zu leiden.

Egon kann's nicht lassen. Seit langem hatte er sich zu seinem achtzigsten Geburtstag gewünscht, noch einmal unsere alte Liebe zu erleben. Als der Tag gekommen war, rief ich ihn an und sagte: »Schau, du bist doch so ein toller Mann, verschieben wir es auf den neunzigsten.«

Unter den Filmen, die ich für Alexander Korda gemacht habe, gibt es einen ganz besonderen: *Magic Box*. Es ist die Geschichte des Erfinders der Cinematografie, des Engländers William Friese-Greene. Zu seinen Ehren wurde der Film von der gesamten englischen Filmindustrie erarbeitet.

Alle Mitwirkenden spielten – um diesem großen Pionier des Films zu seinem Geburtstag ein Denkmal zu setzen – ohne Honorar, nur für Tee und Kuchen am Nachmittag. Bis auf die Darsteller der drei Hauptrollen, Friese-Greene und seine beiden Frauen.

Ich spielte die erste Frau, die Stütze seines Lebens. Robert Donat, unvergessen seit dem Film *The Ghost Goes West*, spielte erschütternd den Friese-Greene. Laurence Olivier, auch er nur für Kuchen und Tee, einen Polizisten, den Friese-Greene nachts auf der Straße fast umrennt. »I've got it, I've got it! – Ich hab's«, so stammelt er und taumelt vor Glück. Der Polizist geht mißtrauisch mit ihm, und Friese-Greene zeigt ihm auf einem Leintuch an der Wand die ersten lebenden Bilder, die ihm gelungen sind.

Laurence Olivier sagt nach einer Pause nur: »You must be a very happy man.«

Aber *wie* er das sagt!

Leider ist der Film, obwohl in Deutsch synchronisiert, noch immer nicht im deutschsprachigen Fernsehen gelaufen – auch jetzt nicht zum hundertjährigen Jubiläum des Films.

Nach drei Jahren bat ich Alexander Korda, mich aus dem Siebenjahresvertrag zu entlassen.

Korda hatte Verständnis, und so haben wir uns im gegenseitigen Einvernehmen gütlich getrennt.

Alle meine Möglichkeiten lagen jetzt in Deutschland. Inzwischen bekam ich fast jeden Tag ein Drehbuch angeboten und konnte mir das beste aussuchen.

Aus den vielen Angeboten hatte ich zwei Filme in Erwägung gezogen: *Die Trapp-Familie* und *Königliche Hoheit* nach dem Roman von Thomas Mann. Beide hat Ruth Leuwerick dann für mich gespielt.

Ich hatte Ruth Leuwerick in einer Inszenierung von *Vor Sonnenuntergang* mit Werner Krauss im Hamburger Schauspielhaus gesehen. Sie war so großartig, daß ich, wann immer ich damals Klagen hörte, daß es keine großen Persönlichkeiten für den deutschen Film gäbe, sofort ihren Namen nannte.

Während ich noch zögerte, welchen der beiden Filme ich machen sollte, *Die Trapp-Familie* oder *Königliche Hoheit*, wandte sich Helmut Käutner mit dem Drehbuch zu dem Film *Die letzte Brücke* an mich.

Niemand wollte den Film haben, geschweige denn finanzieren; man wollte auch Helmut Käutner nicht, der gerade mit seinem Film *Der Apfel ist ab* einen großen Mißerfolg hinter sich hatte.

Obwohl damals noch nicht politisch orientiert, wie ich es heute bin, erkannte ich die menschliche Bedeutung des Stoffs.

Der Film ist heute durch den Krieg der Serben gegen die Welt von beklemmender Aktualität.

Die letzte Brücke

Vier Jahrhunderte lang überspannte die berühmte Brücke von Mostar in einem einzigen runden Bogen die Neretva, bevor sie im November 1994 von den Serben zerstört wurde.

Anläßlich ihrer Zerstörung ließ der Intendant des ZDF, Professor Dieter Stolte, am Tag der deutschen Einheit, dem 3. Oktober 1994, den Film *Die letzte Brücke* neu ausstrahlen. Mein Aufruf in der Sendung von Ruprecht Eser, *halb 12*, Geld für den Wiederaufbau der Brücke zu spenden, erbrachte noch im Laufe der Sendung über 300 000 Mark.

Zusammen mit dem ehemaligen Bürgermeister von Bremen, Hans Koschnik, der von der EU-Kommission nach Mostar entsandt wurde, um die Stadt aufbauen zu helfen, kümmere ich mich darum, die bis jetzt gespendeten Gelder dafür zu verwenden, die Steine der Brücke aus der Neretva zu bergen, bevor sie von der Strömung mit der Zeit weitergetragen werden. Lothar Späth hat mir in seiner Eigenschaft als Aufsichtsratsvorsitzender eines Kranbauunternehmens zugesagt, die dazu benötigten Kräne kostenlos zur Verfügung zu stellen.

Bald, so hoffe ich, wird die Brücke im Zusammenhang mit dem ersehnten Friedensabschluß auf dem Balkan zum Symbol der Menschlichkeit werden.

Die Geschichte der jungen Ärztin Helga in dem Film *Die letzte Brücke* beginnt in einem Lazarett der deutschen Wehrmacht in Mostar.

Die Ärztin wird von Partisanen gekidnappt, die ihren einzigen Arzt durch eine schwere Krankheit zu verlieren drohen.

Zunächst weigert sie sich, entschließt sich aber dann doch zu helfen. Als der Arzt stirbt, wird sie weiterhin von den Widerstandskämpfern gefangengehalten.

Typhus bricht aus, und die Ärztin kämpft an der Seite der Partisanen um jedes Leben.

Ein junger Offizier der deutschen Wehrmacht, gespielt von Horst Hächler, muß, selber an Typhus erkrankt, erkennen, daß sie nur aus Menschlichkeit handelt, obwohl er sie als Verräterin bekämpft und ihr mit dem Kriegsgericht droht. Er flieht und wird auf der Flucht erschossen.

Das ausgebrannte Dorf, in dem diese Szene spielt, liegt heute am Grund eines großen Stausees, der sich wenige Tage nach unserer Abreise zu füllen begann. Aus diesem Dorf habe ich eine alte, schmucklose Wiege zur Erinnerung mitgenommen, die mit Holz gefüllt neben allen Kaminen meines Lebens stand. Jetzt hat sie auf der Alm ihre endgültige Heimstatt gefunden.

Die Ärztin zieht mit den Partisanen weiter. Ihr Anführer Boris, gespielt von Bernhard Wicki, beginnt Helga zu lieben. Als Türkin verkleidet, muß sie sich mit einer Partisanenführerin, gespielt von Barbara Rütting, hinter die deutschen Linien begeben. Dort werden Medikamente von englischen Flugzeugen abgeworfen und zusammen mit einem verwundeten englischen Leutnant im Keller einer türkischen Familie versteckt. Notdürftig versorgt die Ärztin den englischen Offizier.

Auf dem Weg aus dem Keller begegnet sie ihrem deutschen Geliebten, der sie trotz ihrer Verkleidung erkennt. Er versucht, sie zu halten, aber sie kann nur versprechen, nach Ablieferung der Medikamente zurückzukommen.

Sie geht auf die Brücke zu.

Boris auf der Partisanenseite und der Offizier auf der Seite der Deutschen gebieten den Waffen zu schweigen, bis Helga die Brücke überquert hat.

Eine letzte Kugel trifft sie auf der Mitte der Brücke. Sie rafft sich auf und geht mit letzter Kraft durch die Stille zum feindlichen Ufer.

Boris nimmt die Medikamente entgegen und sagt: »Jetzt du brauchen Arzt. Is volte, is gefällig.«

Helga versucht, das deutsch besetzte Ufer zu erreichen, bricht auf der Mitte der Brücke, der letzten Brücke der Menschlichkeit, tot zusammen.

Die Schießerei geht weiter – bis heute.

Drei Monate Jugoslawien. Heiße Sonne. Wir kamen bis in die kleinsten Orte an der Grenze Albaniens.

Die Kinder sahen unseren Autos nach wie Dingen aus einer fremden Welt.

Die Straßen waren staubig. Die Küstenstraße gab es noch nicht.

Einmal fuhren wir an einem Zigeunerlager vorbei.

Zelte aus Decken und Stoffplanen. Eine Mutter hatte ihr Neugeborenes an der Brust, zugedeckt mit Lumpen.

Ihr vierjähriger Junge spielte Fußball, sah, daß die Mutter dem Baby die Brust gab, ließ den Ball Ball sein, lief zur Mutter, rollte den zerrissenen Pullover hoch, nahm die rechte Brust, soff wie ein Kalberl sich voll, rollte den Pullover wie einen Rolladen herunter und schrie »Tor«.

Sie liefen unseren Autos wie eine Herde nach, und die Weiber zeigten dabei ihre Brüste als Ergebenheitszeichen. Ein lieber Kollege freute sich darüber, aber als die alten Weiber mit nackten Brüsten ans Auto streiften, hielt er sich die Augen zu.

Da ich immer so nah wie möglich am Geschehen sein wollte, mietete ich ein kleines Häuschen mitten im Dorf Ulcin.

Um Mitternacht hörte ich einen Todesschrei auf dem kleinen Hauptplatz.

Ich rannte hinaus, um zu helfen, aber vier Männer stürzten mir entgegen, um mich davon abzuhalten. Sie flüsterten mir zu: »Nicht, Gospoda, du sonst morgen tot.«

Die Blutrache ist in diesem Volk so tief verwurzelt, daß sie bis heute nicht auszurotten ist.

Menschen dieser Art brauchen Höhepunkte in ihrem Leben. Und was nicht durch Lieben, Fressen und Feiern zu befriedigen ist, wird fabriziert. Mit Eifersucht, Habgier, Eigensinn – bis zum Genuß des Tötens.

Bis daß der Tod euch scheidet

Bereits vor meiner Ankunft in Mostar hatten die drei Herren, Helmut Käutner, Bernhard Wicki und Horst Hächler, gewettet, wer mich wohl in der Abgeschiedenheit über so viele Monate hinweg erringen würde.

Doch ich war zu müde für eine neue Liebe, war müde von den fünf Jahren, in denen ich für O. W. Fischer dagewesen war, müde des Kämpfens, wie überhaupt in meinem Leben immer ich es war, die den Kampf auf sich nehmen mußte, nämlich einerseits zu lieben und andererseits eine Ehe nicht zu zerstören, ja oft genug nicht einmal zerstören zu können.

Die Ehe galt in unserer Kultur von jeher als etwas Endgültiges – »bis daß der Tod euch scheidet«.

Heute ist das etwas anders geworden. Viele Menschen sprechen sich nach einiger Zeit gelebter Gemeinsamkeit bewußt für oder gegen ein weiteres Zusammensein aus. Das Gelöbnis ist auflösbarer geworden.

Auch hat unser Leben heute eine viel längere Dauer, so daß eine Bindung an das eheliche Versprechen und damit an einen einzigen Menschen nicht ewig halten kann.

Die Kirche trifft viel Schuld daran, daß Menschen sich nicht ihrer Neigung gemäß verhalten dürfen. Wie eingeschweißt leben sie in einem Panzer, den sie nicht sprengen können – oder den sie sich nicht zu sprengen getrauen.

Eine ägyptische Journalistin kam einmal in mein Haus in Heberthal, um mich zu interviewen. Am Ende des Gesprächs sagte sie: »Du arme Frau, Du alles allein machen – Haus, Einkaufen, Kinder, Mann. Wir vier Frauen. Eine Frau einkaufen, eine Frau Haus, eine Frau Kinder, die jüngste: Mann. Dein Mann böse, du weinen, weinen! Unser Mann böse, alle vier Frauen« – sie hob die Hände und kratzte in der Luft.

Weil die weiblichen Nachkommen in der Überzahl waren und von den männlichen die meisten im Krieg umkamen, seien kleine Mädchen oft gleich nach der Geburt ertränkt worden, da keine Aussicht bestand, für sie einen Mann zu finden. Daher habe Mohammed das Gesetz erlassen, jeder Mann dürfe bis zu vier Frauen besitzen. Oder soviel, wie er ernähren kann.

Vielleicht ist dies eine Kultur, die uns Menschen mehr entspricht als die von der Kirche aufgestellte Doktrin der erzwungenen Treue und Einehe.

Erst kürzlich, während der Dreharbeiten zum *Clan der Anna Voss* in Kenia, ließ ich mich von meinem afrikanischen Chauffeur Chola durch Nebenstraßen und übers Land fahren. Er nannte mich Lady Maria.

Wir fuhren an fünf Hütten vorbei, aus Holz, bunt und sehr einfach. Er sagte: »Schau, Lady Maria, erste Hütte groß – Mann. Zweite Hütte kleiner – Frau. Dritte Hütte sehr groß – Kinder. Vierte Hütte – zweite Frau. Fünfte Hütte ganz klein – junge Frau.«

Ich kann mir vorstellen, daß diese Lebensgemeinschaft für alle viel erfüllender ist. Sie sorgen sich gemeinsam um die Kinder, um den Haushalt, sie tratschen und quatschen gemeinsam, und eine wird jeweils abkommandiert, um dem Mann zu seiner Lust zu verhelfen.

Vielleicht kämpft der Islam nur deshalb um die neue Weltherrschaft, damit wir das von Gott gegebene Heiligtum der Liebe freier erleben können.

Schön wär's.

Wenn es im Islam umgekehrt wäre – nämlich, daß eine Frau so

viele Männer hat, wie sie möchte oder ernähren kann –, würde ich dem Islam möglicherweise beitreten.

Bei uns ist es ja nur möglich, nacheinander mehrere Partner zu haben. Und das ist meistens sehr teuer und tut sehr weh.

In Mostar angekommen, war ich jedenfalls so müde von meinen vergangenen Lieben, daß ich keinesfalls wieder mit einer Ehe kämpfen wollte. Ich hatte nie einen Mann für mich allein gehabt. Ich konnte nie mit meinem Geliebten durch die Straßen gehen oder auch nur ein Eis essen, ohne mich verstecken zu müssen.

So vergingen viele Wochen mit nichts als Hitze und Arbeit.

Höhepunkt war das tägliche Frühstück im Hotel Mostar: »Eierspeis« mit so viel Öl, daß einem schlecht wurde.

Doch dann drehten wir Szenen hoch oben in den Bergen.

Wir lebten in Zelten.

Lagerfeuer, Musik und Wein.

Horst Hächler hatte all die Wochen um mich geworben, und eines Nachts unter dem Sternenhimmel erhörte ich ihn.

Ein paar Tage waren wirklich glücklich, romantisch und verliebt. Horst war jung, so alt wie ich, attraktiv und ein sehr guter Liebhaber. Aber dann fing sein schwieriges Wesen bereits an, Machtspiele in allem zu sehen. Und das Tag für Tag mehr. Er forderte zuviel Beachtung, nicht nur von mir, sondern auch von Helmut Käutner, der ihn wie einen Sohn angenommen hatte. Außerdem war er mit einem gewissen Charme äußerst arrogant.

Im Anschluß an eine kleine Szene rief er nach dem Maskenbildner: »Abschminken bitte!« Dabei ist es unüblich, daß Schauspieler abgeschminkt werden. Aber alle hatten Angst vor ihm und fürchteten seine schlechte Laune.

Währenddessen saß ich irgendwo auf einem Stühlchen im Schatten und bereitete mich auf die nächste Szene vor. Ich hatte Stanislawski für mich dahingehend erweitert, daß ich meine Drehbücher mit der gesamten Vorgeschichte der Menschen vollschrieb, die ich darstellen wollte – bis zurück zum Urgroßvater.

Ich schrieb mich in alle Szenen hinein, bis der Regisseur mich zur Aufnahme holen ließ.

So konnten meine Rollen auch während der Arbeit weiterwachsen, und ich blieb von Szene zu Szene konzentriert.

Als ich Horst zum zweiten Mal nach Herrn Wurzel, unserem Maskenbildner, brüllen hörte, stand ich auf und sagte coram publico: »Abschminken tun sich Schauspieler alleine!«

Es gab zwischen Horst und mir den ersten Krach, und aus war es mit der Liebe für drei Tage.

Ich weiß noch, wie ich ihn auf der Heimfahrt vom Drehort im Auto gefragt habe: »Sag mal, brauchst du Krach?«

Er antwortete nicht.

Ich habe gleich am Anfang unserer Beziehung sein machthungriges, egozentrisches Wesen erkannt und dennoch weitergemacht.

Mein Wesen ist sehr treu. Und eine Liebe gegen alle Widerstände zu erhalten, ist mir selbstverständlich. Ein Freund hat einmal gesagt: »Wenn man dir zehn Männer von gleicher menschlicher Qualität und Schönheit vorstellt, wirst du immer den wählen, bei dem deine Liebe und Sehnsucht nach Erfüllung am aussichtslosesten ist.«

Wahrscheinlich wütet da im Unterbewußtsein der unerfüllte und nie beendete Kampf um die Liebe des Vaters.

Von Anfang an war unsere Arbeit von dem gemeinsamen Willen geprägt, einen Film zu schaffen, der einen Ausweg zeigt aus dem Grauen aller Kriege. Der mit dem Sinnbild der letzten Brücke der Menschlichkeit Feinden den Weg weist, einander die Hände zu reichen.

Trotz des unablässigen Stroms von Schreckensnachrichten aus allen Erdteilen der Welt bin ich optimistisch.

Die Geltung der Menschenrechte auf der ganzen Welt durchzusetzen wird noch einige Zeit dauern, aber wir sind auf dem Weg.

Die Welt ist dabei, Ordnung zu schaffen. Das ist heute schwerer – und dennoch leichter geworden:

– durch die Mittel der Kommunikation, die uns täglich, ja stündlich, am Weltgeschehen teilhaben lassen,

– durch die Überbrückung der Rassenunterschiede,

– durch die Annäherung aller Kulturen und, hoffentlich, auch aller Religionen,

– durch die Wachsamkeit und den guten Willen verantwortungsvoller Politiker,

– durch immerwährende Gespräche in dem Bemühen, jeden Brandherd zu löschen,

– durch das wachsende Bewußtsein jedes einzelnen, daß nur in Gemeinsamkeit der Weg zu einer besseren Welt gegangen werden kann.

Jedes geistige Wachstum braucht Zeit und Erfahrung. Wahrscheinlich müssen erst Naturkatastrophen und Seuchen die Menschen in Angst ums Überleben zusammenführen.

Nastassija, die Tochter von Maximilian und Natascha, gab, noch nicht einmal vier Jahre alt, ihrer Mutter, die ihr verbieten wollte, gegen Abend noch in den Garten zu gehen, zur Antwort: »Yes, I go, I'm looking for my freedom.«

Sicher hatte sie das von Maximilian gehört. Als er mir die Geschichte am Telefon erzählte, lachten wir beide, aber dann bat ich Maximilian, sie zu fragen, was sie denn tun will, wenn *zwei* Leute ihre Freiheit suchen.

Eine winzige Pause. Dann hörte ich, wie dieser kleine Mensch sagte: »They kill each other.«

Sie hatte mit kindlicher Weisheit das ganze Problem erfaßt. Wenn zwei Staaten oder zwei Menschen jeder die Freiheit nur für sich suchen, töten sie einander.

Nach Beendigung des Films *Die letzte Brücke* aus Jugoslawien nach München zurückgekommen, mietete ich eine hübsche kleine Villa in der Pienzenauerstraße. Sie wäre auch für achtzigtausend Mark zu kaufen gewesen und hatte einen dreitausend Quadratmeter großen Garten.

Ich besaß zwar diesen Betrag, wußte aber leider noch nichts von Hypotheken und meinte, die achtzigtausend Mark für Möbel und sonstige Einrichtungen zu brauchen.

Hätte ich von der Möglichkeit einer Hypothek gewußt, wäre ich heute eine reiche Frau. Ein Drittel des Gartens wurde kürzlich mit einem Achtmillionen-Projekt bebaut.

Das alte Häuschen steht immer noch.

Mäusepalast

Horst und ich hatten uns trotz aller Schwierigkeiten entschlossen zu heiraten. Da eine öffentliche Trauung unmöglich schien, kam der Standesbeamte mit Sondergenehmigung in die Pienzenauerstraße.

Ein Team von *Paris Match* war gekommen, um mich als Braut fürs Titelblatt zu fotografieren.

Aber auch an diesem Tag war es zu schweren Auseinandersetzungen mit Horst gekommen, so daß mein Gesicht vom Weinen ganz verquollen war. Im Laufe des Streits hatte Horst mir gedroht, wenn ich ihm weiter widerspräche, im letzten Moment noch Romy Schneider zu heiraten, mit der er damals wohl einen Flirt gehabt haben muß.

Das Titelblatt von *Paris Match* gibt es noch – das heißt, *gab* es noch.

Alle Titelblätter samt Zeitungen legte ich in eine große mittelalterliche Truhe, um sie, wie ich dachte, später einmal wieder anzuschauen. Nicht nur Fotos von mir und Stories über mich, sondern auch Berichte über alles, was in der jeweiligen Zeit sonst passiert war und mir wichtig schien.

Als ich mein Haus in Heberthal verkaufte und von Wasserburg wegzog, besprach ich mit meiner Sekretärin, die Titelbilder auszusortieren und nur die wichtigsten zu behalten, wie die auf *Spiegel*, *Time*, *Paris Match*, *Life*, *Stern* oder *Oggi*.

Wir machten die Truhe auf. Oben lagen alle Titelblätter unversehrt, aber darunter war ein Mäusepalast mit Gängen und Räumen.

Mehrere Mäusefamilien hatten sich darin eingenistet und von

oben bis unten alles klitzeklein gefressen. Die obersten Titelbilder dienten als Dach.

Bei der standesamtlichen Trauung unterschrieb ich zum ersten Mal mit Maria Hächler.

Als die Schweizer Großmutti und Tante Elise davon hörten, fragte Tante Elise ein zweites Mal: »Ja, wie heißt er denn?«

Großmutti antwortete: »Hächler heißt er.«

Tante Elise war empört: »S' Gritli cha doch nit an Hääächler hürate.«

Sie sprach den Namen aus mit drei »ä« und einem lauten kratzigen »ch«.

Großmutti antwortete: »Du muescht das jetzt nit so wüescht säge, Elisi, du muescht sagen Heechler.«

Tante Elise fragte: »Hätt er wenigstens äs gmöggigs Knack?«

Sie beurteilte Männer nach ihren Nacken. Die hatten schön zu sein. Fleischige Nacken waren ihr zuwider. Womit sie schließlich nicht ganz unrecht hatte.

Schließlich gab sich Tante Elise zufrieden, nachdem sie hörte, daß Horst Hächlers Großmutter Schweizerin war. Daß sie wegen Unzucht des Landes verwiesen wurde, haben wir ihr nicht gesagt.

Tage darauf fand die kirchliche Trauung in der »Wies« statt.

Als wir ankamen, waren die umgebenden Hügel und Weiden nicht mehr zu sehen vor lauter Reisebussen aus ganz Deutschland.

Die Kirche war überfüllt. Hinter allen Barockengeln hockten Fotografen. Die Orgel spielte. Wir mußten vor der Sakristei einen Baumstamm durchsägen, bevor wir die Kirche betreten durften. Ich weiß nicht, was der Brauch zu bedeuten hat, aber sägen mußten wir.

Die Menschen zerrten und rissen an meinem Schleier, um ein Stück mit nach Hause zu nehmen.

Ich floh weinend in die Sakristei. Der Priester, der uns traute, war ratlos. So etwas hatte er noch nie erlebt.

Als die Trauung vorüber war, versuchten Horst und ich, in unserem Mercedes zu fliehen. Schließlich entkamen wir den Autobussen, die uns einzuholen versuchten.

An einer Wiese stiegen wir aus, liefen den Hang hoch – ein Anflug von Romantik –, und als wir uns umdrehten, waren die Autobusse wieder da.

Um drei Uhr nachmittags fand ein großer Empfang im Hotel Vier Jahreszeiten in München statt. In der geschmückten, bis heute unveränderten Eingangshalle fanden sich mehr als sechshundert geladene Gäste ein. In den vielen Jahren seither ist das Vier Jahreszeiten mein Lieblingshotel in München geworden. Die gleichen Portiers, die gleichen Zimmerkellner und oftmals auch die gleichen Gäste.

Helmut Käutner und Bernhard Wicki, unsere Trauzeugen, Romy Schneider und viele Kollegen waren da. Ich eröffnete den Tanz mit meinem Vater. Ein Walzer.

Papa hatte uns immer gesagt: »Wenn ich einmal tot bin, dürft ihr nicht traurig sein.« Er wünschte sich einen Walzer am Grab.

Und diesen Wunsch haben wir ihm auch erfüllt.

Nie wieder habe ich Menschen so weinen gesehen wie beim Begräbnis meines Vaters. Maximilian sagte ein paar Worte und legte eine Rose auf den Sarg. Während das Orchester den Walzer »Geschichten aus dem Wienerwald« spielte, verschwand der Sarg langsam hinter dem Vorhang. Die Musik machte den Unterschied zwischen Leben und Tod so greifbar, daß die Erschütterung von einem zum anderen ging.

Als mir Käthe Gold später zur Hochzeit gratulierte, sagte ich fast verlegen, als müßte ich mich entschuldigen: »Es muß a'mal a Ruh sein.«

Käthe schaute mich lächelnd an: »A Ruh is nie.«

Die letzte Brücke war nach großem deutschen Erfolg zu den internationalen Filmfestspielen 1954 in Cannes eingeladen worden.

Horst begleitete mich und ließ sich überall gerne fotografieren.

Die Treppe zum Filmpalast in Cannes war rechts und links gesäumt von Fotografen.

Ich ging unerkannt von den Fotografen und unbemerkt von den Gästen die Treppe hinauf und nach der Vorführung des Films von allen umjubelt die Treppe wieder hinunter.

Ein paar Tage später erhielt ich den ersten Preis für die beste Darstellerin: eine südliche Landschaft des Malers Chapelain de Midi, die heute in meinem neuen Haus auf der Alm über meinem Bett hängt.

An Helmut Käutners Arm ging ich mit Bernhard Wicki und Carl Szokoll die Croisette hinunter, als ich hinter mir auf der Uferstraße eilige Schritte hörte. Dann hatte er uns erreicht, der kleine imponierende Mann: »Sie sind wunderbar, Mademoiselle, ich wünsche Ihnen sehr viel Glück und Erfolg.« Er verbeugte sich und sagte: »Jean Cocteau.«

Er kam mit uns, und es wurde ein sehr glücklicher, langer Abend.

Ich besitze viele Briefe von ihm mit wunderschönen Zeichnungen. Wir blieben befreundet bis an sein Lebensende.

In Berlin drehte ich 1955 *Die Ratten* von Gerhart Hauptmann unter der Regie von Robert Siodmak für Arthur Brauner. Mit mir spielten Heidemarie Hatheyer, Curd Jürgens und Gustav Knuth.

Ich spielte ein Mädchen aus dem Osten, schwanger, von ihrem Freund verlassen, das im Westen eine Stellung sucht, ihr Kind hergibt und am Ende wiederfindet.

Wir drehten in einer Straße Berlins. Der Drehort war abgesperrt, Hunderte von Zuschauern drumherum. Ich sah aus wie eine Ratte, ging aus meiner Garderobe allein auf den Drehort zu und mußte durch die Masse von Menschen hindurch.

Da hörte ich einen sagen: »Mensch, die Schell, det die noch einen Film dreht, wo sie doch ihre janzen Tankstellen hat.«

Eine Stelle des Films bleibt mir bis heute unvergessen: Pauline Piperkarcka, so heißt das Mädchen, bekommt am Schluß des Films ihr Kind endlich zurück. Siodmak hat daraus eine wunderbare Szene gemacht. Pauline rennt aus dem vierten Stock überglücklich hinunter auf die Straße, wo ihr Kind in einem Kinderwagen auf sie wartet.

Die Kamera war in der Mitte des Treppenhauses plaziert und sollte sich, mit mir in Großaufnahme, im Kreise nach unten drehen.

Wir mußten die Szene achtundvierzigmal wiederholen, denn es war sehr schwer, meinen Lauf und die Kamera zu synchronisieren.

Da es keinen Lift gab, mußte ich achtundvierzigmal nicht nur hinunter rennen, sondern achtundvierzigmal auch wieder nach oben. Ich glaube, ich konnte zehn Tage lang vor Muskelkater nicht mehr laufen. Die allerletzte Szene ist vom vierten Stock aus gesehen: Pauline läuft auf den Kinderwagen zu und schließt ihr Kind für immer in die Arme.

Einen weiteren Film nach einem Stück von Hauptmann drehte ich 1956: *Rose Bernd*, unter der Regie von Wolfgang Staudte, mit Raf Vallone, Käthe Gold und Hannes Messemer, für den dies sein erster Film war.

Ich war von Berufs wegen in Raf Vallone verliebt, aber es gab keine engere Beziehung zwischen uns.

Dennoch habe ich ihm eine große Kostbarkeit geschenkt.

In einem schwarzen Mäppchen trug ich seit Jahren ein Autograph, einen handgeschriebenen Vierzeiler von Goethe, mit mir, der mir zu einem Lebensmotto wurde. Es steht am Anfang dieses Buches.

Raf Vallone, der kein Deutsch sprach, konnte den Gedanken nicht nachvollziehen, da ihm die deutsche Literatur wohl fremd war.

Vor etwa zwei Jahren habe ich ihn durch einen gemeinsamen Bekannten bitten lassen, mir doch das Autograph von Goethe wiederzugeben. Aber ich habe leider nichts von ihm gehört. Wahrscheinlich hat ihn meine Nachricht nicht erreicht.

Rose Bernd wurde ein sehr moderner Film.

Wolfgang Staudte gab die Natur in ihrer abstrakten Schönheit wieder: ein gelbes Weizenfeld und am oberen Rand schwarz gekleidete Menschen, die zur Kirche gehen.

33

33 Als Pauline in dem Film *Die Ratten*
(1955; Regie Robert Siodmak)

34

35

36

37

34 – 37 Mit Curd Jürgens (35 und 36) und Robert Siodmak (37)

38 und 39 In *Die Ratten* nach dem Drama von Gerhart Hauptmann und in *Gervaise* nach dem Roman ›L'Assommoir‹ von Emile Zola

40

41

40 – 43 Szenen aus *Gervaise*
(1955; Regie René Clément).
Als Pariser Wäscherin mit Suzy Delair (40) und mit
François Perier (42 und 43)

42

43

44

45

44 René Clément (Mitte) und ich erhalten vom Festspielpräsidenten der Biennale Venedig 1956 den Volpi-Pokal.

45 Mit Romy Schneider bei einer der sieben Bambi-Verleihungen in den fünfziger Jahren

Der deutsche Film ist nie so schlecht gewesen, wie ihn die sogenannten Jungfilmer später machten und mit dem Schlagwort »Opas Kino« abtun wollten.

Im Fernsehen werden heute viele alte Filme gesendet, die wieder ein großes Publikum finden, und es zeigt sich, wie wunderbar durchgearbeitet die Geschichten sind, mit großen schauspielerischen Leistungen wiedergegeben.

Dazu zählen Staudtes *Die Mörder sind unter uns, Film ohne Titel, Zwischen gestern und morgen, Ludwig II.* – und, das darf ich mit Stolz sagen, auch meine Filme.

Von den »Jungfilmern« sind nur wenige geblieben.

An erster Stelle Faßbinder, aber auch Herzog, Schlöndorff und Wim Wenders sind zu nennen. Sie alle hatten jedoch Mühe, größere Gewinne mit ihren Filmen zu erzielen.

Sie versuchten, die Vergangenheit aufzuarbeiten, vor allem ihre eigene. Und es scheint mir heute ein großer Fehler zu sein, daß sie ihren Vorstellungen entsprechend Schauspieler von der Straße holten und zu wenig darauf achteten, daß die Schauspieler ihrer Wahl genügend Spannung in die Darstellung ihrer Rollen und zueinander brachten.

Ich bedauere es sehr, daß ich in fünfzehn Jahren niemals ein Angebot von einem der Autorenfilmer bekommen habe. Ich war allerdings auch zu blöd, zu ihnen hinzugehen und mich anzubieten.

Heute versucht man, durch Co-Produktionen mit dem Ausland mehr Geld für die Finanzierung aufzubringen, stößt dabei aber auf unterschiedliche Mentalitäten, denen man gerecht werden muß.

Die Werke der Filmkunst leben, genau wie die aller anderen Künste, aus den Wurzeln des Landes, in dem sie entstehen, und können allenfalls aufgrund dieser Eigenständigkeit für andere Länder interessant sein.

Frankreich und die Welt

Zwischen den beiden Gerhart-Hauptmann-Filmen besuchte mich 1955 in Berlin Annie Dorfmann, die Frau des Produzenten Dorfmann, dem Frankreich einige der schönsten Filme verdankt. Annie Dorfmann hatte mich in *Die letzte Brücke* gesehen und war zu den Festspielen nach Berlin gekommen. Wir trafen uns in der Halle des Hotels Kempinski. »Möchten Sie in einem Film von René Clément spielen?« fragte sie. Ich erschrak vor Freude. »Jederzeit, auch die kleinste Rolle.«

Ich hatte bisher nur einen Film von René Clément gesehen, der für mich ein wahrer Filmdichter ist: *Les jeux interdits – Verbotene Spiele.*

Bei strahlendem Sonnenschein beschießen Tiefflieger eine Brücke in Paris. Die Menschen werden weggemäht.

Ein vierjähriges Mädchen steht auf, küßt den toten Vater und die tote Mutter, als wäre nichts geschehen, und geht mit ihrem kleinen, toten Hund im Arm die Seine entlang. Sie trifft auf einen Jungen, zwei Jahre älter als sie, und sie begraben gemeinsam den Hund. Von da an bringt der kleine Junge tote Tiere dem Mädchen als Liebesgabe, so daß ihr Friedhof immer größer wird. Er stiehlt sogar ein Kreuz in der Kirche – und wird dabei erwischt. Die beiden werden auseinandergerissen und in verschiedene Heime gebracht.

Am Bahnhof in Paris verschwindet der kleine Junge in der Menge. Der Film endet mit dem verzweifelten Schrei des kleinen Mädchens: »Michel, Michel.«

Die Zuschauer, auch Männer, schluchzten in diesem Film.

»Sie brauchen keine kleine Rolle zu spielen«, sagte Annie Dorfmann, »ich möchte Sie für *Gervaise* nach dem Roman ›L'Assommoire‹ von Émile Zola engagieren. René Clément führt Regie. Ich hoffe, Sie sprechen französisch.«

Ich erzählte ihr, daß ich kurz vor dem Krieg ein Jahr lang in einem Internat in Colmar gewesen sei, bei belgischen Nonnen, die ein besonders schönes Französisch sprachen.

Der große René Clément also wollte mich für die Rolle der Gervaise haben. Das heißt, er wollte nicht – unter keinen Umständen! Denn Annie Dorfmann hatte eine Liebesgeschichte mit René Clément gehabt, die zu diesem Zeitpunkt gerade auseinanderging. Trotz seiner Weigerung bestand Annie Dorfmann jedoch darauf, die Rolle der Gervaise mit mir zu besetzen.

So fuhr ich nach Paris, zum ersten Mal.

Bei der ersten Begegnung erklärte mir René Clément: »Sie müssen sich entscheiden, ob Sie für mich sind oder für Annie Dorfmann.«

Ich sagte: »Monsieur Clément, ich kann nicht gegen Madame Dorfmann sein, sie war sehr nett zu mir und hat mich für die Rolle der Gervaise eigens aus Deutschland geholt.«

»Das ist es ja eben. Eine Deutsche kann unmöglich eine Heldin der französischen Literatur spielen.«

Ich erklärte ihm, daß ich im Alter von zwölf Jahren in Frankreich gewesen sei und nach kurzer Einübung akzentfrei sprechen würde.

Annie Dorfmann und René Clément schrieben sich in den Pariser Zeitungen *Figaro* und *Le Monde* gegenseitig offene Briefe mit Beschimpfungen und Vorwürfen aller Art. Wann immer Annie Dorfmann das Atelier betrat, ging René Clément hinaus. Ihre Anwesenheit am Drehort konnte er ihr nicht verbieten.

Bella, seine Frau, war mit Krokodillederschuhen und Handtasche überall dabei. Sie schob ihr Stühlchen so nah neben ihn, daß sie jederzeit seine Hand drücken konnte, um ihn zu warnen, wenn Annie das Atelier betrat.

Um recht zu behalten, ließ René Clemént die Muster mit mir jeweils gleich am nächsten Tag von einer jungen französischen Schauspielerin synchronisieren.

Als der Film abgedreht war, gab es eine »Arbitrage«, das heißt, Annie Dorfmann und ihre Produktion luden zwanzig von ihr gewählte Gäste ein und René Clément ebenso.

Den vierzig Gästen wurde jeweils eine »bobine«, eine Filmrolle, vorgeführt. Erst vom Original mit meiner Stimme und dann eine von der jungen Französin synchronisierte. Bereits nach drei Filmrollen entschieden sich die vierzig Gäste einstimmig für das Original und damit für mich.

Ich danke es Annie Dorfmann, daß ich ein einwandfreies Französisch spreche. Durch Wochen hindurch haben wir jedes nicht hundertprozentige Wort nachsynchronisiert. René Clément achtete besonders darauf, daß ich den Rhythmus der französischen Sprache, der ein sehr schneller ist, traf.

Ohne diese Mühen hätte ich im Jahr darauf den Preis für die beste Darstellerin in Venedig nicht bekommen können. Denn es ist eine alte Regel, daß Stimme und Sprache eines Darstellers die halbe Interpretation ausmachen. Täglich kann man feststellen, wie sehr ein Film durch seine Synchronisation verliert.

Ich mag nicht, wenn die Indianer deutsch sprechen und ihre Sprache nicht der Darstellung entspricht. Die Technik der Synchronisation im allgemeinen ist besser geworden, manchmal sogar perfekt. Aber ich ziehe jeden Film in der Originalsprache einer Synchronisation vor. Das Flair, der ganze Habitus, die Stimme eines Schauspielers, sogar die Luft und die Atmosphäre sind nicht übertragbar.

René Clément wußte nur schwer mit mir umzugehen. Wie von einer Marionette verlangte er von mir, das zu tun, was er für richtig hielt. Er wußte nicht, wie seismographisch ich alle Gefühle auszudrücken vermochte, und jagte mich drei, vier Tage lang ausnahmslos in die falsche Richtung.

Ich beschloß, für mich weiterzuarbeiten, und paßte mich an, wo es nicht anders ging. Und gestaltete so meine Rolle, wie immer, alleine.

Dennoch, die Filmarbeit mit ihm war außergewöhnlich.

Auf dem Filmgelände von Boulogne war halb Montparnasse aufgebaut.

Von der Wäscherei der Gervaise konnte man bis zum Horizont sehen. Alles war lebendig, mit Wagen, Pferden, Kindern, Lärm und Menschen – für mich eine Stanislawski-Welt, wie ich sie mir als Scampolo oder Gretchen erst selber in der Realität hatte zusammensuchen müssen.

Es gab in Paris ein altes Waschhaus vom Anfang des 19. Jahrhunderts, das leider nach Beendigung der Dreharbeiten abgerissen wurde. Dorthin waren hundertfünfzig Jahre lang Frauen mit ihrer Wäsche gekommen. Sie kauften Münzen, stellten den mitgebrachten Kübel unter den Wasserhahn und bekamen für fünf Sous heißes Wasser. Damit gingen sie an eine der Waschbänke, um ihre Wäsche zu waschen.

In diesem Waschhaus spielt eine Szene zwischen Gervaise und Virginie, ihrer Rivalin. Diese hat ihr den Mann weggenommen, und Gervaise war mit den beiden Kindern mittellos und allein zurückgeblieben.

Zola erzählt in seinem Roman ausführlich, wie Gervaise Virginie mit heißem Wasser überschüttet, ihr einen Ohrring aus dem Ohrläppchen reißt und ihr am Schluß – auf ihr reitend – den nackten Hintern mit dem Waschbrett verhaut.

Eine Woche vor dem Drehtag für diese Szene hatte René Clément auf einmal an die zwanzig Assistenten. Sie zogen durch Paris und durch die Bars, um sich für den Meister die nackten Tatsachen anzuschauen. Denn Suzie Delair, die Darstellerin der Virginie, wollte den eigenen Popo nicht zur Verfügung stellen.

Der Meister wählte dann, Hand in Hand mit Bella, aus den letzten dreien höchstpersönlich einen aus.

Als es soweit war, kamen Hunderte von Journalisten, um das große Ereignis zu dokumentieren.

Die auserwählte junge Dame erschien sorgfältig geschminkt mit wallendem Haar und hoffte auf Entdeckung – nicht wissend, daß ihr Gesicht nie ins Bild kommen würde.

Bis auf den heutigen Tag bestelle ich nur ganz selten eine Gans, denn eine Szene in *Gervaise* hat mir die Lust auf Gänsebraten, und mag er noch so knusprig sein, gründlich ausgetrieben.

Gervaise bekommt von ihrem Liebhaber das Geld für ein Essen zu ihrem Geburtstag. Alle Freunde – und auch Feinde – sind eingeladen. Eine Gans wird gekauft und, in feuchte Tücher eingeschlagen, feierlich ganz hinten auf dem Schrank versteckt. Es bleiben noch drei Tage bis zum Geburtstagsessen.

Gervaise empfängt die Gäste, die Geschenke und Blumen bringen – die Hauptfeindin einen winzigen Kaktus.

Das Essen findet in der leergeräumten Wäscherei an einem Kübeltisch statt. Als alle zu Tische sitzen, stellt sich heraus, daß sie dreizehn sind, was in Frankreich und auch sonstwo bekanntlich Unglück bringt.

Also wird ein armer Teufel, der im Nebenhaus unter der Treppe in einem dunklen Loch haust, eingeladen und bekommt eine Keule der Gans, die, eben aus dem Ofen, von Gervaise auf den Tisch gebracht wird.

Aber nicht nur er, sondern fast alle anderen bekommen eine Keule. Die Gans hatte mindestens neun Beine.

Entweder hat René Clément vergessen, daß eine Gans auch nur zwei Beine hat, oder es war ihm, dem es nur auf Dramatik und Poesie des Films ankam, einfach nicht wichtig.

Drei Wochen haben wir an dieser Szene gedreht, bis uns allen schon beim Anblick der Gans schlecht wurde.

Insgesamt dauerte der Film 106 Drehtage und gehört heute mit Sicherheit zu den besten Filmen der Filmgeschichte.

Ich wohnte außerhalb von Paris, in Versailles. Unvergessen die Herbsttage.

Mutti kam zu Besuch. Wir gingen durch den Park. Und ihr Ausruf »Wie wunderbar doch der Herbst mit seinen Farben spielt!« ist Familiengeschichte.

Ich konnte ihr auch das große Spektakel »Son et Lumière« zeigen.

Der ganze Park von Versailles ist erleuchtet – dann wird es dunkel. Wir hören die Stimme von Jean-Louis Barrault mit wunderbaren Versen. Ein Zimmer im Schloß wird hell. Herrliche Musik. Der König wacht in der Nacht.

Dann geht er durchs Schloß, man hört seine Schritte. Wo immer er geht, werden die Fenster hell, bis er am Ende zum Klang von Fanfaren und großem Orchester auf den Balkon tritt.

Schlagartig wird der ganze Park erleuchtet. Wasserspiele rauschen los. Menschen in Kostümen strömen von allen Seiten und jubeln ihrem König zu. So wird die Geschichte des Schlosses in vielen Stationen erzählt.

Mutti war begeistert. Sie spielte die weiblichen Rollen, zitierte Verse von Schiller und Goethe und wurde als Marie Antoinette mit ein paar Tränen im Auge hingerichtet.

Es war eine glückliche Zeit mit ihr. Sie verfolgte und verstand meine Arbeit, ich zeigte ihr Paris und verwöhnte sie, wo ich nur konnte.

Auf einer Heimfahrt von den Studios zu meinem Hotel in Versailles blieb der Chauffeur an einer Ampel für einen kurzen Moment stehen. Ich sah einen mittelgroßen, weißbraun gefleckten Hund in einer Mülltonne wühlen. Die Haut war blutverschmiert, sein Fell fast völlig verschwunden. Er hatte »le rouge« und war von vorn bis hinten räudig. Ich machte die Tür für einen Augenblick auf – und schon war er im Auto zu meinen Füßen. Der Chauffeur schrie auf: »Mon dieu, Madame!«, aber da hatte ich schon die Autotür geschlossen.

»Bitte fahren Sie, Monsieur.« Alle Fenster mußten wir öffnen, so hat er gestunken.

Aber seine arme Schwanzspitze wedelte, und er lag ganz still.

Wir kamen in dem historischen Hotel in Versailles an, in dem nach dem Ersten Weltkrieg der berühmte Vertrag geschlossen worden war. Portier und Angestellte versuchten, Haltung zu bewahren, aber das »Mon dieu, Madame!« war in allen Gesichtern zu lesen.

Der Hund ging keinen Zentimeter von meinem Fuß weg. Er hatte seinen Himmel gefunden und würde ihn nie mehr hergeben.

Ich bat, ihm einen Platz im Keller anzuweisen und ihm zu fressen zu bringen. Nie habe ich eine so große Schüssel mit Futter so schnell verschwinden sehen.

Am nächsten Morgen rief ich einen Tierarzt an und bat ihn, den Hund zu sich holen zu lassen. »Wenn Sie ihn retten können, bin ich froh, wenn nicht, schläfern Sie ihn ein.«

Nach vierzehn Tagen konnte ich ihn abholen. Er sah schon ganz manierlich aus.

Er hatte die seltsamsten Eigenschaften. Wenn er eine Treppe hinaufrannte, fing er oben an, auf den Hinterbeinen zu tanzen.

Vielleicht war er ein Zirkushund.

Horst kam zu Besuch und nahm ihn mit nach München. Wir hatten inzwischen zwei Setter. Aaran und Alois. Die beiden begrüßten den Pariser, der aber verbiß sich schon am Gartenzaun mit ihnen, in der festen Annahme, daß dieses Haus seine Heimat sein würde.

Später wurden sie Freunde. Axel, wie wir ihn nannten, unterrichtete die beiden Setter in Sachen Liebe. Zu dritt streunten sie auf der Pienzenauerstraße, Axel vorneweg, und wann immer ein Weibchen vorbeikam, tat Axel den ersten Schnüffler, befand die Dame nicht als ebenbürtig, und die drei zogen erhobenen Hauptes weiter.

Im Laufe der Zeit wurde Axel, er muß schon sehr alt gewesen sein, taub. Wenn ich ihn rief, rasten die beiden Setter los und schubsten ihn in meine Richtung.

Während des Hausbaus in Heberthal wurde Axel von einem Betonwagen überfahren. Der Fahrer hatte wohl gehupt und war der Meinung, daß Axel vorbeispringen würde.

Zwei Männer brachten den Hund in einem blutigen Leintuch zum Haus. Aaran und Alois hätten die Männer fast zerrissen, weil sie der Meinung waren, diese hätten ihrem Freund was angetan.

Wir begruben ihn auf einem meterhohen Rondell mit Bäumen und Blumen im Garten.

Marie Theres, meine Tochter, damals vier Jahre alt, wollte nicht ins Bett.

»Mami, wir dürfen nicht schlafen gehen, denn in drei Tagen kommt der liebe Gott und zieht den Axel an einem weißen Seidenfaden in den Himmel.«

Die Dreharbeiten in Paris hatten bereits begonnen, während ich noch einen Vertrag mit den Salzburger Festspielen zu erfüllen hatte. In *Kabale und Liebe* spielte ich dort die Luise, mit Will Quadflieg als Ferdinand.

So drehte ich also von acht Uhr dreißig bis fünfzehn Uhr in Französisch, wurde zum Flugplatz gefahren und flog in einer kleinen Maschine mit zwei Piloten nach Salzburg.

Wir drehten eine Runde über dem Theater, in dem ich abends in Schillers Sprache auftrat. Die beiden Piloten saßen in der Loge – nein, sie sind nicht eingeschlafen, obwohl sie kein Wort verstanden.

Einmal allerdings, auf dem Heimweg um zwei Uhr nachts, vergaßen sie den Reservetank zuzuschalten. Wir stürzten ein paar hundert Meter tief, aber als ich aufwachte, hatte sich das kleine Flugzeug schon wieder gefangen.

Nach der Ankunft in Paris konnte ich noch zwei, höchstens drei Stunden schlafen, dann, um acht Uhr dreißig, war schon wieder Drehbeginn. Ich glaube, ich hatte noch sieben oder acht Vorstellungen in Salzburg zu spielen.

Salzburg hat mir immer viel bedeutet. Viel früher in meinem Leben, zur Londoner Zeit, bat ich Ernst Lothar, bei der Inszenierung von *Des Meeres und der Liebe Wellen* dabeisein zu dürfen. Er gab mir die Regieassistenz. Paula Wessely spielte die Heroine.

Von ihr lernte ich etwas Wunderbares. Sie benützte die Probe ausschließlich und verbissen dazu, ihre Rolle zu finden. Hartnäckig kämpfte sie um jeden Satz, während andere Schauspieler sich die Anweisungen des Regisseurs sozusagen nur auf der Probe abholten und ansonsten zu Hause arbeiteten.

»Grüß Sie Gott, Schell«, sagte sie mit ihrer unnachahmlichen Stimme. »Wie geht's Ihnen denn?«

Ich schicke ihr manchmal Blumen, einfach nur um zu danken, daß es sie gibt.

Ich wohnte draußen im Schlößchen Hellbrunn, hatte ein liebenswert altmodisches Zimmer und den ganzen Park vor mir.

Dort lagen an die dreißig Damen im Halbkreis um Wilhelm Furtwängler, der im Dunkel des Gartens, ein Pult vor sich, eine Partitur durcharbeitete. Er sah die Damen gar nicht. Die aber seufzten vor Glück und blätterten verzückt in ihren Partituren, als könnten sie seinem Taktstock folgen.

Weiße Nächte

In Paris besuchte mich Luchino Visconti, um mir den Film *Die weißen Nächte* – nach einer Erzählung Dostojewskis – vorzuschlagen.

Horst verhandelte in einer Bar des Hotels Raphael, um meine Gage festzulegen. Er kannte weder Luchino Visconti noch seine Filme, sondern hielt ihn einfach für irgendeinen Vertragspartner von vielen.

Ich hingegen war tief beeindruckt von der großen Persönlichkeit Viscontis.

Die Viscontis besaßen in Italien Ländereien »so groß wie die Schweiz«. Lucchino wuchs mit vierundzwanzig Dienern auf – allein für seine kleine Person. Als er Kommunist wurde, glaubte er, dem Kommunismus vollkommen gerecht zu sein mit nur sechs Dienern.

In seinem kleinen Palais in Rom war immer ein Tisch für vier Personen gedeckt. Freunde konnten kommen, wann immer sie wollten.

Um seinen Tisch standen damals schon drei Fernsehgeräte, die gleichzeitig liefen. Er wollte jederzeit über alles orientiert sein.

Italienisch konnte ich noch aus der Schule, aber ich mußte intensiv arbeiten, um den Film in italienischer Sprache drehen zu können.

Meine Partner waren Marcello Mastroianni und Jean Marais.

Luchino drehte oftmals sieben Seiten zusammengezogen zu einer einzigen durchlaufenden Szene, mit Kamerafahrten, Großaufnahmen, unterschiedlicher Beleuchtung innen und außen, was allein schon technisch schwer war – und oft alles auf italienisch.

Zwei oder drei Studios von Cinecittà hatte man miteinander verbunden und darin einen ganzen Ortsteil einer Stadt gebaut, mit Kanälen, Brücken, Booten, Autobussen und deren Haltestellen, Bars, Restaurants, Geschäften und Wohnstraßen.

In einem dieser Häuser wohnt Natalie, meine Rolle. Jeden Abend um elf Uhr geht sie auf die Brücke, um auf ihren Geliebten – Jean Marais –, der sie vor einem Jahr verlassen mußte, zu warten.

Da er nach einer Woche noch immer nicht da ist, bricht sie schluchzend am Brückengeländer zusammen.

Ein Fremder, Mastroianni, der sie die ganze Woche über beobachtet hat, versucht ihr zu helfen.

Und wir erfahren im Laufe des Films ihre Liebesgeschichte. Marcello Mastroianni macht sie sogar fröhlich und tanzt mit ihr in einer Bar Rock 'n' Roll. Da er nur ganz tolpatschig, arhythmisch Rock 'n' Roll tanzen kann, fordert ein junger Bursche Natalie auf. Wie Natalie mit ihm Rock 'n' Roll tanzt, ist wirklich sehr komisch – aber sie ist fröhlich, und das ist die Hauptsache.

Am Ende kommt der Geliebte doch, und sie umarmen einander auf der Brücke der Liebe.

Luchino Visconti mochte meine Intensität. Im allgemeinen versuchen Regisseure, mich zu bremsen, er aber verlangte immer mehr, bis an den Rand meiner Möglichkeiten.

Als der Film in Deutschland herauskam, hatte er nicht mehr als einen Achtungserfolg, inzwischen ist er ein Kunstwerk geworden.

Im kommunistischen Geist aßen wir nicht in der Kantine, sondern mit den Arbeitern draußen auf der Wiese vor den Studios von Cinecittà. An irgendeinem Tag hatten wir angefangen, die weißen Käseteller mit Filzstiften zu bemalen. Luchinos und Marcellos Teller habe ich immer noch. Auf einem von beiden steht: »Pour Maria et les ›helas‹ nuits blanches.«

Weiße Nächte sind Nächte, die unschuldig geblieben sind.

Amerika, Amerika

G*ervaise* erhielt eine »Oscar«-Nominierung für den besten ausländischen Film.

Also flog ich nach Los Angeles.

Im Flugzeug gab es damals noch Schlafkabinen. Die Sitze wurden umgestellt, und man ging mit Nachthemd und Haarwicklern ins Bett.

Nicht weit vom Nordpol landeten wir zum Auftanken. Meterhohe Schneewände – und das Benzin war alle.

Also anziehen, Decken um die Schultern und in die stinkenden, aber warmen Baracken.

Nach vier Stunden konnten wir weiterfliegen, und ich kam um fünf Uhr früh in Los Angeles an. Der Präsident der amerikanischen Filmakademie, die den »Oscar« verleiht, holte mich persönlich ab. Um fünf Uhr früh! Ich glaube, bei uns würde das keiner tun.

George Seaton begleitete mich ins Hotel Beverly Hills, wo man mir ein wunderschönes Apartment mit kleinem Garten reserviert hatte.

Schlafen konnte ich nicht, also ging ich durch die umliegenden Straßen. Die Luft war noch kühl, überall in den Gärten Sprinkler.

Gras und Blumen dürfen nur vor und nach Sonnenuntergang bewässert werden. Das Wasser für Los Angeles kommt sechshundert Kilometer weit her. Würde es abgestellt, wäre Los Angeles in wenigen Tagen wieder Wüste.

Die Gartentore der meisten Villen standen offen, und vor ihnen lagen halbmeterhohe Pakete mit den Wochenendausgaben der Zeitungen. Ich ging in einen der Gärten, setzte mich auf eine Bank und schaute über das wunderbare, riesige Los Angeles, über dem gerade die Sonne aufging.

Die »Oscar«-Feierlichkeiten waren pompös und aufregend. *Gervaise* allerdings bekam die begehrte Trophäe nicht.

Am dritten Tag danach begegnete ich beim Verlassen des Hotels Yul Brynner. Er war schon an mir vorbei, als er sich wie vom Blitz getroffen umdrehte, mit dem Finger auf mich zeigte und sagte: »You are my Gruschenka.« Er bereitete sich auf den Film *Die Brüder Karamasow* vor, den Richard Brooks als Regisseur nach dem großen Romanwerk Dostojewskis drehte. Seit Wochen suchte man die richtige Darstellerin für die Rolle der Gruschenka. Marilyn Monroe hatte darum gekämpft, die Rolle zu spielen. Ich denke, sie wäre viel besser gewesen als ich, aber man traute es ihr nicht zu. Yul Brynner erklärte also dem Regisseur, er habe seine Gruschenka gefunden. Richard Brooks sagte nur trocken: »Mir soll's recht sein, aber kann sie auch spielen?« Also wurde *Gervaise* in der Chefetage vorgeführt.

Die Herren fanden mein Spiel »wonderful«, aber ich war ihnen in dem Film nicht hübsch genug. Also wurde ich zum Mittagessen eingeladen, mit allen Bossen von Metro-Goldwyn-Mayer. Ich erschien frisiert und chic angezogen – und bekam die Rolle. Allerdings nur gegen meine Unterschrift unter einen Siebenjahresvertrag.

Wieder stand ich vor einer großen Entscheidung wie acht Jahre zuvor bei Korda. Auch war ich im vierten Monat schwanger.

Den Vertrag, so dick wie ein Buch, konnte man unmöglich lesen, geschweige denn verstehen. Aber eine Klausel begriff ich sofort, und die konnte und wollte ich nicht akzeptieren, nämlich: daß ich mich in der Öffentlichkeit »anständig« zu benehmen hatte, z. B. mit einem schwarzen Menschen mich nicht offiziell zeigen durfte.

Ich hätte den Vertrag platzen lassen, so empört war ich. Als man mir erklärte, daß Audrey Hepburn einen Vertrag mit dieser Klausel ebenfalls unterschrieben habe, sagte ich: »Den will ich sehen.«

Man legte ihn mir vor. Und ich unterschrieb.

Die Dreharbeiten begannen praktisch sofort. Für den Tanz der Gruschenka mußte ich jede freie Minute Tanzunterricht nehmen.

Ich verlor mein Kind. Horst kam sofort.

Ich wohnte jetzt im Bel Air, einem Hotel wie eine kleine, blühende Stadt. Jedes Apartment hatte seinen Garten, von dem aus man direkt zum Swimmingpool ging.

Horst blieb ein paar Wochen und flog dann zurück.

In der Hotelhalle gab es einen Portier aus der Schweiz. Eines Tages rief er mich an und sagte: »Ihr Bruder möchte Sie sprechen.«

»Wunderbar, stellen Sie bitte durch.«

»Nein, er ist hier in der Lobby.«

Ich stürzte in die Hotelhalle, und da war er tatsächlich – Maximilian! Er sah wunderbar aus – aber er sprach nur ganz wenig Englisch.

Man hatte ihn für die Rolle eines deutschen Offiziers in dem Film *Die jungen Löwen* mit Marlon Brando engagiert.

Von da an ging Maximilians Karriere kontinuierlich weiter bis zu seinem »Oscar« als bester Darsteller in dem Film *Das Urteil von Nürnberg* unter der Regie von Stanley Kramer. Neben ihm spielten Spencer Tracy, Burt Lancaster, Montgomery Clift, Judy Garland und Marlene Dietrich.

Maximilian spielte den deutschen Verteidiger.

Es kamen für ihn dann Filme, die zum großen Teil bei uns noch nicht gezeigt worden sind. Einer der erschütterndsten ist *The Man in the Glass Booth*, ein Film über den Prozeß gegen Adolf Eichmann in Israel.

Damals in der Empfangshalle des Bel Air waren wir natürlich vor allem erst einmal überglücklich, für eine Weile beieinander zu sein.

Jedesmal wenn ich im Hotel Bel Air wohnte, hatte ich dasselbe wunderschöne Apartment mit Patio und Garten.

Marilyn Monroe lebte ein halbes Jahr lang neben mir, ich sah sie kommen und gehen. Sie huschte aus dem Zimmer, ging ganz schnell, und wenn sie zurückkam, war die Tür auch sofort wieder zu.

Einmal habe ich mit ihr gegessen. Sie war liebenswert und sehr scheu. Sie kam wohl mit dem Trubel um sie herum nie ganz zurecht. Es fiel ihr schwer, dem Bild, das man von ihr entworfen hatte, immer zu entsprechen.

Einmal besuchte Laurence Olivier sie, um ihr den Film *Der Prinz und die Tänzerin* anzubieten, und mußte wie alle anderen Besucher zwei Stunden warten, bis sie aus ihrem Badezimmer herauskam. So lange versuchte sie, sich zu schminken und zu frisieren, um ihn nicht zu enttäuschen.

Als sie sich endlich schön genug glaubte, ging sie noch kurz auf die Toilette. Sie drehte das Badewasser voll auf, damit um Gottes willen niemand hören möge, was uns allen ein Leben lang gemeinsam ist.

Laurence Olivier wurde ungeduldig. Einer ihrer besten Freunde kannte das Spiel mit dem Badewasser und sagte: »Jetzt! Jetzt kommt sie gleich. Sie werden sehen, sie ist eine zauberhafte Lady.«

»Ja«, sagte Laurence Olivier, »indeed she is, but she pisses like a horse.«

Eine jüngst erschienene neue Biographie berichtet von Marilyn Monroes großer Hoffnung, die Gruschenka in *Die Brüder Karamasow* spielen zu dürfen. Sie habe sogar einen Brief an mich geschrieben, vermutlich mit der Bitte, von dieser Rolle Abstand zu nehmen. Sie hat wohl nie erfahren, daß ich meinerseits darum gekämpft habe, ihr und nicht mir die Rolle der Gruschenka zu geben. Leider hat ihr Brief mich nie erreicht. Die Filmgewaltigen haben mir nicht geglaubt: Gruschenka, dieses schillernde Wesen von Dostojewski zwischen Verlogenheit, Trauer, Einsamkeit und Sehnsucht – Marilyn Monroe war das alles, ich dagegen mußte es mir erst erspielen.

Ich bin ihr noch mehrere Male begegnet, in New York und, zusammen mit Arthur Miller, am Drehort von *Cimarron*.

Die Straßen waren von tiefem Schnee bedeckt. Denn die Geschichte der *Brüder Karamasow* spielt im zaristischen Rußland im strengsten Winter. Alles wurde historisch getreu von den Hollywood-Architekten aufgebaut mit Wagen, Pferden, Häusern mit verschneiten Dächern und Menschen im Straßengewühl. Dick vermummt mit Pelzkappe, riesigen Schals, die Hände im Muff, spielten wir mit Trockeneis im Mund, damit unser Atem frostigen Hauch hatte.

Und das alles bei 30 Grad Hitze.

Lee J. Cobb spielte den Vater Karamasow, Yul Brynner den Dimitri, Richard Widmark einen der Brüder und der von der Jugend heißgeliebte Kapitän aus *Raumschiff Enterprise*, William Shatner, den Jüngsten. Claire Bloom war meine Gegenspielerin.

Als der Film fertig war, mußte ich zurück nach Frankreich.

Annie Dorfmann hatte eine Option auf einen zweiten Film mit mir nach *Gervaise*: *Une vie* nach dem Roman von Guy de Maupassant. Alexandre Astruc, ein junger Regisseur, führte Regie. Der Film erzählt in wundervollen Farben auf einem alten Schloß eine traurige, quälerische Liebesgeschichte.

Christian Marquand, mein Partner trug mich im Hochzeitskleid durch ein Kornfeld. Er legte mich auf die Erde – und mein weißes Brautkleid wurde rot.

Ein zweites Kind von Horst! Ich wußte gar nicht, daß ich schwanger war. Mit Sirene und Blaulicht fuhr man mich ins Krankenhaus, damit ich nicht verblutete. Als ich es eine Woche später verließ, sah ich recht mager und elend aus.

Es war einer der wenigen Fälle in meiner Karriere, daß eine Produktion meinetwegen unterbrochen werden mußte.

Heberthal

Noch immer wohnten wir in der Pienzenauerstraße, suchten aber ein Haus für die Eltern von Horst.

Wir hatten einen neuen Mercedes 300 SL Cabriolet gekauft und wollten ihn auf der Autobahn ausprobieren. Einem befreundeten Drehbuchautor, Walter Ulbrich, war aus seinem Manuskript ein Bild von einem kleinen neugotischen Schlößchen mit Türmchen und Balkons herausgefallen. Es stand zum Verkauf, und so fuhren wir hin.

Die Gegend war schön, das nahe Städtchen Wasserburg am Inn mittelalterlich, düster, aber dennoch heimelig. Für mich ist die Umgebung und der Ort zum Einkaufen sehr wichtig.

Wir kamen an, wurden durchs Haus geführt, das ein wenig heruntergekommen war und muffelte, aber der Blick über den Inn mit den Bergen im Hintergrund war so hinreißend, daß wir uns sofort entschlossen, es für uns zu kaufen. Horsts Eltern blieben in Hamburg.

Das Haus mit 30000 Quadratmetern Grund kostete 90000 Mark. Ein altes Bauernhaus unten am Innufer mit nochmals 20000 Quadratmetern kauften wir dazu. Es gehörte Herrn und Frau Kogler, von den Kindern später Onkel und Tante Goggi genannt.

Onkel Goggis größtes Erlebnis war die Kriegsgefangenschaft in Rußland. Oliver hockte als Bub stundenlang bei ihm und ließ sich alles erzählen. Tante Goggi war lang und dürr und sah aus wie eine ausgepreßte Zitrone, aber sie kochte wunderbar bayerisch.

Onkel Goggi blieb sein Leben lang ein kostbares Original.

Als ich ihm zu Weihnachten einen Hut mit Gamsbart schenkte,

sagte er: »Gnä' Frau, jetzt brauch ich aber keinen mehr, sonst kann ich ihn nimmer austragen.«

Er besorgte den Garten, kam morgens immer fröhlich zu uns herauf und jodelte: »Hollaridi, solang georgelt wird, ist die Kirchn nicht aus.«

Als unser Schäferhund Seppi so krank wurde, daß er nicht mehr laufen konnte, sagte unser Tierarzt: »Sie müssen ihn einschläfern, es geht nicht mehr.«

Wir jaulten alle auf.

»Nicht heute, bitte erst morgen.«

Am nächsten Nachmittag um drei Uhr kam er wieder. Ich brachte gleich ein Tablett mit Schnapsgläsern. Wir heulten alle. Seppi fraß wahnsinnig gern Schokolade. Ich hatte einen ganzen Korb vorbereitet.

Ich saß am Boden in der Haustüre. Seppi lag in meinen Armen. Er hatte noch nie so viel Schokolade vor der Nase. Als ihm ein letzter Marsriegel aus dem Maul hing und er mich voll Liebe anstrahlte, gab ihm der Arzt eine Beruhigungsspritze. Er schlief ein. Onkel Goggi, schon ganz blau, weinte wie ein Kind. Er schob seinen Hut nach hinten, kratzte sich am Kopf und sagte: »Ihr müßt ihn zamschiam, sonst muß ich gar so ein großes Loch machen.« Denn Seppi hatte sich wohlig gestreckt. Der Arzt gab ihm die Todesspritze, und unser Seppi starb im Schokoladenrausch.

Der Besitz hieß schon immer »Heberthal«. Wir überlegten, ob wir das alte Schlößchen umbauen sollten. Aber die Vorgeschichte war so makaber, daß wir davon abließen. Der letzte Besitzer hatte seine Frau in die kleine Kapelle gesperrt – oder sie ihn.

In der Küche des Hauses stand ein Pferd. Und es gab noch die Holztüren mit einem eigens zu öffnenden Oberteil, damit das Pferd den Kopf in die Luft strecken konnte.

Ein verwilderter Rosengang ging fast bis zum Inn hinunter. Und Krähen hatten sich unterm Dachstuhl eingenistet.

Türbeschläge und neugotische Holzteile, die sehr schön geschnitzt waren, haben wir aufbewahrt und im neuen Haus eingebaut. Auch die Mäusetruhe mit den Titelbildern zog dort mit ein.

Werner Kranz, der damals für viele Prominente baute – und alles gleich –, bekam von Horst den Auftrag, unser Haus zu entwerfen.

Das Schlößchen wurde abgerissen. Abgesehen von seiner romantischen Verwitterung war es nicht wirklich schön.

Horst hat gemeinsam mit dem Architekten einen oberitalienischen Palazzo entworfen, der immer wieder geändert wurde, sobald etwas nicht gefiel. Ich flog zur Arbeit nach Hollywood, um Geld zu verdienen.

Das Haus wurde dreimal so teuer wie geplant – wie auch jetzt mein neues Haus in Kärnten. Aber ich will alles auf der Alm so schön wie möglich haben und nicht sparen, nachdem ich endlich einmal alles nur nach *meinem* Geschmack bauen und einrichten kann. Jetzt gibt es keinen Nagel, der nicht an dem Platz ist, wo ich ihn haben will und wo er gebraucht wird.

»Bewahr dies Haus vor Raub und Feuer, du lieber Gott, das Haus war teuer«, hat mir Mutti auf ein altes Leinenkissen gestickt.

Gary Cooper

Mein zweiter Film in Hollywood war *The Hanging Tree*, zu deutsch *Der Galgenbaum*, 1958 gedreht. Ihm verdanke ich die Begegnung mit Gary Cooper. Regie führte Delmer Daves, aber es war Gary Coopers Produktion. Es war sein großer Wunsch, eine Westernlegende zu produzieren, die sich abhob von den zum Teil zwar großartigen, aber allzu realistischen Western jener Zeit.

Sicher hatte ihm so etwas wie Fred Zinnemans *High Noon* vorgeschwebt, in dem er die Hauptrolle gespielt hatte. Das war eine Geschichte von großer Symbolkraft gewesen – und ein Riesenerfolg geworden.

Über drei Monate des Jahres 1958 drehten wir in Seattle. Die Landschaft dort ist überwältigend schön, klar, voller Berge, kühl – beinahe wie in der Schweiz.

Bei meiner Ankunft drehte Gary außerhalb Seattles an einem Fluß. Ich wollte sofort zu ihm.

Er stand auf, gab mir beide Hände und schaute mich lange an. Dann nahm er mich in die Arme.

Geborgenheit.

Er hatte nie zu vergessende Hände. So schön, wie ich sie nur von Maximilian kenne.

Wir wohnten im selben Hotel, aßen zusammen, sprachen viel miteinander.

Es war entzückend zu beobachten, wie er sich der vielen Verehrer erwehrte: Er stellte sich einfach taub, als habe er sie nicht wahrgenommen. Wenn sie genug Ausdauer hatten, blieb er endlich stehen, drehte sich erstaunt um und sagte: »O, I'm sorry. Verzeihen Sie, haben Sie etwas gesagt?«

Oftmals wurde er für Cary Grant gehalten, hat aber in seiner Bescheidenheit niemals widersprochen. Die Leute hatten dann einfach auf dem Autogramm »Gary Cooper« stehen.

In den frühen Zeiten des Films hatten Schauspieler stets ihren Akkordeonspieler bei sich, der sie für die jeweilige Szene in Stimmung spielte: Traurige Szene – traurige Musik, heitere Szene – lustige Musik, *action*-Szene – dramatische Musik.

Das geht auf den Stummfilm zurück.

Da Gary seinen alten Akkordeonspieler nicht mehr brauchte und ihn nur aus Liebenswürdigkeit bei allen seinen Produktionen mitengagieren ließ, schickte er ihn immer zu mir.

Das war noch die Zeit, als ich mich mit meinem Stanislawski-Geschreibsel irgendwohin zurückzog, um mich auf die nächste Szene vorzubereiten.

Der Akkordeonspieler wußte immer, welche Szene drankam, schlich mir nach, hockte sich in gebührender Distanz in meine Nähe und spielte lustig, traurig oder dramatisch. Ich hatte ihn sehr gern und ließ es über mich ergehen.

Und wer weiß, vielleicht hat es ja geholfen.

Gary Cooper hatte seinen Akkordeonspieler – ich weiß nicht mehr, wie er geheißen hat – schon seit Jahrzehnten um sich, seit der Zeit, als ihm Emil Jannings, der nach Hollywood emigriert war, eine große Zukunft vorausgesagt hatte.

Gary hatte gerade einen ersten Filmerfolg. Jannings war in der Premiere und wartete auf ihn vor dem Kino.

»Come over here, young man«, sagte er mit breitem deutschen Akzent. Gary wußte natürlich nicht, wer der Mann war, aber er gehorchte – so stark war die Persönlichkeit dieses Emil Jannings!

»You must learn to stand, young man. Sie müssen lernen, zu stehen. Stellen Sie sich hin! Fühlen Sie die Erde unter sich und den Himmel über sich.«

»Von eurem Emil Jannings«, sagte Gary, »habe ich alles gelernt, was ich für diesen Beruf brauche. Ich bin ihm bis heute sehr dankbar.«

Es sah aus, als ob Gary nie an seiner Rolle arbeitete. Er saß irgendwo still herum, ein Manuskript habe ich nie in seinen Händen gesehen.

Ich hingegen schrieb und schrieb.

In der Szene aber war er von solcher Präsenz, daß ich mich anstrengen mußte, ihm ebenbürtig zu sein.

Gary hat mir Amerika, das Land, die Menschen, ihre Mentalität, alles, was sie ausmacht, so begreifbar gemacht, wie kein Buch es je gekonnt hätte.

Seine Eltern waren beide aus Irland eingewandert, hatten sich aber erst in Amerika kennengelernt. Gary hat mir ihre Geschichte erzählt: Ein kilometerlanger Treck von Goldsuchern zog nach Süden. Mit dem Treck gingen drei Goldsucher, die abseits vom Wege Gold gefunden hatten, die Fundstelle aber schnell wieder zuscharrten, das Feuer austrampelten und mit dem Treck weiterzogen, um später allein wieder zurückzukommen. Doch ein Windstoß entfachte das Feuer aufs neue. Die Flammen schlugen hoch. Die letzten im Treck waren erstaunt, ein Feuer abseits zu sehen, gingen hin, fanden das Gold, nur leicht von Erde bedeckt, und der »Run« begann.

Zu Tausenden kamen Goldsucher zurück. Es war genug Gold für alle da. Die Leute wußten buchstäblich nicht, wohin mit dem Reichtum, und so entstand in wenigen Monaten die Stadt St. Helena im Staate Montana – mit Theatern, Oper, Restaurants, Bars, Warenhäusern ... Sogar Lola Montez war da.

Dort lernten sich Gary Coopers Eltern kennen und entdeckten, daß sie aus dem gleichen Ort in Irland stammten.

Garys Mutter habe ich gut gekannt. Sie fuhr mit sechsundachtzig

Jahren noch Auto, tatsächlich bis ans Lebensende. Sie wurde weit über neunzig.

In der Zeit des »Wilden Westens« gab es nur wenige sogenannte »anständige« Frauen. Die anderen waren fahrendes Volk oder Prostituierte.

Um in einer kleinen, neu entstandenen Community eine Frau zu bekommen, mußten sich die Männer schon sehr anstrengen.

Vielleicht drei von hundert Frauen haben das gesamte Gemeinwesen mit Kirche, Schule und Zeitung aufgebaut. Die Männer mußten ja immer irgendwo kämpfen, Gold graben oder Rinderherden hüten. »Kein Wunder«, sagte Gary, »daß die Frauen in Amerika eine so große Macht und Anerkennung bekommen haben.«

Jeder amerikanische Mann wird seiner Frau beim Frühstück sagen: »Darling, you look wonderful« – selbst wenn sie noch so vergammelt aussieht. Und hochrangige Männer, Admirale und Generäle werden, wie ich es erlebt habe, sich von ihren Stühlen erheben, wenn die elfjährige Tochter des Hauses zur Tür hereinkommt.

Gary zeigte mir die Reservate: ganz unberührt von jeder Zivilisation, nur Sandwege, keine Motels, keine Restaurants, keine Kioske.

Bei einem unserer Ausflüge hatten wir ein kleines Picknick dabei und legten uns in die Sonne.

Ich spürte soviel Liebe für ihn, wie man überhaupt nur irgend lieben kann. Ich sagte ihm, daß ich eigentlich meinem Mann treu bleiben wolle. Und er antwortete mit seiner gütigen Strenge: »That's your problem.«

Er nannte mich »my golden Swiss baby«.

Für ihn war die Liebe gewiß nicht so groß wie für mich, aber er war ein Liebender. Er liebte die Menschen, das Leben, seine Arbeit und die Frauen …

Als ich sieben Jahre alt war, beschäftigte mich schon die Vergänglichkeit. Ich saß bei Tante Elise in dem kleinen Klokammerl, vor mir das kleine Fensterl, und sah die Wolken ziehen.

Ich mußte diesen Augenblick festhalten, und ich habe ihn auch ein Leben lang behalten. Als Symbol meiner Kindheit wollte ich ihn mitnehmen in den Augenblick meines Todes ...

Gary und ich liebten uns unter freiem Himmel.

Und dieser Augenblick war von so vollkommener Schönheit, daß ich mir vornahm, auch ihn mitzunehmen beim Hinübergehen in die andere Welt.

Ob noch ein dritter solcher Augenblick hinzukommt, wer weiß es! Als ich vor vier Jahren, energielos geworden, mich entschloß zu sterben, kam keines der beiden Bilder. Nur Kühle und absolute Einsamkeit ...

Ich blieb mit Gary verbunden bis zu seinem Lebensende.

Er starb wie ein König.

Er war auf dem Weg zur Jagd, sechs Wochen vor seinem Tod.

Als er ins Auto steigen wollte, sagte ihm seine Frau: »Bitte, geh nicht. Die Ärzte sagen, du hast nur noch ein paar Wochen zu leben.«

Er wurde sehr schnell schwach, legte sich ins Bett, ließ jeden seiner Freunde einzeln kommen, um sich von ihm zu verabschieden. Es war für jeden wie ein Geschenk.

Gary Cooper ging ohne Trauer, ohne Düsterheit, nur voller Wärme, Dankbarkeit für ein so reiches Leben und so viel Liebe.

Eigentlich war er ein einfacher Mann, nicht belesen, nicht suchend oder zweifelnd, sondern voller Kraft, Intuition und großer Menschlichkeit.

Ich bin sehr froh, daß ich diese Zeit mit ihm erleben und seine Liebe erfahren durfte.

Wem die Stunde schlägt

Um ein Uhr nachts läutete das Telefon. »Hier Hemingway, kann ich Frau Schell sprechen? – Ich habe gerade euren Film gesehen. Ich bin begeistert. Sie haben gespielt, was ich nie direkt beschreibe, was zwischen und hinter den Zeilen steht. Das Wesentliche. Es ist leicht für einen Schriftsteller, eine blühende Wiese zu beschreiben, ihre Schönheit, ihr Geheimnis. Fotografiert hingegen bleibt nur ein Abbild einer Wiese.«

Er lud mich zu sich nach Kuba ein.

Aber ich habe wieder einmal, wie als Achtzehnjährige in Wien, eine Konzertkarte verbrannt.

Wem die Stunde schlägt wurde innerhalb der Playhouse-90-Serie für Amerika als Fernsehfilm der Woche gesendet. Die Straßen von New York waren an zwei Abenden wie leergefegt.

Auch Maximilians Film *Das Urteil von Nürnberg* war für diese Reihe gedreht worden und wurde erst später ein Kinofilm.

John Frankenheimer, einer der großen Regisseure Amerikas, hatte lange versucht, die Rechte für einen Fernsehfilm nach dem Roman *Wem die Stunde schlägt* zu bekommen.

Der Film mit Gary Cooper und Ingrid Bergman lief nach wie vor erfolgreich in den Kinos, ein Film, der, auch wenn Hemingway ihn nie gemocht hat, bleiben wird.

Nach langen Kämpfen erhielt Frankenheimer endlich die Bewilligung, eine Fernsehversion für eine einmalige Ausstrahlung zu drehen, mit der Auflage, sie sofort nach der Sendung zu vernichten *und* in beiden Teilen zehn Minuten Live-Übertragung zu garantieren.

So lagen mein Partner Jason Robards und ich auf acht Quadratmetern künstlichem Rasen und mußten die berühmte Schlafsackszene live spielen.

Kollegen und Freunde saßen, bereits Champagner trinkend, bei Sardi's, während Jason und ich auf der Matte im Schlafsack auf unseren »Einsatz« warteten. Der Zeiger der Uhr ging auf die Minute zu, in der unsere Szene in den inzwischen in ganz Amerika ausgestrahlten laufenden Film eingeblendet würde. John Frankenheimer saß in seiner gläsernen Regiekanzel und sagte über den Lautsprecher: »Three minutes to go«, noch zwei Minuten, noch eine und dann: »Good luck ... and don't forget, there are six hundred million china men, who couldn't care less!«

Wir hatten in einem vergammelten Jazzsaal geprobt, der jeden Abend pünktlich um fünf Uhr für das jugendliche Publikum geräumt werden mußte.

Montgomery Clift war fast jeden Tag bei uns und sah unserer Arbeit zu, fast wie im Actors' Studio. Die Schlafsackszene hatten Jason Robards und ich immer wieder hinausgeschoben. Endlich sagte Johnny Frankenheimer: »So, heute nachmittag muß es sein.« Wir legten uns in den Schlafsack aufeinander und sprachen unseren Text.

Nichts geschah. Kein Funken. Keine Beziehung. Johnny nahm mich und Jason aus dem Schlafsack heraus, stellte den einen in die eine, den anderen in die andere Ecke wie im Boxring.

Ich konnte nur durch die Gestik erkennen, was Frankenheimer zu Jason sagte: Heftig, leidenschaftlich, männlich.

Und zu mir: »Zärtlich, hingebungsvoll, weiblich.«

Zurück in den Schlafsack.

Es war recht komisch, wie Frankenheimer und sein Gefolge wie Professoren um unserer beiden Köpfe herum mit ihrem Team auf dem Boden lagen und sich Großaufnahmen für die Kamera ausdachten.

Wieder geschah nichts.

Ich spürte, wie unendlich müde Jason war, zu schwach, sein Herz zu öffnen, überhaupt Gefühle zu zeigen. Schweißperlen standen auf seiner Stirn.

Endlich öffneten sich seine Augen, und er sah mich.

Die Szene lief wie von selbst.

Der Regisseur jubelte und sagte: »Nicht mehr anrühren bis zur Sendung.«

Gleich nach der Szene stiegen wir benommen aus dem Schlafsack, gingen zu Sardi's und wurden jubelnd empfangen.

Die New Yorker Actors' Society nahm mich in ihren Kreis auf, und ich erlebte verwirrend schöne New Yorker Nächte.

Nach den Vorstellungen strömte alles in einfache, aber stimmungsvolle Lokale. Und dann ging es weiter, je nachdem, Nacht für Nacht. Zu Monty Clift nach Hause oder zu Maureen Stapelton, die die meisten Stücke von Tennessee Williams uraufgeführt hatte.

Wir kannten voneinander unsere Nöte und Liebesgeschichten, und immer hatten wir unseren geliebten Jason Robards im Schlepptau und mußten aufpassen, daß er uns nicht in den New Yorker Straßen verlorenging, denn dann war er am nächsten Morgen zur Probe verschollen, saß irgendwo am Straßenrand und träumte vor sich hin. Ein paarmal nahm ich ihn mit in mein Hotel und legte ihn auf mein Sofa. Die Portiers lächelten gütig.

Eines Nachts hielt eine elegante Limousine am Straßenrand, wo Jason und ich saßen und mit den Füßen im Rinnstein plantschten.

Harry Belafonte.

»Come, I take you home.«

Wir brachten Jason nach Hause.

Auf dem Weg zu meinem Hotel sagte Harry Belafonte: »I want to show you my people.«

Er sprach es wie ein König.

Auf einer Brücke über dem Hudson, das Lichtermeer von New York vor uns, hielt er an. Er legte den Arm um mich, drückte mich ein bißchen näher zu sich, schaute mir eindeutig in die Augen und sagte: »What do you want?« Ich war so verblüfft, daß ich nicht einmal mit einem Witz reagieren konnte.

Wir frühstückten noch in Harlem in einem Straßencafé, und ich ging übermüdet zur Probe.

In einer jener New Yorker Nächte aß ich mit Salvador Dalí und seiner Frau Gala in einem zauberhaften Restaurant zu Abend. Gala, mit ihrem schweren russischen Akzent, erzählte: »Salvador hat mir zum Geburtstag ein Schloß geschenkt, groß, kalt, achtundachtzig Zimmer. Ich sage zu Salvador: ›Hier kann ich nicht leben, viel zu kalt!‹ Also läßt Salvador sofort Zentralheizung einbauen. Scheußliche Gerippe, machen alles kaputt, aber Schloß ist warm. Ich sage Salvador: ›Bitte, du mußt mir malen schöne Gemälde davorzustellen!‹ – ›Wieviele?‹ fragt Salvador. ›Alle Zimmer‹, sage ich, ›fang an!‹ Und weißt du, was er gemalt hat? Vierundzwanzig Gemälde von Zentralheizung. Scheußliche Gerippe!«

Ingrid Bergman rief mich an, nachdem sie sich *Wem die Stunde schlägt* im Fernsehen angeschaut hatte, und fragte mich, ob man sich tatsächlich diesem Medium anvertrauen könne.

»Natürlich kann man das. Man muß es sogar.«

Fernsehfilme waren damals ganz neu, das Aufzeichnungsband noch sechs, sieben Zentimeter breit. Metro-Goldwyn-Mayer, wo ich ja noch unter Vertrag stand, wollte mir jede Fernseharbeit verbieten.

Die Studios sahen das Fernsehen als ungeheure Konkurrenz, und ihre Stars durften unter keinen Umständen daran beteiligt sein. Ich setzte meine Mitwirkung dennoch durch mit der Begründung, daß ein Schauspieler sich nicht einem neuen Medium entziehen darf.

Ich meine, daß die Filmindustrie in ihrer Ablehnung des Fernsehens den schwersten Fehler ihrer Geschichte begangen hat, während die gesamte amerikanische Wirtschaft sich inzwischen des Fernsehens bemächtigt hatte, um ihre Produkte zu verkaufen.

Wir hatten in einem großen Probenraum des Fernsehstudios, nüchtern und kalt, geprobt. Am Boden waren die Räume des Gefängnisses mit Klebeband aufgezeichnet, einschließlich Tür- und Fenstermarkierungen. Ein paar Stühle, ein Tisch, sonst nichts. Langsam entstanden während der Proben die Gefängnismauern in meiner Phantasie.

Drei Wochen später probierte ich in genau denselben Räumen *Ninotschka*. Es dauerte lange, bis ich in meiner Vorstellung das Gefängnis loswerden konnte. Ich mußte sozusagen das Nichts ummöblieren, bis langsam Ninotschkas Hotel in Paris die Gefängnismauern verdrängte.

Die New Yorker Freundschaften blieben, vor allem die mit Montgomery Clift.

Viele Jahre später drehte er in München unter der Regie von John Huston einen Film über Sigmund Freud. Monty war in einer elenden Verfassung, und es wurde ihm alles angelastet: nicht erfülltes Tagespensum, Textfehler, Kamerawiederholungen – einfach alles, was schiefgehen konnte.

Er wohnte bei mir in Wasserburg, und in seiner Filmgarderobe lag neben dem Telefon ein großer Zettel: »Maria« und meine Telefonnummer mit vielen Ausrufezeichen. So weit weg von Amerika war ich die einzige Hilfe für ihn.

In meinem Teppich sind heute noch Zigarettenlöcher von ihm, die ich nie reparieren werde. Mein ganzes Haus war ein einziges Chaos.

Monty starb kurze Zeit darauf in seinem kleinen, vernachlässigten, romantischen New Yorker Haus. Er hatte sich von einem schweren Autounfall nicht mehr erholt.

Wieder in Deutschland

Im Jahr 1959 spielte ich zum zweiten Mal unter der Regie von Helmut Käutner. Viele Wochen lang drehten wir im Hunsrück den *Schinderhannes* nach dem Bühnenstück von Carl Zuckmayer. Die Titelrolle spielte Curd Jürgens. In weiteren Rollen: Fritz Tillmann, Siegfried Lowitz und der damals noch ganz junge Christian Wolff.

Ich mag den Schinderhannes sehr! Er ist voller Heiterkeit und Poesie – und der tragische Schluß ist erschütternd.

Wieder saß ich mit meinem Skript in meiner Ecke und bereitete mich vor.

Curd residierte inzwischen in seinem Wohnwagen mit Champagner und Kaviar und empfing Freunde und Presse. Er war mit allen gut, bestens gelaunt und entspannt, als ob er sich nie konzentrieren müsse – was nicht stimmen kann, denn ich habe ihn zum Beispiel in Paris in dem Stück *Le fil rouge* auf der Bühne gesehen, einem Einpersonenstück nach der Lebensgeschichte von Sigmund Freud. Er war großartig, ebenso unvergeßlich wie in *Des Teufels General* und *Jakobowsky und der Oberst.*

Curd heiratete während der Dreharbeiten Simone. Wir stahlen ihm die Braut und haben sie erst am Tag danach zurückgegeben.

Zehn Jahre später drehten wir gemeinsam den Film *Occupation* in Athen, zusammen mit Klaus Kinski. Der Regisseur war Anthony Lepeniothis.

Anthony verliebte sich gleichzeitig in Simone und mich und machte uns beiden die gleichen Geschenke.

Als er merkte, daß ich mich freundschaftlich zurückzog, verliebte er sich endgültig in Simone und nahm sie Curd kurzerhand weg.

Wir führten lange Gespräche, ob sie mit Curd nach Deutschland zurückkehren sollte oder nicht. Simone klagte über Curds Müdigkeit und darüber, daß er nur noch in der Öffentlichkeit den Grandseigneur zustandebrachte. Es war tatsächlich so: Wann immer und wo immer Curd den Raum betrat, wurden die Menschen still.

Ich glaube, Simone war mir dankbar, daß ich ihr bei der Entscheidung half, bei dem jungen, bildschönen Griechen zu bleiben.

Eines Nachts mußten Curd und ich mehrere Stunden in einem alten Palais in Athen auf unsere nächste Szene warten. In einem der Säle stellten wir uns Stühle zusammen und versuchten auszuruhen.

Nur ein paar Kerzen im Raum.

Curd war eingeschlafen.

Ich schaute lange in sein Gesicht. Müde und alt, aber wunderschön. Ich legte meine Hand ganz vorsichtig auf seine Stirn, weil ich glaubte, er habe Fieber. Er öffnete die Augen, schaute mich an und fing an zu reden. Über eine Stunde lang. Er, der sonst kaum oder gar nicht über sich selber sprach, erzählte mir von seinen beiden Herzoperationen in Amerika, dann, wie sehr er Simone liebe und daß er spüre, sie für immer verloren zu haben.

Es war ein Abschied.

Es blieb auch meine letzte Begegnung mit Curd.

Curd war ein ausgezeichneter Schauspieler, eine unersetzbare Persönlichkeit. Seine schönste Eigenschaft: Ich habe ihn nie ein ungutes Wort über andere Menschen sagen hören.

46

46 Luchino Visconti führte Regie
in dem Film *Weiße Nächte* (1957) nach dem Roman
›Helle Nächte‹ von Dostojewski.

47

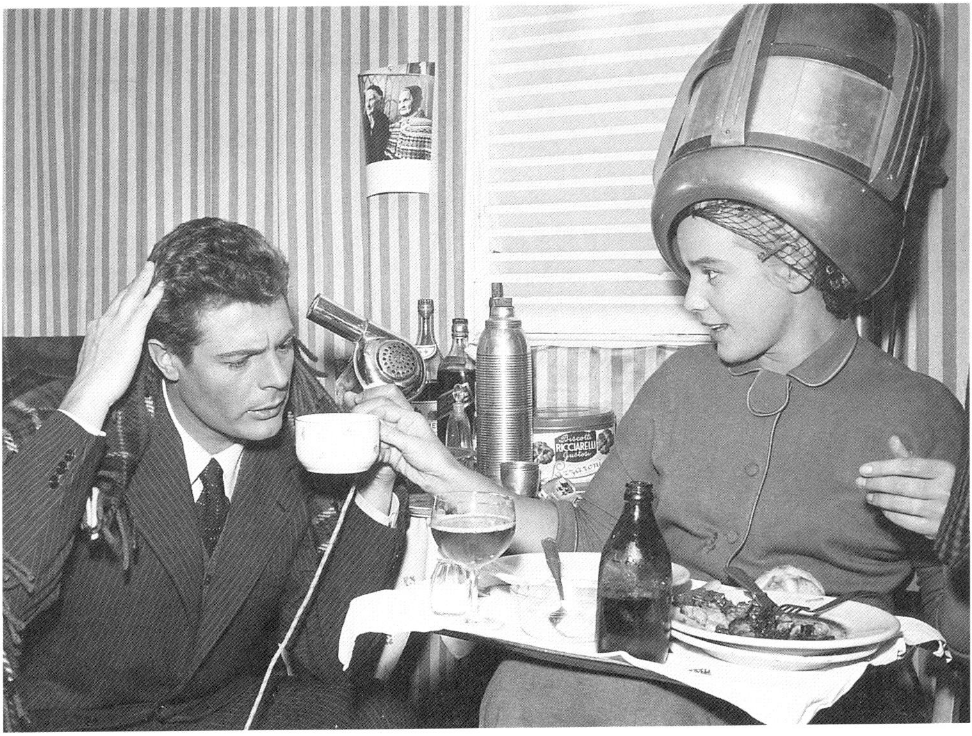

48

49

47 und 48 Mit Marcello Mastroianni in einer Szene von *Weiße Nächte* und in einer Drehpause

49 Mit Jean Marais, der großen Liebe aus *Weiße Nächte*, beim Bambi-Ball

50

51

52

50 – 52 Noch einmal Dostojewski: Mit Yul Brynner
als Dimitri (50 und 51) in der Verfilmung des Romans
Die Brüder Karamasow (1957; Regie Richard Brooks)

53

54

55

53 – 55 Filmarbeit in Amerika: Mit Gary Cooper (53) in dem Film *Der Galgenbaum* (1958; Regie Delmer Daves) und mit Glenn Ford (55) in *Cimarron* (1960; Regie Anthony Mann).
In dem Fernsehfilm *Wem die Stunde schlägt* nach dem Roman von Ernest Hemingway spielten Jason Robards und ich unter der Regie von John Frankenheimer die berühmte Schlafsackszene live in die TV-Ausstrahlung hinein (54).

56

56 Als Sabra in *Cimarron*:
Eine Rolle von ganz jung
bis zur alten Frau.
Hier als Druckereibesitzerin in mittleren Jahren.

Raubfischer von Hellas

Horst Hächler hatte ein Drehbuch geschrieben: *Raubfischer von Hellas*. Die Geschichte spielte in Griechenland, doch wir drehten in Jugoslawien auf einer unbewohnten Insel. Wir nannten sie »Mana« nach dem Namen des Mädchens, das ich spielte.

Auf diese Insel wurde ein komplettes griechisches Dorf hingestellt, das noch heute als Touristenattraktion von Schiffen fahrplanmäßig angefahren wird. Es sieht aus wie ein richtiges antikes Dorf, wurde aber eigens für unseren Film von dem Filmarchitekten Zehetbauer gebaut, der später für die Ausstattung von *Cabaret* einen »Oscar« erhielt.

Cliff Robertson und Cameron Mitchell – beides spätere »Oscar«-Preisträger – waren meine Partner. Wir wohnten in den verschiedenen Häusern von »Mana«, völlig abgeschlossen von aller Welt. Post kam nur einmal in der Woche, ebenso frische Lebensmittel für die Kantine, den einzigen Ort, wo man sich abends treffen konnte.

Vier Monate blieben wir auf unserer Insel, abgesehen von Drehtagen für Szenen, die auf dem Festland spielten. Horst war ein herrischer Regisseur, dem es nur auf die Macht ankam, die ein Regisseur eben haben kann.

Mir konnte das nichts antun, ich hatte ja meinen Stanislawski. Aber Cliff Robertson, der damals unter schweren Depressionen litt, hatte unter der Regie von Horst sehr zu leiden.

Raubfischer von Hellas wurde ein äußerst mäßiger Erfolg. Es war ein aus schönen, ästhetischen Bildern konstruierter Film, aber ohne Leidenschaft und menschliche Glaubwürdigkeit. Immer wieder mußte ich nun hören: »Siehst du, wir haben es dir ja gesagt.« Und niemand wollte verstehen, wie sehr ich als seine Frau versucht habe, ihm zu helfen. Aber mit dem Talent ist das so eine Sache. Man kann es nicht erzwingen.

Nun versuchte Horst, seinen Inszenierungstrieb architektonisch am Haus in Heberthal auszuleben. Aus unerfindlichen Gründen mußte die große Eingangshalle aus Malachit sein, einem Halbedelstein, aus dem sonst nur Aschenbecher und Ringe gemacht werden. Alle Türen und Fenster bekamen marmorne Rundbögen. Die Türen waren schmiedeeiserne Gitter mit Ornamenten und Glas dahinter, so daß man durchs ganze Haus sehen konnte. Man war nie und nirgends allein, außer im Schlafzimmer. Auch da stand ein übertrieben luxuriöser Kamin aus weißem Marmor.

Alles war übermäßig teuer und nichts wirklich schön. Nur die Sonne, die in alle Zimmer schien, und der Schnee im Winter, der manchmal einen Meter hoch an den riesigen, versenkbaren Fenstern lag, in denen sich das Kaminfeuer spiegelte, ist mir als schöne Erinnerung geblieben.

Der Kamin, rund und aus rosa Marmor, sah im Spiegelbild aus, als stünde er draußen im Schnee.

Wie sehr ein Haus und seine Einrichtung doch dem Menschen gleichen, der sie erbaut! Woher Horst – aufgewachsen als Sohn eines Lehrers in einer Eineinhalb-Zimmer-Wohnung in Hamburg – allerdings die Vorstellung von einem Reichtum hatte, der ganz auf äußerliche Wirkung zielte, konnte ich nie nachvollziehen.

Erst als Horst aus meinem Leben gegangen war, konnte ich versuchen, diesem Haus meine Persönlichkeit zu geben, und es ist mir auch ein klein wenig gelungen. Dennoch habe ich mich in den zweiunddreißig Jahren, die ich darin lebte, keinen Tag wirklich wohlgefühlt – und daran konnte auch die schönste Landschaft nichts ändern.

Land Rush

Im Jahr 1960 drehte ich den Film *Cimarron*. Der Stoff, nach dem Roman von Edna Ferber, war vorher schon einmal mit Irene Dunne in der Hauptrolle sehr erfolgreich verfilmt worden. Den Hauptdarsteller des Remakes, Glenn Ford, lernte ich zusammen mit dem Regisseur Anthony Mann in dessen Produktionsbüro kennen. Glenn war äußerst deprimiert, weil er genau an diesem Tag von seiner berühmten Frau Eleanor Powell nach fast dreißig Jahren Ehe offiziell geschieden worden war.

In den letzten Jahren habe ich viele von Glenns Filmen gesehen, wie *Gilda* mit Rita Hayworth oder *Blackboard Jungle*, und muß ihm beinahe Abbitte leisten. Ich hatte gar nicht gewußt, was für ein hervorragender Schauspieler er war. Er ist auch weit über zehn Jahre die Nr. 1 in Amerika geblieben.

Die Dreharbeiten zu *Cimarron* dauerten sechs Monate. Alles, was Gary Cooper mir über die Entstehung der amerikanischen Städte erzählt hat, erstand jetzt tatsächlich vor meinen Augen.

Eine riesige Ebene wurde zur Besiedelung freigegeben, für einen sogenannten »land rush« mit Hunderten von Planwagen, in denen Hab und Gut der Siedler verstaut waren.

Diese Planwagen wurden in einer kilometerbreiten Linie aufgestellt, und Punkt zwölf Uhr mittags rasten sie auf einen Startschuß los, fuhren brutal über alles hinweg. Mit tödlicher Rücksichtslosigkeit versuchten die Siedler ein Stück Land zu ergattern, auf das sie ihre Fahnen pflanzten, um es später als Eigentum anzumelden.

Anthony Mann hat diesen »land rush« genial eingefangen. Das Besondere dabei war, daß die Planwagen nicht eigens gebaut werden mußten, sie waren alle noch von früher da. Ich konnte die Hände auf die alten Bretter legen, konnte den Schweiß jahrzehntelanger Arbeit spüren und den Kampf um eine Existenz.

Erst später habe ich erkannt, daß gerade wegen dieses Existenzkampfs, dem alle unterworfen waren, in Amerika jedes Gelingen bewundert wurde und heute immer noch neidlos anerkannt wird. Das Wort Erfolg birgt ja das Wort »Folge« in sich, genau wie im Englischen *success* etwas ist, das auf etwas folgt.

In den Zeiten der Einwanderung mußte jeder seinen Erfolg selber schaffen – und der wurde bewundert!

In Europa hatte Erfolg fast ausschließlich mit Privilegien zu tun: Erbe, Dynastie, Religion, Herkunft, Erziehung, Ausbildung, Sprache – und Heimat, dem nur schwer veränderbaren Standort eines jeden Menschen.

In Amerika dagegen alles frei: das Land, die Möglichkeiten, sich zu entwickeln, sogar die Sprache, die für alle neu und eins war. Heimat mußte erst gefunden werden.

Mich hat neben der Ankunft der Siedler, ihrer Landnahme in Amerika, immer auch ihre Herkunft, ihr Abschied von der alten Heimat fasziniert.

Auch aus dem kleinen Dorf Oberbiberg, aus dem meine Schweizer Vorfahren stammen, sind Menschen nach Amerika ausgewandert, darunter der Bruder meines Urgroßvaters und mehrere Mitglieder der Familie. Ein einziges Mal hat sich einer aus Amerika bei mir gemeldet. Er war erfolgreich wie die meisten, und ich bin ihm kurz begegnet. Er war ein sehr tüchtiger Kaufmann und Erfinder, hatte eine große Familie und wußte nichts mehr von Oberbiberg, seiner Heimat.

War ein »land rush« durchgeführt worden, fingen die Siedler unverzüglich an, ihre Gemeinde zu organisieren. Genau so geschah es im Film.

Die Siedler stellten sich vor einem einfachen Tisch mit dem Schild »land office« an, und jeder ließ das von ihm abgesteckte Grundstück als sein Eigentum registrieren.

Sehr bald entstanden Schulen, Restaurants, Bars und Kaufhäuser.

Dann wurden Wände zur Straße hin in Holz hochgezogen, so daß sie wie Häuser aussahen – mit Aufschriften und Reklametafeln. Der rückwärtige Teil blieb lange ein Zelt, das langsam, je nach Vermögen des einzelnen, einem festen Haus wich. Die Kirche wurde natürlich gleich aus Stein gebaut.

Zu den Siedlern der ersten Stunde gehörten auch Yancey und seine junge Frau Sabra, meine und Glenn Fords Rollen. Sie erhalten ihr Land, gründen eine Druckerei, die auch die Lokalzeitung herausgibt.

Yancey ist der typische amerikanische Abenteurer, der immer dort sein muß, wo gekämpft wird, während Sabra Haus und Familie betreut und sich schließlich um die ganze Gemeinde kümmert. Als Yancey stirbt, bleibt sie alleine, ist aber bis ins hohe Alter eine äußerst tatkräftige, frohe und liebenswerte Frau. Ihre letzte Rede, zum fünfzigjährigen Jubiläum der Druckerei, halte ich ohne aufgeklebte Runzeln.

Freilich schaue ich nicht wie eine Greisin aus, aber die Darstellung der Rolle von Zwanzig bis Achtzig ist durchaus stimmig.

Anthony Mann wollte mich drei Jahre später für einen seiner berühmtesten Filme – *El Cid* – engagieren. Er kam eigens nach Irland, um mich für die Rolle zu gewinnen, die dann später von Sophia Loren statt meiner gespielt wurde. Ich vermied alle großangelegten Historienschinken und habe sogar William Wyler die Hauptrolle in *Ben Hur* abgesagt. Sie schienen mir immer überwuchert von Kostümen und vor allem ausgerichtet auf Publikumswirksamkeit.

Einen Film habe ich bedauert, abgesagt zu haben: *Spartacus*. Kirk Douglas, der darin hervorragend spielte, wollte mich übers Knie legen. Jean Simmons, die statt meiner spielte, hat's überstanden.

Als Regisseur war Anthony Mann eine Mischung aus differenziertem Künstler und einem Lehrer, autoritär, aber immer liebenswürdig. Er besaß für Hollywood das Erfolgsrezept, das freilich nicht immer wirkte.

Für uns, die Künstler und Techniker, war eine richtige Kleinstadt entstanden. Jeder hatte seinen Wohnwagen mit Dusche und Küche. Mittendrin gab es eine riesige Kantine, in den Stallungen Hunderte von Pferden und tausend Planwagen, die sorgfältig gewartet werden mußten, weil sie so alt waren. Nachts wohnten wir in einem Hotel mit gemütlichen Apartments, Swimmingpool und Bars.

Der amerikanische Film hat aus Überzeugung seine Künstler immer sehr verwöhnt, in dem Wissen, daß die gute Laune der Schauspieler und Mitarbeiter sich auf den Film überträgt. »Bring the dollars, let's make history.« Am glücklichsten waren Produzenten, wenn Hauptdarsteller sich verliebten, denn die Luft zwischen ihnen war fotografierbar.

Eines Abends in der Bar erwarteten alle, daß ich die vielgepriesenen »desert eggs« endlich einmal wenigstens probieren würde.

»Was ist das?«

»Das wirst du schon sehen.« Sie waren äußerst vergnügt.

Es kamen zwei große, gebratene, runde Dinger, und als ich den ersten Bissen im Mund hatte, erklärte man mir die Kostbarkeit. Es waren die Hoden eines jungen Stiers. Sie schmeckten hart, muskulös, ungefähr wie Herz – und waren sehr gut. Ich aß alles auf und bekam Applaus.

Erst kürzlich habe ich in München in einem Restaurant, in dem man mir sonst jeden Wunsch erfüllt, versucht, junge Stierhoden gebraten zu bekommen. Ich erfuhr, daß die nur vom jeweiligen Metzger gegessen werden dürften. Sie den Gästen zu servieren, ist vom Gesundheitsamt verboten. Die jungen Stiere sind also in Deutschland geschützt, soweit sie nicht ohnehin in Mastochsen verwandelt werden.

In langen Gesprächen versuchte ich Glenn Ford aus seiner Depression zu helfen. Es dauerte lange, bis er sich überhaupt öffnete.

Ich war alleine, die Ehe mit Horst sehr getrübt.

Und Glenn war alleine …

Beinahe mütterlich versuchte ich ihn zu einer neuen Liebe und einem neuen Leben zu führen. Glenn weinte in meinen Armen.

Ich habe nur wenige fröhliche Tage mit ihm erlebt. Ich war viel in seinem Haus, lernte seine alte Mutter kennen, verwöhnte beide, wo es nur ging.

Später gab er sein kleines Haus auf und baute sich eine riesige Villa mit künstlichem Gras um den Swimmingpool. An einer langen Tafel im Garten brannten in den Kandelabern Kerzen bei heller Sonne.

Er verheiratete sich noch zwei- oder sogar dreimal, jeweils mit seiner Nurse, und ließ sich wieder scheiden.

Ich hatte ihm einen Dackel aus Bayern geschenkt, den er abgöttisch liebte. Er hieß Bismarck, schlief bei ihm im Bett und gehorchte überhaupt nicht.

Bei der ersten oder zweiten Nursescheidung bestand eine der Ehefrauen darauf, den Dackel zu behalten.

Glenn drohte gebrochenen Herzens zu sterben, und ich schrieb an das Gericht:

»Sehr geehrte Herren Richter,
ich muß Sie darauf aufmerksam machen, daß der Dackel
Bismarck nach wie vor mein Eigentum ist. Ich habe
ihn lediglich Herrn Glenn Ford – und ich betone, ausschließlich Herrn Glenn Ford – zur Pflege übergeben.«

Glenn konnte seinen Dackel behalten. Aber irgendwann starb Bismarck. Wahrscheinlich an Glenns Liebe. Glenn hatte zu dieser Zeit keine Frau, nur eine Nurse.

Ein Jahr später flog ich mit Maximilian und einem Dackelpärchen – damit in Zukunft Nachwuchs da war – über Atlanta nach Los Angeles.

In Atlanta mußten die Hunde in aller Form importiert und registriert werden. Eine Menschenmenge stand vor dem kleinen Käfig und konnte sich nicht halten vor Entzücken.

Maximilian war das sehr peinlich. Doch Glenn bekam seine Ersatzkinder, denn mit seinem Sohn Peter und dessen Kindern hatte er seit Jahren gebrochen.

Nachdem die letzte Nurse aus dem Haus war, wurde endlich alles wieder gut. Glenn versöhnte sich auch wieder mit seinem Sohn und dessen Familie.

Trotz aller Nurses hat er in all den Jahren immer wieder heftig um mich geworben.

Nach *Cimarron* war ich sehr unglücklich nach Deutschland zurückgekehrt, aber bei der Premiere des Films in Oklahoma sahen wir uns wieder. Im offenen, blumengeschmückten Cabriolet fuhren wir durch die Straßen, an Tausenden jubelnder Menschen vorbei – das gleiche Bild wie Sekunden vor dem entsetzlichen Mord in Dallas an John F. Kennedy, das sich wohl jedem von uns eingeprägt hat.

Mir scheint, daß die Kriminalität von jenem Tag an weltweit zu wachsen begann. Sie ist heute eine unheimliche Weltmacht geworden. Wir leben alle in einem Dritten Weltkrieg und fallen, wenn es uns trifft, wie ein waffenloser Soldat.

In den Jahren seit *Cimarron* habe ich mindestens einmal im Monat mit Glenn telefoniert. Er kam auch nach München, immer mit der Bitte, ihn zu heiraten – aber Liebe kann man nicht vertagen.

Vor etwa einem Jahr rief er mich an.

Er mußte immer telefonische Umwege machen, bei den Kindern oder bei Maximilian nachfragen, weil er vom einen zum anderen Mal meine Telefonnummer verlegt oder verloren hatte.

Ich wohnte im Atelier meiner Tochter Marie Theres in München. Da Glenn nie darüber nachdachte, welche Uhrzeit es gerade in Europa war, klingelte das Telefon um drei Uhr morgens.

Glenn schluchzte, er konnte kaum reden.

»Glenn, was ist denn? So sag doch.«

Man konnte ihn kaum verstehen.

»My body is dying.«

»Glenn«, sagte ich, »wir müssen alle sterben.«

Ich packte alle Weisheiten aus über Kommen und Vergehen des Menschen, um ihn zu trösten. Aber er schluchzte weiter.

»Maria, help me, my body is dying.«

Ich sah ihn sterbend und alleine.

»Ruf einen Arzt. Ist jemand bei dir?«

Endlich hatte ich ihn soweit. Irgendeine verflixte Nurse war da und kam ans Telefon.

»Was ist mit Mister Ford?«

»Mister Ford is allright, es geht ihm gut, aber die Bonny liegt in seinen Armen und ist am Sterben.«

»Wie bitte? Bonny, wer ist Bonny?«

»Das Dackelweibchen, das Sie ihm geschenkt haben«, flötete die Nurse.

Da begriff ich erst, daß ich aus Glenns Schluchzen »Body« statt »Bonny« verstanden hatte. Und daß meine ganzen Weisheiten verschwendet waren an den Hund. Ich glaube, ich habe danach eine Stunde lang gelacht. Lieb war allerdings von Glenn, daß er mich in seiner Not wie immer angerufen hatte.

Trennung und Versöhnung

Ich kam nach München zurück, und Horst war nicht mehr da – ausgezogen aus dem fast fertigen Haus in Heberthal in ein Hotel in Schwabing.

Ich fuhr sofort hin und erzählte ihm alles. Er machte mir große Vorwürfe, war fest entschlossen, sich sofort scheiden zu lassen, und schwor, nie mehr unser Haus in Heberthal zu betreten.

Ich begriff, wie schwer es für einen Mann sein muß, neben einer immer und überall beachteten Frau zu leben, noch dazu einer Frau, die den größten Teil des Geldes verdiente. Und jetzt auch noch neben einer Frau, die ihm nicht treu war.

Aber wie es so geht bei schwierigen Ehen, wir versöhnten uns und er kam wieder zurück nach Heberthal.

Eine halbwegs glückliche Zeit folgte.

Ich war nie aus Leichtsinn untreu, sondern weil mein Herz nicht jahrelang leer an Liebe existieren konnte. Doch, wie Elizabeth Taylor mir einmal gesagt hat, bei der ersten Untreue ist die Ehe gebrochen und bleibt es.

Ich bin überzeugt, daß Elizabeth Taylor nur soviel Liebe erfahren hat, wie sie Ehen einging. Als wir uns kennenlernten, war sie mit Eddie Fisher verheiratet. Elizabeth konnte keine Kinder mehr bekommen, da Mike Todd sie, ohne daß Elizabeth es wußte, bei der Geburt von Liza totaloperieren ließ, weil Lebensgefahr bestand.

Mike Todd verunglückte tödlich, Eddie Fisher tröstete und heiratete sie. Über unseren gemeinsamen Agenten Kurt Frings bat sie mich verzweifelt, ein Kind für sie zu adoptieren. In Amerika war es für sie unmöglich, da sie bereits drei Kinder hatte und geschieden war.

Ich war selbst schwanger mit Oliver, tat aber, was ich konnte. Auch meine Sekretärin, Maria Königbauer, unternahm alles nur Mögliche. Nach deutschem Recht konnte nur ein Elternpaar ein Kind zur Adoption freigeben, für uneheliche Mütter trat sofort der Vater Staat an die Stelle. Es war alles sehr schwierig, zumal es vor der Presse geheimbleiben mußte.

Elizabeth kam mit Eddie angereist. Sie wohnten in Heberthal im kleinen Gartenhäuschen. Ich war fasziniert von der unglaublichen Schönheit Elizabeth Taylors, die ungeschminkt immer schöner wurde.

Maria Königbauer hatte am Ende drei Möglichkeiten in Aussicht. Das erste Baby war gerade angekommen – ich hatte es in einen hübsch ausgeschlagenen Waschkorb gelegt und es in mein Schlafzimmer gestellt, als ich den Wagen von Elizabeth draußen hörte. Ich schloß die Schlafzimmertür und lief ihr entgegen. Ich hatte das Kind nur zwei Sekunden gesehen – und ein frühes Erlebnis stieg aus dem Unterbewußtsein auf: Ich wohnte in Biel-Solothurn bei einem jungen Ehepaar, dessen vierjährige Tochter, was die Eltern nicht wahrhaben wollten, nicht normal war. Als die Eltern es erfahren mußten, waren sie so verzweifelt, daß sie das Kind in ein Heim steckten.

Das Baby in meinem Schlafzimmer fing an zu schreien, und Elizabeth, die mein Haus gar nicht kannte, lief hinauf, nahm das Kind aus dem Waschkorb und rief: »That's my baby!« Ich fühlte mich verpflichtet, ihr meine Gedanken mitzuteilen. Trotzdem ließ sie sofort einen Anwalt kommen, um das winzige Geschöpf ihren anderen Kindern erbrechtlich gleichzustellen. Sie nannte es Maria.

Da sie es aber noch nicht offiziell adoptieren konnte, fuhr sie zum Drehbeginn von *Cleopatra* nach Rom. Dort versuchte sie, die besten Ärzte für das Kind zu finden, das eine Hüftluxation hatte.

Und jetzt begann die Katastrophe. Richard Burton kam in ihr Leben, und die Liebe zwischen ihnen wurde so heftig, daß sie die ganze Welt mitzittern ließ.

Mein Bauch wuchs. Dennoch bin ich mit dem Kind heimlich nach Rom gefahren. Alles noch unter Ausschluß der Presse.

Ich blieb drei Wochen bei Elizabeth.

Eddie Fisher jammerte wie ein Kind, Elizabeth schluchzte in meinen Armen, und Richard Burton adoptierte die kleine Maria sofort.

Elizabeth sagte unter tausend Tränen: »Seitdem ich denken kann, haben alle zu meinen Wünschen immer ja gesagt. Nur Richard sagt nein. Ich brauche ihn, wenn ich mich weiterentwickeln will.«

Richard Burton war ein unglaubliches Mannsbild. Er hielt Elizabeth im Arm und flirtete über ihre Schulter hinweg mit mir. »Du bist und bleibst auf meiner Abschußliste!«

Er war ein unglaublicher Schauspieler, vor allem im Theater. Es gibt ein zweiteiliges Fernsehportrait von ihm, das zur Filmgeschichte gehört. Er las alles, er schrieb jeden Tag Tagebuch, auch wenn er noch so betrunken war. Elizabeth konnte viel von ihm lernen, aber sie bekämpften sich wie wilde Tiere. Elizabeth kam in Rom nach Hause und hatte ein dick verschwollenes Auge. Sie sei im Auto gegen einen herausgezogenen Aschenbecher gefallen. Ich lächelte nur milde.

Dazwischen immer wieder die verzweifelten Anrufe von Eddie Fisher, aber da gab es kein Zurück mehr.

Mein Kind wuchs, stieß nach oben und nach unten, und ich war mittendrin in all der Turbulenz. Endlich konnte ich zurückfahren, und die beiden heirateten zum ersten Mal. Der Film wurde ein großer Kostümschinken – nur, Richard Burton sprengte alles!

Die Presse schnüffelte so lange, bis sie die leiblichen Eltern der kleinen Maria gefunden hatte. Elizabeth schenkte ihnen ein Häuschen und versorgte sie finanziell.

Maria Burton, wie das Kind nach der Adoption hieß, ist eine sehr schöne Frau geworden, lebt in New York und hat mich, ohne zu fragen, zur zweifachen »Großmutter« gemacht.

Wann immer ich Elizabeth anrufe, kommt sie sofort ans Telefon. Nur während ihrer Zeit mit Michael Jackson sprach ich mit ihrem Sekretär, der immer wieder vom Telefon fortgerufen wurde. Auf meine neugierige Frage sagte er: »Ich muß meine Telefonbank bedienen.«

Ich wollte Michael Jackson, der heftig angegriffen wurde, helfen und hatte sehr gute Ideen, aber dann veröffentlichte Maximilian in dem Fachblatt *Hollywood Reporter* einen handgeschriebenen offenen Brief an Michael Jackson, um ihn zu verteidigen.

Elizabeth ist lieb, aber untreu. Doch ganz da, wenn sie da ist.

Als nächstes spielte ich in Irland mit Stuart Whitman und Rod Steiger unter der Regie von Guy Green in dem international sehr beachteten Film *The Mark*.

Darin geht es um die Geschichte eines Triebverbrechers. Rod Steiger spielt den Psychiater des eben entlassenen Stuart Whitman, ich eine junge Mutter mit einer zehnjährigen Tochter. Die beiden finden nach monatelangen Behandlungen durch den Psychiater, nach Ängsten, Schmerzen und Mißverständnissen endlich zueinander.

Unvergeßlich in seiner Schönheit ist mir das immergrüne Irland. Das Land ist wunderbar. Die Weite, das Meer – und der Irish coffee. Die Leidenschaft für den Irish coffee ist mir in allen Varianten, besonders mit Calvados, mein Leben lang geblieben.

Nach Irland flog ich 1961 zur Vorbesprechung eines französischen Films mit Paul Meurisse nach Paris.

Horst begleitete mich.

Und dort, im Hotel Raphael, ist endlich Oliver entstanden. In meinem Buch *Die Kostbarkeit des Augenblicks* schrieb ich zu seiner Geburt am 29. Januar 1962: »Nur noch Stunden, bis du geboren bist, mein Kind. Seit Tagen warte ich auf dich. Ich bin allein. Die Wehen noch langsam. Ich liege und warte. Hinter mir Schneeflocken, so groß, wie ich sie nie glaube gesehen zu haben. Ganz ruhig fallen sie, wie ein weißer Vorhang heruntergelassen vom Himmel, zu deiner Geburt.

Nichts in meinem Leben hat mich so tief bewegt wie die Geburt meiner Kinder.

Das Wunder des Lebens.

Und die Kraft der Natur, mit der sich dieses Wunder vollzieht. Nichts kann dich aufhalten, dein Leben zu beginnen. Krieg könnte sein, Erdbeben, Sommer, Tag oder Nacht – oder, wie jetzt, tiefer, stiller Winter. Du beginnst dein Leben, forderst deine Tage auf Erden, erhältst sie durch mich.

Um sechzehn Uhr dreißig – Maximilian landete gerade um diese Zeit auf dem Rollfeld in München – meldest du der Welt, daß du da bist. Dein erster Schrei erreicht mein Herz – ich bin Mutter geworden.«

Die Zeit der Schwangerschaft war sehr schwer. Ich glaube, Horst freute sich nicht sehr auf sein Kind.

Sechs Wochen vor dem Termin mußte ich mit ihm ins Hotel Vier Jahreszeiten nach München ziehen, weil er befürchtete, daß der Weg von Wasserburg nach München im Winter bei eventuell früher beginnenden Wehen zu weit sein könnte. Das war für ihn eine außergewöhnlich fürsorgliche Geste.

Als es auf die Geburt zuging, war das Gestürme und Interesse der Presse so außergewöhnlich, daß ich zwei Pressevertretungen, eine deutsche und eine internationale engagieren mußte, um die Situation zu meistern.

Wir hatten ein Turmappartement im Hotel Vier Jahreszeiten mit zwei großen Zimmern. Ich war meistens allein. Was Horst tat, weiß ich nicht. Er war jedenfalls kaum da, wahrscheinlich hat er Heberthal fertiggebaut.

Meine Schwester Immy war oft bei mir. Und als die Wehen endlich einsetzten, brachte sie mich in die Frauenklinik der Universität zu Professor Fickenscher.

Auch hier ein Riesenaufwand. Mein Zimmer mußte abgesperrt bleiben, damit keine unerwünschte Presse mich überfallen konnte.

Die beiden Pflegeschwestern stritten sich unaufhörlich. Die eine war zuständig für die Milch, die das Baby bekam, die andere für mein Wohlergehen. Sie riß das Baby buchstäblich von meiner Brust, wenn sie glaubte, daß das Stillen für mich zu anstrengend würde.

Drei Wochen mußte ich liegend verbringen. Das war damals noch üblich. Heute gehen die jungen Frauen nur zum Gebären in die Klinik.

Während ich dies schreibe, ist meine Tochter Marie Theres dabei, ihrem dritten Kind das Leben zu schenken. Sie ist fest entschlossen, schon eine Stunde nach der Geburt wieder nach Hause zu gehen. Stündlich warte ich auf ihren Anruf. Ein kleiner Ferdinand soll es werden.

Bei der Geburt ihrer Tochter Josephine war ich von Heberthal nach München zu ihr in die Klinik gerast.

Mausi hatte angerufen: »Mami, bitte komm, ich bin allein.«

»Ich dachte, Franz wollte ...«

»Ja, er hat mich auch hergebracht, aber als er den Arzt im grünen Kittel sah, verschwand er.«

Ich hielt ihr die Hand, und ganz schnell war Fine da.

Wir hatten das Baby bei uns im Zimmer und riefen alle zehn Minuten bei Franz an. Marie Theres war überglücklich, wollte ihm nur sagen, daß es ein Mädchen ist, wie er es sich so sehr gewünscht hatte.

Aber keiner ging ans Telefon.

Die ganze Nacht saß ich im Stuhl, nickte nur manchmal ein bißchen ein. Erst am nächsten Tag, um elf Uhr vormittags, erreichten wir Franz.

Er war im Sliwowitz untergegangen.

Er kam sofort. In Jeans und Smokingjacke stand er, einen riesigen Rosenstrauß in der Hand und mittendrin eine weiße Lilie, vor dem winzigen Wesen in dem kleinen Körbchen, verbeugte sich und sagte: »Guten Tag, du Schöne, ich bin dein Papa.«

Die nächste Tochter, Magdalena, genannt Lena, war drei Monate alt, als ihre Eltern sich zur Ehe entschlossen. Franz sagte: »Auch ein Anarchist in Bayern muß beim zweiten Kind heiraten.«

Marie Theres hatte mich gerufen und gefragt: »Mami, kannst du heute abend zu uns nach Kirchberg kommen? Und bitte, bring unsere Freundin mit.«

Wir aßen gemütlich zu Abend, kein Wort über den nächsten Tag.

Beim Frühstück, kurz nach zehn, eröffneten uns Franz und Marie Theres, daß wir um elf Uhr im Standesamt erwartet würden.

»Ich bin sehr glücklich, Mami.«

Gut, also fuhren wir kurz vor elf hin.

Keine Presse. Sie hatten es geschafft.

Nun saßen wir also in dem winzigen Standesamt, alle in einer Reihe vor dem liebevoll geschmückten Schreibtisch des Standesbeamten.

Marie Theres hatte Lena im Arm. Finchen saß auf dem Schoß von Franz. Wir beiden Trauzeugen rechts und links von den Brautleuten.

Der Standesbeamte hielt eine Rede.

Marie Theres schaute zwischendurch zum Himmel in der Angst, dem Franz könnte die Rede zu lang werden.

Als der Standesbeamte endlich den Satz sprach: »Sind Sie, Franz Xaver Kroetz bereit, die hier anwesende Marie Theres Relin zu heiraten?« – schrie Finchen laut und bestimmt: »Ja, ja, ja!«

Wer nicht das Dunkel kennt

Nach drei Wochen Krankenhaus kehrte ich mit meinem Sohn nach Heberthal zurück. Maximilian gab ihm als Pate den zweiten Namen Christian, während Horst auf Oliver bestand. Und er bestand auf noch etwas: Daß sofort ein Kindermädchen engagiert wurde, natürlich mit Häubchen und Uniform.

So kam ein Kindermädchen mit dem Namen Christel in unser Haus – und eigentlich haben Horst und sie mir mein Kind weggenommen.

Ich habe auch nach relativ kurzer Zeit wieder zu arbeiten begonnen. *Das Riesenrad* war ja noch während meiner Schwangerschaft 1961 entstanden, und danach kam der Film mit Paul Meurisse: *Une chaumière et un meurtre*.

Oliver war ein einsamer kleiner Prinz geworden. Kamelhaarmäntelchen wurden für ihn geschneidert. Ich war für ihn eine Art Rettungsanker, aber jedesmal bedeutete es für ihn eine Qual, wenn ich wieder wegfuhr. Da trotzte er sogar meiner Zärtlichkeit. Stand in einer Ecke, drei Jahre alt, ließ sich nicht in die Arme nehmen und sagte: »Oliver muß alleine sein.«

Ich versuchte alles, um den Kindern nahe zu bleiben. Von überallher schickte ich Päckchen mit irgendwelchen Kleinigkeiten. Ich kaufte ein Uher-Gerät und besprach ein Tonband mit vierzig Märchen, die ich für sie ausgedacht hatte – und die Marie-Theres und Oliver inzwischen ihren Kindern erzählen. Alles, damit sie mich und meine Stimme gegenwärtig hatten.

Als Erwachsener hat Oliver einmal zu mir gesagt: »Mutti, weißt du, du warst die beste Mutter der Welt, aber von einer Stunde auf die andere warst du weg.« Erst da konnte ich ihm sagen, was auch mir selbst in diesem Augenblick klar wurde: »Mein Junge, wir hatten ja keinen Vater, der für uns sorgen konnte, und ich mußte immer Geld verdienen.«

Das hat er erstaunt begriffen. Horst hatte nie etwas verdient, während Veit, mein zweiter Mann, mir später geholfen hat, wo es nur ging.

Zwischen Schwester Christel und Horst entspann sich eine Freundschaft, die später in Liebe überging. Sie wurde ja dann auch seine Frau.

Ich begann depressiv zu werden, spielte aber dennoch im Théâtre de Montmartre in Paris.

Es war grauenhaft.

Zunächst spielte ich auf Französisch das Stück *Caroline* von Somerset Maugham, hatte einen russisch-französischen Regisseur namens Michel Vitold, der auch die männliche Hauptrolle spielte. Der aber wiederum hatte solches Lampenfieber, daß bei der Premiere der Vorhang fallen mußte. Als er wieder aufging, schmiß er einen ganzen Tisch mit Lampe um.

Für mich ging die Premiere noch ordentlich über die Bühne, aber ich hatte vor jeder Vorstellung Schweißausbrüche. Das Publikum kam nur spärlich, und ich fühlte mich verantwortlich.

Ich hatte eine düstere Wohnung gemietet, alles in Rot und Gold – aber mit einem kleinen Garten, mitten in Paris. Ich weiß nicht mehr, an wen ich schreiben wollte, aber ich fing an, unfähig zu sein, einen Brief zu formulieren. Immer wieder nahm ich ein neues Papier, schrieb zwei Zeilen und konnte nicht weiter.

Horst mußte zusätzlich Geld nach Paris schicken. Es war nicht viel. Während unserer ganzen Ehe habe ich immer nur fünfhundertmarkweise Geld für persönliche Bedürfnisse von ihm bewilligt bekommen.

Ich wußte nicht, was eine Depression ist, bis zu dem Augenblick, in dem ich erlebte, daß die Nerven buchstäblich reißen, wie der Volksmund sagt. Es fühlte sich an, als habe ein Blitz mein Gehirn in der Mitte zerrissen.

Plötzlich stand Mutti da.

Wie schon einmal in Jugoslawien …

Horst war mit Oliver und Schwester Christel nach Dubrovnik gefahren. Er liebte Dubrovnik und fuhr jeden Sommer hin.

Er hatte dort eine Freundin, und in meiner Unruhe und meinem Nicht-mehr-wissen, wo ich hingehörte, hatte ich mich einmal hinreißen lassen, einen Detektiv zu engagieren, um die wahren Umstände seiner Beziehung herauszufinden.

Horst hatte selbstverständlich immer alles geleugnet. Ich aber wollte endlich Gewißheit haben. So fuhr ich das nächste Mal heimlich selber nach Dubrovnik, sah die beiden und brach zusammen. Es war so kitschig, so etwas zu tun, in keiner Weise souverän – ich war vollkommen verloren!

Beide Male stand Mutti plötzlich da, die gar nicht wußte, wo Dubrovnik liegt – und die auch noch nie in Paris gewesen war!

Sie nahm mich einfach bei der Hand und wollte mich so schnell wie möglich nach Hause bringen, was gar nicht so einfach war, denn die Vorstellungen in Paris liefen noch.

Horst versuchte sogar, mir etwas Gutes zu tun, und schickte Oliver mit Christel nach Paris.

Aber auch mein Kind konnte mir nicht helfen. Ich nahm es kaum wahr.

Später haben die Kinder mir einmal gesagt:

»Weißt du, Mami, das ist wie eine Batterie, wenn sie leer ist, mußt du warten, daß sie sich wieder füllt.«

Mutti brachte mich aus Paris nach Heberthal zurück. Aber das Haus war wie ein Gefängnis geworden.

Aus meinem Schlafzimmer konnte ich auf die große Wiese vor meinem Haus schauen und sah Horst, Christel und Oliver Heu zusammenrechen – wie eine kleine Familie, die mich ausgeschlossen hatte.

Es war ein weiterer Schritt in die Dunkelheit, von mir selber weg. Ich wurde jeden Tag kränker.

Maximilian kam mich besuchen und nahm mich gleich mit.

»Du mußt raus hier. Komm, wir machen eine Spazierfahrt.«

Tatsächlich fuhr er zu zwei, drei Sanatorien und versuchte zu spüren, in welchem ich mich vielleicht wohlfühlen würde.

Es wurde der Jägerwinkel am Schliersee.

Professor Schiemert, der Leiter, meinte, ich sei nur schwer ermüdet, und legte mich erst einmal ins Bett.

Nach zehn Tagen hatte auch er erkannt, daß ich in einer schweren Depression steckte, und zog Professor Dr. Walter Simon hinzu, einen hochsensiblen, großartigen Psychiater.

Er erkannte sofort meine schwere Depression, ließ Maximilian und Immy kommen, um mit ihnen die Lage zu besprechen.

Walter Simon, für den Literatur und jede Kunst ein Heiligtum war, sprach in Gegenwart meiner Geschwister mit umwölkter Stimme das schöne Gedicht von Hermann Hesse:

Wahrlich, keiner ist weise,
der nicht das Dunkel kennt,
das unentrinnbar und leise
von allem ihn trennt.

Die beiden bekamen einen Lachkrampf.

Sie lachten immer bei besonders tragischen Anlässen. Einmal in Paris waren Maximilian, Immy und ich mit Soraya im Theater. Man gab ein teuflisch trauriges Stück mit 35 Nonnen. Das allein war schon sehr gefährlich, aber als die Nonnen anfingen zu singen, spürte ich die Bank unter mir wackeln. Maximilians Gesicht war noch ganz ruhig. Ich wagte kaum, Immy anzuschauen, da prustete sie auch schon los. Ihre Kaiserliche Hoheit war höchst erstaunt, aber es war nicht mehr zu halten. Wir schlugen die Hände vors Gesicht und versuchten das Lachen in ein Weinen umzuwandeln.

Im Jägerwinkel wurde ich mit dem schwersten Antidepressivum behandelt. Es sollte vierundzwanzig Tage dauern, bis ich aus dem Schlimmsten heraus sein würde, anfangs aber sollte sich mein Zustand noch verschlechtern.

Maximilian malte mir die vierundzwanzig Tage wie einen Weihnachtskalender auf einen großen Bogen, so daß ich jeden Tag abstreichen konnte.

Horst kam mich mit Christel und meinem Kind besuchen, und regelmäßig wartete Walter Simon, bis sie gegangen waren, um mir zu helfen. Er wußte, daß ihr Besuch jedesmal eine heftige Erschütterung in mir auslösen würde.

Trotz aller Fürsorge habe ich heimlich Tabletten gesammelt und in der Matratze versteckt, weil ich mir nicht vorstellen konnte, jemals wieder gesund zu werden.

Aber ich wurde gesund. Gott sei Dank!

Christel konnte Horst sehr viel besser behandeln, als ich es je vermocht hätte.

Das ganze Haus in Heberthal mußte immer aussehen, als ob niemand darin wohnte – die Fransen der Teppiche immer gekämmt. Christel hatte sie kurzerhand abgeschnitten.

Scheidung und Neubeginn

Langsam hellte sich mein Zustand auf. Die Krise war vorüber. Filmangebote waren keine da. Es war die Zeit der Autorenfilmer, und die glaubten, mich nicht mehr zu brauchen.

Aber Egon Karter war da. Er bot mir eine Tournee von 125 Vorstellungen an. Wiederum mit Ibsens *Nora*. Ich war ihm ein wenig böse, weil er unbedingt unseren alten Erfolg bei der Eröffnung der Komödie in Basel wiederholen wollte. Es hätte doch so viele andere, ebenso wunderbare Theaterrollen für mich gegeben. Aber er bestand auf *Nora*, und das Resultat gab ihm recht. Alle 125 Vorstellungen waren im vorhinein ausverkauft. Er wußte, daß er viel Geld mit dieser Tournee verdienen würde, und ich brauchte, wie immer, das Geld ebenso. Außerdem schien es mir besser, von zu Hause weg zu sein. Ich wußte, Oliver war gut aufgehoben bei Horst und Schwester Christel, auch wenn er sie nie geliebt hat und ihm keine Erinnerung an sie geblieben ist, außer daß sie ein weißes Häubchen trug.

Maurice Chevalier warnte mich, als ich ihm von meinem Vorhaben erzählte, Ibsens *Nora* auf der Bühne zu spielen.

»Ma cherie, das kannst du nicht. Du kannst nicht zwanzig Jahre lang von morgens bis abends vor der Kamera stehen und minutenweise deine Rolle abliefern und plötzlich an einem Theaterabend von zwei bis drei Stunden vor Publikum an einem Stück das ganze Schicksal eines Menschen spielen.«

Ich erklärte ihm, daß ich zu Beginn meiner Karriere fast ausschließlich Theater gespielt hatte, fast alle Rollen, die es für eine junge Frau gab. Allerdings unter den Bedingungen der damals kurzen Probenzeit, die mehr Spontanität als Disziplin verlangte.

Den Helmer, die männliche Hauptrolle in *Nora*, spielte, ganz im Gegensatz zu den üblichen Besetzungen, ein junger Regisseur aus Wien, der dort ein eigenes Theater hatte, das »Ateliertheater«. Er hatte sich einen Namen gemacht mit außerordentlichen Inszenierungen von überwiegend unbekannten Autoren und Ausgrabungen alter Stücke. Fast immer erhielt er den Preis für die beste Inszenierung des Monats. Die hundert Plätze des Theaters waren meistens ausverkauft, und er konnte gut davon leben. Aber dennoch: Tourneetheater-Gagen waren sehr hoch, und er wollte auch einmal raus aus Wien und sein Talent durch die Lande bringen. Veit Relin.

Hochgewachsen, mit einem wunderschönen Gang, wallendem Haar, leuchtend aus sich selbst – so kam Veit Relin zur ersten Probe.

Da ich seinerzeit in Basel nur acht Tage Probe für die Nora gehabt hatte und auf Anhieb einen großen Erfolg, erschien ich nach zwanzig Jahren Abwesenheit vom Theater mit nichts als meinen Stanislawski-Erfahrungen zur Probe.

Ich spielte einfach den Augenblick und war Nora, immer wie vor der Kamera. Der Regisseur Imo Moszkowicz verfiel meiner Präsenz und konnte mich nicht führen.

Veit Relin, der in der Rolle des Helmer sehr gut war, fing an, sich in dieses ungebärdige, nach Meinung der Theaterleute undisziplinierte Wesen zu verlieben.

Hans Holt, der den Dr. Rank spielte, beschwerte sich über meine angebliche Disziplinlosigkeit.

Aber niemand äußerte sich offen mir gegenüber. Mein Name war ihnen Garantie genug für den Erfolg der Tournee.

Egon warnte mich: »Der Relin ist verliebt in dich. Paß auf, sonst wird er noch dein Mann.«

Aber ich lachte nur: »Bist du verrückt. Der schmust doch mit allen Weibern.«

Die Premiere fand im Theater an der Wien statt. Dort hatten wir auch die letzten Proben. Horst war mit Christel und Oliver nach Wien gekommen. Wir wohnten im Hotel Sacher.

Es wurde ein großer Aufwand gemacht um diese Premiere, und sie wurde die einzige komplette Katastrophe, die ich je erlebt habe. Die Zeitungen kanzelten mich mit vernichtenden Schlagzeilen und grauenhaften Kritiken ab.

Für Veit Relin war das überaus peinlich. Sein berühmtes Ateliertheater war nur hundert Schritte vom Theater an der Wien entfernt.

Die Tournee begann, und Veit, der gespürt haben muß, daß dieses Ausmaß an negativer Kritik nicht gerecht war, begann als ausgezeichneter Regisseur, der er war, *Nora* während der Tournee neu zu inszenieren.

Jeden Abend stand er in der Kulisse und beschimpfte mich bei jedem Fehler, den ich seiner Meinung nach machte.

Und seine Liebe wurde immer stürmischer.

Er setzte sich absichtlich in jedem Restaurant, in dem wir alle gemeinsam aßen, herausfordernd an einen anderen Tisch und starrte mich an, mal verliebt, mal wütend.

Ich sagte ihm: »Wenn Sie von mir was wollen, müssen Sie das ganz anders machen. Ich liebe Blumen, ich liebe Gedichte, Bücher und vor allem Musik.«

Nichts von all dem erreichte mich, nur sein wildes Begehren.

Als ich ganz jung war, kam in London ein alter Betrunkener auf mich zu.

»Are you married, little lady?«

Bist du verheiratet, kleine Lady? Ich schüttelte den Kopf. Er schaute mich mit seinen betrunkenen Augen an und schwankte von mir weg. Dann drehte er sich noch einmal um und sagte lallend: »Never marry the man, you want to marry. Only marry the man, who wants to marry you. And you will always be happy.«

Heirate niemals den Mann, den du haben möchtest. Heirate nur den Mann, der dich haben will, und du wirst immer glücklich sein.

Der Alte torkelte in die Nacht und murmelte noch: »Das schönste an der Liebe ist immer der Anfang, drum fang immer wieder neu an.«

Eines Tages wurde es mir zu dumm, und ich befahl Veit in mein Zimmer. Aber seine Männlichkeit war so erschrocken, daß an diesem Tag nichts geschah.

Ganz im Gegensatz zu später.

So fragte ich meinen Arzt, ob eine solche Überfülle möglich sei. Der Arzt lächelte: »Es wird schon weniger werden.«

Meine weise Mutti fragte damals: »Liebst du ihn?« Das tat ich nun inzwischen tatsächlich.

»Dann tu halt einmal in Gottes Namen, was er von dir verlangt.«

Ich lernte, bei einem bestimmten Wort eine Tasse zu heben, aufzustehen, meine Hände zu bewegen, genau und präzise zu antworten.

Ich hatte die Gesetze des neuen Regietheaters begriffen.

Früher, auch zur Glanzzeit des Schauspielhauses in Zürich, dauerten die Proben nie mehr als zwei, höchstens drei Wochen. Zürich war zu klein, das Repertoire mußte reich und vielfältig sein. Die Proben begannen gegen zehn Uhr, endeten gegen drei, und abends war Vorstellung. Dazwischen mußte der Text für das jeweils nächste Stück gelernt werden. Regietheater war, bis auf große Einfälle, unmöglich.

Der Schauspieler hatte sehr viel mehr Freiheit.

Das war überall so, nicht nur in Zürich. Das monatelange Proben kam erst viel später. Und damit schlich sich auch die Dominanz des Regisseurs ein. Und der Schauspieler wurde zur Marionette.

Wie aber sollen sich da Persönlichkeiten entwickeln? Ich habe keinen Regietheater-Regisseur jemals einen jungen Schauspieler fragen hören: »Zeig mal, wie hast du dir die Szene vorgestellt?« Von der ersten Probe an befahlen sie ihm jeden Schritt. Aufbegehren war sinnlos. Sie setzten sich einfach in Max Reinhardts Regiestuhl und erwarteten von vornherein Gehorsam und Verehrung.

Sogar beim Film werden Hauptdarsteller oft in die fertige, bereits beleuchtete Szene gerufen. In Amerika kann das so weit gehen, daß der Regisseur die Szene mit den Lichtdoubles probiert, mit Text und Kuß und allem sonst, und wir, die Hauptdarsteller, nach viel zu langem Warten, von den Lichtdoubles vorgespielt bekommen, wie wir spielen sollen. Große Regisseure wie Visconti haben immer zusammen mit ihren Schauspielern die Szene entwickelt.

Und Max Reinhardt liebte seine Schauspieler. Es hieß niemals: »Unter der Regie von Max Reinhardt«, sondern »Max Reinhardt und seine Schauspieler«.

Allem zum Trotz lernte ich nach und nach die Gesetze des Regietheaters begreifen, nicht zuletzt 1982 bei Rudolf Noelte als Elisabeth in Ferdinand Bruckners *Elisabeth von England.*

Den Unterschied zwischen Film und Theater habe ich übrigens niemals so deutlich erlebt wie bei der Fernsehaufzeichnung der *Elisabeth von England.* Tagsüber wurde der riesige Raum der Freien Volksbühne in Berlin zum Filmstudio, abends fand dann die Vorstellung vor einem Theatersaal mit 1200 Plätzen statt. Tagsüber spielte ich ausschließlich für die Kamera, leise und aus dem Unterbewußtsein. Abends transportierten wir die Rollen präzise mit Pausen und Gesten und voller Stimme bis in die obersten Ränge.

Das erinnert mich an ein faszinierendes Experiment: Sir Laurence Olivier hatte sich einmal als Versuchsperson Professor Kirlian zur Verfügung gestellt, der die Aura von Menschen und Pflanzen erforscht hat und sie sogar fotografieren konnte. Wenn Olivier seinen Text vor der Kamera sprach, war um ihn eine dunkelviolette Aura. Sprach er den gleichen Text auf der Bühne, war die Aura hell und erfüllte den ganzen Theaterraum.

Noch aufregender allerdings waren die Versuche Kirlians mit

Pflanzen. Drei Männer gingen in ein Gewächshaus. Der dritte von ihnen nahm eine Pflanze, schmiß sie auf den Boden und zertrampelte sie. Die Männer gingen. Als sie nach zehn Minuten wiederkamen und der Mann an der Stelle erschien, wo er die Pflanze zertreten hatte, begannen alle Pflanzen ein surrendes, klirrendes Geräusch zu produzieren, das elektronisch meßbar war. Sie hatten den Mann eindeutig erkannt.

Veit bin ich noch heute dankbar dafür, daß er mich gezwungen hat, mich auf die Bedingungen des modernen Regietheaters einzulassen. Seitdem bin ich für alle Zeit imstande, den darzustellenden Menschen nicht nur durch spontane Einfühlung und ganz individuell erarbeitete Identifikation zu verkörpern, sondern trotz eines in allen Details vom Regisseur festgelegten Spiels das Herz des Publikums zu erreichen. Denn den Kern der Schauspielerpersönlichkeit kann auch der tyrannischste Regisseur nicht zerstören.

Unter dem Eindruck meiner neuen Liebe und des Gefühls einer engen künstlerischen Zusammengehörigkeit mit Veit Relin entschloß ich mich zur Scheidung, zumal das Leben mit Horst immer schwieriger geworden war.

Norbert Kückelmann, Anwalt und Filmregisseur, übernahm meine Vertretung. Horst willigte im Prinzip in die Scheidung ein, wollte aber sehr viel dafür haben, mehr als die Hälfte. Ich mußte sogar das Jugendgericht zu Hilfe holen, um Oliver vier Wochen bei mir haben zu dürfen.

Als ich mit Dr. Kückelmann Oliver abholte, rannte das Kind in meine Arme und klammerte sich an mich. Horst stand auf der großen Terrasse in Heberthal, schaute auf den Inn und drehte sich nicht um.

In den Scheidungspapieren hat er dann von seinem Anwalt formulieren lassen: »Soweit Luft und Leben, will ich ihm nie mehr begegnen.« Ihm – seinem Sohn Oliver.

Wir wohnten bei Maximilian und schliefen im Doppelbett.

Oliver war eingeschlafen. Ich löste mich vorsichtig und leise von ihm und fuhr in Immys Wohnung, wo Veit auf mich wartete. Meine Mutter blieb bei Oliver. Als ich gegen Morgen zurückkam, saß mein Kind verzweifelt und verheult in seinem Bett.

Oliver flüsterte nur immer wieder: »Meine Mami kommt nie mehr zurück.«

Ich bin froh, daß ich diesen Morgen erlebt habe, denn nur so konnte ich meinem Sohn seine immer wiederkehrenden Verlustängste erklären.

Und das Erlebnis mit meinem Selbstmordversuch hat alles noch einmal aufgewühlt und verschlimmert. Erst langsam sieht er ein, wie sehr dieser Tiefpunkt mich verändert und geprägt hat. Mit Erkenntnis und Kraft setze ich alles, was ich mir vornehme, mehr als je zuvor, in die Tat um.

Die Trennung von Horst Hächler war, wie alles, ungut und schwer.

Er verließ unser Haus in Heberthal bei Nacht gemeinsam mit Christel und zwei großen Möbeltransportern. An den Haken, wo die Bilder gehangen hatten, hingen jetzt verwelkte Rosen. Onkel Goggi rief in der Wohnung von Maximilian an: »Jetzt kennen S' kemma, er is weg.«

Ich heulte, Mutti schimpfte. Sie war empört, daß Horst bis zu Staubsauger, Gemälden und Mobiliar alles zu seinen Gunsten aufgeteilt hatte.

Im Hof stand eine große Tafel, ein letzter Auftrag an Onkel Goggi: »Passen Sie mir auf meinen Oliver auf.«

Wenn der weiße Flieder wieder blüht

Veit war wieder in seinem Ateliertheater in Wien. Ich wohnte mit Oliver nach wie vor in Maximilians Wohnung und besuchte Veit, wann immer es ging.

Er hatte ein romantisches Atelier in der Gumpendorfer Straße, oberhalb vom Café Sperl, dem einzigen Café, das noch vollständig aus der Zeit um 1875 erhalten ist. Gleich um die Ecke lag die Realgasse, wo ich als junges Mädchen das humanistische Gymnasium besucht hatte. Auch die Konditorei mit den Nougatabfällen war noch da.

Ich mußte mich verstecken. Die Presse fing an, uns überallhin zu folgen. Sogar auf dem Dach gegenüber hatten sich Fotografen plaziert.

Veit glaubte, ich sähe Gespenster, und hielt mich manchmal sogar für hysterisch. In seinem Theater versuchte ich mich hinter der Kasse zu verkriechen. Aber es nützte nichts. Unsere Beziehung wurde immer offensichtlicher.

Ich erwartete ein Kind von Veit. Die Presse jagte mich, stieg über Mauern, kletterte über Hecken, klebte an Zäunen.

Ich telefonierte gerade mit Veit, als einer auf den Schultern eines anderen auf das Fensterbrett kletterte und ich Angst haben mußte, sie würden die Jalousien hochdrücken und die Scheiben eindrücken.

Ich tauchte unter die Decke und flüsterte zu Veit ins Telefon: »Jetzt kommen sie.«

Ich verlor ein kleines Mädchen im sechsten Monat. Es lebte noch und hielt meinen Finger fest, aber es wollte unter diesen Umständen nicht auf der Welt bleiben. Mutti war bei mir und taufte es Dolores.

Ich weinte, als ich es Veit sagen mußte.

»Unser Kind kommt gleich wieder«, sagte er.

Und das war Marie Theres.

Wieder hatte ich das Problem mit der Presse. Die Geburt sollte geheim bleiben, denn ich war noch nicht mit Veit verheiratet.

Ich hatte mich in Heberthal eingeschlossen. Draußen vor der Mauer wieder Fotografen, Reporter, Übertragungswagen vom Fernsehen.

Mußte ich einmal jemanden empfangen, um Pläne oder andere Dinge zu besprechen, lag ich in einem Stuhl, die Beine hoch, und spielte »Venenentzündung«. Ich legte eine leichte Decke, Bücher und Zeitschriften auf meinen Bauch, aber Marie Theres strampelte so sehr, daß die Bücher wackelten und meine Teetasse zu kippen drohte.

Am Telefon spielte ich mein eigenes Schweizer Dienstmädchen. Kurz vor der Geburt rief Romy Schneider aus Paris an, aber ich erkannte ihre Stimme nicht gleich. Sie sagte, sie müsse Frau Schell dringend sprechen.

Ich antwortete in Schweizer Hochdeutsch: »Sie ischt nicht da.«

»Bitte, wissen Sie, wo sie ist?«

»Ich weiß es schon, aber ich darf's nicht sagen.«

»Dann sagen Sie ihr bitte, ich brauche sie. Mein Name ist Romy Schneider.«

»Ach Romy, bitte verzeih, ich muß mich hier verstecken. Ich habe dir doch gesagt, ich bekomme ein Kind.«

Seitdem Romy als ganz junges Mädchen in dem Film *Wenn der weiße Flieder wieder blüht* spielte, haben wir einander auf allen Lebensstationen begleitet.

Fünfzehn Jahre nach Mausis Geburt – sie ging längst ins Gymnasium – spielte ich eine Rolle in Romys letztem Film, *Die Spaziergänge-*

rin von Sanssouci. Es war im Jahr 1982. Wir wohnten im gleichen Hotel in Berlin und redeten in ihrem Apartment bis vier Uhr früh. Überall standen von der Sonne gebleichte und gewellte Fotos ihrer beiden Kinder. Romy hatte eine Nierenoperation gehabt und zeigte mir die entsetzliche Narbe – diagonal über den ganzen Leib. Und sie erzählte mir von ihrer großen Liebe zu Laurent Petain.

Am Morgen lag ein Zettel unter meiner Tür: »Ich bin so froh, daß Du da bist. Bitte ruf Laurent an, wenn Du in Paris bist, auch wenn ich nicht da bin.«

Sie hatte mich getäuscht mit einer scheinbaren Fröhlichkeit, und ich war von meinem eigenen Leben zu sehr in Anspruch genommen, um ihre verdeckte schmerzhafte Einsamkeit zu erspüren. Vielleicht hätte ich sie retten können.

Wenig später fuhr ich mit Marie Theres nach Paris, um für sie eine Wohnung zu finden. Ihre Verzweiflung wegen Geometrie, Mathematik, Physik und Chemie konnte ich nicht mehr ertragen. Die Schulpflicht war erfüllt, und ich wollte sie ein Jahr ins Ausland schicken. Ich wußte aus eigener Erfahrung, wie wichtig Sprachen sind.

Am Anfang wohnte sie in Paris bei meiner alten Agentin Olga Horstig, die aber für Marie Theres' Geschmack zu streng war. Und so suchten wir eine Wohnung für sie, in der sie wohlbehütet allein leben konnte. Sie bekam zweitausend Mark für Miete, Schule und Essen im Monat, führte Buch über jeden Franc, organisierte alle ihre Kurse, wie Altfranzösisch, Tanzen und vor allem ein Jahr lang einen französischen Kochkurs. Sie kann heute ihren Mann 365 Tage im Jahr mit einem neuen Menü überraschen.

Vielleicht schreibt sie einmal ein Kochbuch mit dem Titel ›Kochbuch für schwierige Männer‹. Franz Xaver hat versprochen, das Vorwort zu schreiben.

Als wir damals für einen Aufenthalt von zwei, drei Tagen in Paris eintrafen, riefen wir sofort Laurent Petain an. Er kam und erzählte uns, wie Romy gestorben war.

Wie jeden Abend war sie lange aufgeblieben. Wie jeden Abend schrieb sie einen Brief an ihren toten Sohn. Sie hatte wie immer Medikamente genommen – aber bestimmt nicht eine Überdosis. Ihr Herz war einfach erschöpft.

Sie saß über ihren Brief an Daniel gebeugt, als Laurent Petain um vier Uhr früh aufwachte. Liebevoll trug er sie ins Bett. Gegen Morgen merkte er, daß sie sich nicht bewegt, sich nicht mehr im Schlaf gedreht hatte. Da wußte er, daß sie tot war.

Romy war von ihrem ersten Film an ein außergewöhnliches Talent und eine große Persönlichkeit. Die deutsche Presse hat sie auf dem Gewissen.

Zuerst hat man sie egoistisch ausgenützt und dann brutal fallengelassen. Man hat sie in einer Weise beschimpft, beleidigt und ihre Filme als Kitsch verschrien, daß sie nach Frankreich geflohen ist. Dabei sind ihre drei *Sissi*-Filme heute schon Klassiker und werden jedes Jahr zu Weihnachten im Fernsehen wiederholt.

Aber Romy glaubte fortan, anders sein zu müssen, als sie war, spielte kranke, zerrissene, verzweifelte Menschen, wählte immer wieder die falschen Männer, und nach dem Unfalltod ihres Sohnes war sie, trotz einer neuen Liebe, gebrochen. Es ist unendlich traurig, daß Romy nicht die Kraft hatte, das zu bleiben, was sie wirklich war, und sich zu dem zu bekennen, wo sie hingehörte. Auch wenn sie in Frankreich wunderbare Filme gemacht hat, bleibe ich dabei: Sie hat ihre Grundausstrahlung nicht erkannt und verleugnet.

Gegen Abend rief Laurent in unserem Hotel an: »Sie haben das Grab von Romy aufgebrochen. Wir müssen sie im Morgengrauen umbetten. Bitte, kommt mit.«

Mausi und ich waren noch zu einer Party verabredet und kamen erst um drei Uhr früh nach Hause.

Übermüdet, nach zwei Stunden Schlaf, fuhren wir hinaus in den kleinen Ort, in dem Romy sich eine Art Schlößchen gekauft hatte.

Wir pflückten Blumen, die sie noch selbst gepflanzt hatte, und

57 

57 Die ›Illustrierte Film-Bühne‹ ist heute ein beliebtes Sammlerobjekt. Mit Curd Jürgens 1958/59 unter der Regie von Helmut Käutner in dem Film *Der Schinderhannes* nach Carl Zuckmayer

58 Heirat
mit dem Regisseur
und Schauspieler
Veit Relin, 1966

59 Mit Veit in dem Film
Die Pfarrhauskomödie
nach Heinrich
Lautensack, einer
eigenen Produktion
zusammen mit der LISA-
Film, 1972

58

59

60

61

60 In Heberthal unter dem Plakat für meine Mozart-Lesung mit Veit Relin, 1975

61 Mit Marie Theres, meiner Mausi, geboren 1966

62

62 Als Elisabeth von England in dem gleichnamigen
Stück von Ferdinand Bruckner an der Freien Volksbühne Berlin
(1982; Regie Rudolf Noelte)

63

64

63 Heinz Rühmann – verehrt und geliebt

64 Als Nonne in der ARD-Serie *Nach langer Zeit*, 1992

65

65 Der Komponist Rodion Schtschedrin

66 Leonard Bernstein, der Freund

67

67 – 74 Aus dem Familienalbum

67 Im Circus Roncalli: (sitzend) Natascha und Maximilian mit mir, Stella Mooney und Tochter Caroline; (stehend) Franz Xaver Kroetz mit Marie Theres, mein Bruder Carl Schell und dessen Sohn Marco

68 Immy, meine Schwester, die uns vor drei Jahren verlassen hat

68

gingen um sechs Uhr früh hinüber auf den kleinen Friedhof. Ein Geistlicher und zwei Totengräber warteten. Keine Presse.

Leichte Nebel zogen über die Gräber und den kleinen Ort. Die Grabplatte war zerstört und weggerückt. Die Totengräber hoben den Sarg aus der Grube, auf dem noch eine verwelkte Rose lag.

Ein paar Gräber weiter war das Grab von Daniel.

Romy wurde zu ihrem Sohn gelegt.

Ich warf ein Ringlein, das Veit mir zur Geburt von Marie Theres geschenkt hatte, ins Grab. Dann wurde es zubetoniert, so daß Romy Frieden finden konnte für alle Zeiten.

Der Schneekristall

Auf meinen Mantel fällt
ein Schneekristall.
Der Himmel sucht die Welt.
Ein Gruß vom All.

Es liegt Vollkommenheit
und Weltgeschick
in der Vergänglichkeit
vor meinem Blick.

H. F. Schell

Mausis Geburt

Marie Theres wurde am 30. Juni 1966 geboren. Veit gab ihr den Namen der Marschallin aus Richard Strauss' Oper *Der Rosenkavalier*. Ihre Geburt war nicht leicht.

Im vierten Monat meiner Schwangerschaft hatte ich einen Autounfall mit meinem kleinen Volkswagen, vollgepackt mit Kindern meines Bruders Carl und meinem Sohn Oliver. Aus dem Wald kommend, war ich auf der überfrorenen Straße in einen Graben gerutscht.

Das Auto legte sich zur Seite, sonst war nichts passiert. Mutti hatte immer gesagt: »Wenn Kinder schreien, dann ist alles gut. Nur wenn eins nicht schreit, dann ist's gefährlich.«

Die Kinder schrien, kletterten aus dem Wagen. Nur Mischi blieb stumm, Carls jüngste Tochter.

Ich erschrak so sehr, daß sofort Wehen einsetzten. Im Krankenhaus bekam ich eine Cerclage: Die Gebärmutter wurde mit einem Faden zugebunden.

Deshalb war die Geburt besonders schmerzhaft, denn es hatten sich Narben gebildet, so daß die Gebärmutter sich bei der Geburt nicht so leicht öffnete.

In meinem Buch *Die Kostbarkeit des Augenblicks* schrieb ich zur Geburt von Marie Theres:

»Sie konnte stoßen und strampeln, soviel sie wollte, wenn Veit – die Wärme ihres ungeborenen Lebens – die Hand auf meinen Bauch legte, wurde sie still, als horche sie auf den Strom von Liebe, der da draußen auf sie wartete.

Wieder das gleiche Zimmer in der Frauenklinik – wie bei Oliver. Nur, diesmal war ich nicht allein. Veit war bei mir. Im weißen Kittel. Ich brauchte nicht einmal zu fragen, ob er das durchsteht – ich wußte es.

Nur tapfer wollte ich sein – es ihm leicht machen – und war so feige und schwach.

Aber dann lag es auf meiner Brust, das winzige, nackte Geschöpf.

Ich hatte mir ein Mädchen gewünscht, nun war es ein Mädchen.

Niemand wird mir je sagen können, daß Neugeborene nicht sehen. Mausi schaute mich lange an – tief in die Augen, dann verdrehte sie das Köpfchen, als suche sie Veit.

Sie fand seine Augen – staunte – er gefiel ihr – dann schlief sie vierzehn Tage.

Dieser Vater hatte sie überwältigt.«

Ich hatte mich unter dem Namen von Veits Schwester Erni in der Klinik aufnehmen lassen.

Wieder der umgedrehte Schlüssel. Wieder die beiden Schwestern im Streit um die Milch für mein Kind und um mein Wohlbefinden.

Veit lebte in Heberthal, aber kam jeden Tag zu mir.

Frauen fallen am zweiten oder dritten Tag nach der Geburt wie in ein großes Loch. Sie kommen sich leer und nutzlos vor.

Bis dahin war das Kind ganz mit ihnen verbunden. Nun erleben sie die erste Trennung.

Genau im Augenblick meines seelischen Tiefpunkts riß ein Journalist die Tür auf, stand mit einem großen Blumenstrauß vor meinem Bett, gratulierte förmlich und sagte: »Meine Zeitung will die Exklusivrechte an der Geburt ihrer unehelichen Tochter, sonst machen wir das Ereignis zum skandalösesten des Jahres.«

Ich fing jämmerlich an zu heulen und rief Veit an. Er machte einen Termin mit dem Journalisten aus.

Ärzte und Schwestern flatterten um mich herum. Das Baby schrie.

Veit kam und brachte alles ins Lot.

In vierzehn Tagen sollte ich zu Hause sein, und die Zeitung konnte die erpreßten Exklusivfotos veröffentlichen.

Nachdem nur wenige Freunde von meiner Verbindung zu Veit Relin wußten, war die Veröffentlichung der Fotos natürlich eine Sensation.

Wir waren beide noch nicht geschieden. Veit nicht von seiner Frau Marga und ich nicht von Horst Hächler. Netterweise drängte die Presse auch nicht auf Heirat. Trotz aller Sensationsgier gibt es erstaunlicherweise gelegentlich Fairness bei den Journalisten, die manchmal ohne Übereinkunft über gewisse Themen schweigen.

Was unseren Beruf betrifft, so habe ich gelernt zu verstehen, daß die Presse ein Drittel unserer Arbeit ausmacht. Die Medien sind die Vermittler zwischen uns und dem Publikum. Ich habe von ihnen Schlimmes, aber auch viel Gutes erfahren – und dafür bin ich ihnen dankbar.

Heute kann ich mich auf die Wünsche aller Journalisten einstellen. Meistens weiß ich ohnehin mehr über sie, als sie über mich.

Es hört nie auf

Es ging wieder ans Geldverdienen.

Ich habe insgesamt ungefähr siebzig Filme gemacht – darunter drei schlechte. Und die kommen jetzt.

Der erste war in Amerika 1968 wochenlang die Nr. 1 unter den Kassenschlagern: *99 mujeres*, deutscher Titel: *Sex im Frauengefängnis*. Er handelt von einer Strafinsel für Frauen, auf der die Leiterin, als die »Böse« gespielt von Mercedes McCambridge, ein rigoroses Regiment führt.

Ich war die »Gute«, von den Behörden eingesetzt, die Verhältnisse zu untersuchen und wenn möglich für eine menschenwürdige Ordnung zu sorgen.

Schon bei den ersten Aufnahmen merkte ich daß ich in den falschen Film geraten war.

Die Mädchen hatten die Blusen genau über der Brustwarze zerrissen. In ihren Miniröcken, tadellos frisiert und mit falschen Wimpern, wackelten alle mit dem Po.

Mercedes, eine hervorragende Schauspielerin, und ich sahen über alles hinweg und spielten die Rollen aufrichtig und gut.

Der zweite »schlechte« Film war *Occupation* mit Curd Jürgens und Klaus Kinski – nicht eigentlich schlecht, aber eine zu oft wiederholte Aufarbeitung der Kriegszeit.

Und der dritte war ein Film in Griechenland mit Jean Marais – einfach eine dünne Geschichte, aber mit einem hübschen Detail: Es war die Zeit der Miniröcke, und der Kostümbildner bestand darauf, daß ich auch einen trug. Ich organisierte einen großen Sonnenhut, den ich vor meinen Knien schwenkte. Als mich die Kamera überholte, war er an meiner Seite, und als man mich von hinten fotografierte, wedelte er vor meinem Po.

Ich habe leider nur mit meinem Gesicht Karriere gemacht und nicht mit meinen Beinen.

Einen meiner besten Filme jener Zeit drehte ich 1968 unter der Regie von Philippe de Broca mit Madeleine Renaud, Yves Montand und der jungen Marthe Keller. Der Film heißt *Le diable par la queue* und kam im deutschen Verleih unter dem Titel *Pack den Tiger schnell am Schwanz* heraus, einem idiotischen Titel. Die einfache Übersetzung hätte gelautet: »Den Teufel am Schwanz packen«.

Es war eine wunderschöne Zeit. Madeleine Renaud und ich wohnten im gleichen Hotel. Veit war die ganze Zeit bei mir, und Madeleines Mann, Jean-Louis Barrault, besuchte seine Frau jede Woche.

Und Marthe Keller verliebte sich in Philippe de Broca.

Sie spielte in Berlin Theater und hatte den Film während ihrer spielfreien Monate angefangen. Da sie nicht rechtzeitig zurück sein konnte, riet ich ihr, den Theatervertrag zu verletzen. Das hatte zur Folge, daß sie drei Jahre lang an allen deutschen Bühnen gesperrt war.

Außerdem war sie inzwischen von Philippe de Broca schwanger geworden.

Madeleine und ich fuhren jeden Morgen gemeinsam zum Drehort. Wir sprachen über unsere Männer. »Du kannst machen, was du willst«, sagte sie, »es hört nie auf.«

Der Film erzählt die Geschichte einer Schloßherrin, die ihr Schloß nicht mehr erhalten kann. Marthe Keller, meine Tochter, funktioniert es kurzerhand in ein Hotel um, in dem sie ihren Freund, den Besitzer der nächsten Tankstelle, veranlaßt, tankende Autos mit einem Handgriff vorübergehend fahruntüchtig zu machen, so daß die Leute übernachten müssen. Meistens regnet es auch.

Die skurrilsten, aber zahlungsfähigsten Gäste kommen alle im Schloß unter.

Es gibt ein feudales Menü, Musik und Tanz – bis Yves Montand mit einem schwarzen Aktenkoffer erscheint.

Alles wird still und neugierig. Die Damen lächeln verführerisch, und ich tanze mich mit Yves Montand in ein zauberhaftes Tête-à-tête.

Der Koffer wandert hin und her, wird gestohlen und zurückerobert.

Nach achtundvierzig Stunden ist alles vorbei, und es wird wieder still in dem alten Schloß.

Der Film beginnt mit einhundert Nachttöpfen unter dem Dach des Schlosses, um den ärgsten Regen zu bändigen, und die müssen am Schluß des Films, vollgelaufen, geleert werden. Das Schloß darf weiter vor sich hingammeln.

Ende der sechziger Jahre wurden Kino- und Fernsehfilme immer kürzer. Und die Gagen kleiner. Aber damit verkürzten sich auch die Zeiten meiner Abwesenheit von zu Hause. So konnten wir auch im Sommer – der Hauptfilmzeit – auf die Alm fahren. Meistens kamen dann auch die Kinder meines Bruders Carl. Mutti regierte über uns alle, machte wie eh und je Rehrücken, pflückte Beeren und Schwammerln.

Mutti war fast immer bei mir in Heberthal gewesen, dreizehn, vierzehn Jahre lang.

Sie verreiste mit den Kindern in ihrem blaßblauen alten Cabriolet, genannte die »Möwe«, über das Wochenende nach Venedig, auf dem Weg zu Carl nach Brissago. Und wenn keine Reise anstand, baute sie eben im großen Kaminzimmer in Heberthal ein Zelt und machte wie unter freiem Himmel Picknick, inklusive Spirituskocher.

Horst war ja nicht mehr da. Und so spielten die Flecken auf dem Teppich keine besondere Rolle.

Heberthal war sehr viel schöner geworden. An den von Horst geleerten Wänden hingen Veits Bilder wie in einer Galerie.

Veit ist nie untätig. Er inszeniert, liest und vor allem malt er. Seine Zeichnungen sind wie eingefangene Augenblicke, Landschaften, figürliche Szenen, Portraits – klimtisch bis zur Genialität.

Ich habe für mich einen Vergleich gefunden: Zeichnung ist wie Fernsehen, schnell und präzise, Film wie ein Aquarell und Theater wie ein Ölgemälde.

Sobald dieses Buch fertig geschrieben ist, will ich malen.

1969 schrieb Veit an unserem gemeinsamen Film *Chamsin*, einer israelisch-deutschen Co-Produktion. Es war eine Neufassung von Schillers »Braut von Messina«, eine Geschichte von der Liebe zweier Brüder zur eigenen Schwester.

Ich spielte die Mutter. Die Zeit der Mutterrollen hatte für mich begonnen. Diese aber war schön, mondän und voller Lebensgier. Schauplatz war Israel, und »Chamsin« heißt der heiße Wind, der aus der Wüste kommt. Der ganze Film war wild, drogensüchtig, heiß, symbolhaft. Musik machte die damals sehr berühmte deutsche Gruppe Amon Düül II.

Leider ist Veit kein Kindervater. Und Oliver, der sich so nach einem Vater sehnte, hatte mit Veit kein Glück. Dessen Liebe zu Kindern bestand aus echten, aber kurzen Zärtlichkeiten. Vor allem mußten sie ihn bewundern.

Kaum war mein geliebter Veit aufgewacht, spielte er Klassik, vor allem Bruckner – so viel, daß Oliver aus Protest Rockmusiker geworden ist, obwohl sein Sohn Amadeus heißt.

Vor einiger Zeit hat er zusammen mit seiner Frau Andrea eine Gruppe junger Musiker und Schauspieler gegründet, die mit einem Programm aus Dichtung und Musik auf Tournee geht. Titel der Produktion: *Schicksal des Menschen.*

In unserer langjährigen Ehe hatte Veit nie Zeit, mit den Kindern zu basteln oder ihnen zu zeigen, wie Pflanzen wachsen. Wie man ein Fahrrad repariert, wußte er selber nicht.

Er hat uns nie zum Essen eingeladen, und wir sind in all den Jahren nur ein einziges Mal verreist: Vier Tage zum Skifahren. Es war grauenhaft. Alles hat nur gestritten.

Auch die Alm wurde für ihn niemals das, was sie von jeher für mich war – Heimat.

Alles, was von der Alm für ihn geblieben ist, sind ein paar wunderschöne Skizzen von Sonnenuntergängen, gesehen von der Stufe der Almhütte. Die hängen heute in Olivers Haus.

Auch zu seinen Kindern aus erster Ehe hat er keinen Bezug.

Jahrelang habe ich mich bemüht, diese Familie mit einzubeziehen, insbesondere Corinna, seine geistig und körperlich behinderte Tochter.

Corinna fing an, mich zu lieben, begann mir viele Briefe am Tag zu schreiben. Ich holte sie oft nach Heberthal, einmal sogar mit einer ebenso behinderten Freundin.

Ich ging mit beiden in München ins Kino, eine rechts, eine links. In der Sonnenstraße flogen sie beide hin. Sie lachten so sehr, daß das Aufstehen ewig dauerte.

Am Ende wollte Corinna nur noch bei mir bleiben.

Aber sie geriet in einen großen Konflikt mit ihrer Mutter, die das mit allen Mitteln verhindern wollte. So mußte ich den Kontakt mit ihr vorsichtig abbrechen, um sie aus der Zerrissenheit zu befreien.

Oliver hingegen ist mit ihr in ständiger Verbindung. Sie liebt ihn, und er macht ein- bis zweimal im Monat eine Musikcassette für sie.

Heute lebt sie in St. Gallen in einem Heim, ist inzwischen eine erwachsene Frau und pausenlos verliebt.

Oliver und Marie Theres wachsen heran

Ausnahmslos alle Eltern, auch die besten, schlagen ihren Kindern Wunden, meist ohne es zu wissen.

Ich saß am Swimmingpool in Heberthal und lernte eine Rolle.

Marie Theres, meine Mausi, damals acht Jahre alt, kam schluchzend von der Schule zurück und rannte in meine Arme.

Ich hielt sie fest: »Um Gottes willen, was ist denn passiert?«

Sie konnte kaum sprechen. »Der Hinterhuber Alois hat der Lisi von der Siedlung ein Eis gekauft und mir nicht.«

Ich mußte lachen.

Sie schaute mich an und ging weg.

Zwei Jahre lang hat sie mir von ihren kleinen Nöten kein Wort mehr gesagt.

Das Vertrauen war gebrochen.

Oliver hingegen war offen, brachte alle Freunde mit und spottete manchmal über meine weisen Ratschläge: »Ja, ja, ich weiß, Muttis Ratgeber.«

Er war erstaunt über den Zuspruch, den ich von seinen jungen Freunden bekam, wenn sie beispielsweise am Wochenende bei uns übernachteten. Dann war der Hof voller klappriger und neuer Mofas, die Kinderzimmer waren mit Schlafsäcken und Matratzen überfüllt. Und der Frühstückstisch mit Semmeln, Käse, Wurst, Marmelade, Eiern und Eierspeise zum Brechen voll.

Wann immer ich in die Küche ging, kam der eine oder die andere mir nach und stellte mir Fragen, die die anderen nicht hören sollten.

Ich liebte diese Jugendbande.

Eines der Mädchen, das leider nie mit dagewesen war, hatte sich umgebracht. Ich ging mit allen zum Begräbnis. Das Bild bleibt unauslöschbar: Diese halbwüchsigen Kinder in zu kurz gewordenen Konfirmandenanzügen, verzweifelt und erschrocken am Grab.

Oliver blieb in seinen jungen Jahren mit seinen Schmerzen sehr allein. Es gab in Heberthal eine kleine, alte Kapelle, später das Gartenhäuschen. Dahin zog er sich zurück und kämpfte jahrelang, sich selbst und seine Musik zu finden.

Von all dem hatte ich damals keine Ahnung.

Mir war diese Musik kein Bedürfnis. Ich hatte keinerlei Zugang zu ihr. Sie war nur laut. Für ihn hingegen war es sein Lebensgefühl. Er weinte, wenn er David Bowie hörte. Tag und Nacht saß er alleine in diesem Häuschen.

Ich versuchte zögernd einen Zugang. Er bespielte mir eine Cassette für das Auto, mit allem, was er liebte. Auch mit seiner eigenen Musik. Ich abonnierte sogar eine Musikzeitschrift für junge Leute, einfach um orientiert zu sein.

Wir haben uns im Laufe der Zeit angenähert. Ich, indem mir die Musik der jungen Menschen zum Ereignis wurde, und er, indem er anfing Klassik, vor allem aber Literatur, einzubeziehen in die Möglichkeiten seines Lebens.

Oliver ist die große Stütze meines Lebens geworden. Wenn ich irgendwelche Probleme habe, spreche ich mit ihm.

Als ganz junger Bursche fragte er mich einmal:

»Mami, was ist der Sinn des Lebens?« Und ich antwortete: »Der Sinn des Lebens ist, nach dem Sinn des Lebens zu suchen.«

Die Pfarrhauskomödie

Veit und ich produzierten 1971 gemeinsam einen Film nach dem Einakter *Die Pfarrhauskomödie* von Heinrich Lautensack.

Wir hatten ihn zusammen mit Jean Genets Stück *Die Zofen* auf einer sehr erfolgreichen Tournee 1966/67 gespielt. Mich hatte damals der ungeheuer große Kontrast der beiden Rollen fasziniert. Auf der einen Seite die Pfarrköchin, auf der anderen die Zofe, die ihre Herrin aus Eifersucht vergiften will. Ich fand es reizvoll, mir und dem Publikum die Spannweite meiner Möglichkeiten zu beweisen.

Wir brachten 250 000 Mark in den Film ein und unsere Arbeit, Produzent Spiehs von der Lisa-Film die andere Hälfte. Veit machte einen hinreißenden Film, der vor allem bei der Kritik gut ankam.

Einen besonderen Anteil hatte die »Dekoration«.

Auf dem Weg nach Heberthal, ganz nahe bei uns, stand ein sehr alter, baufälliger Bauernhof. Veit hat das alte Bauernhaus, das nach den Dreharbeiten abgerissen wurde, bezaubernd eingerichtet, hat Wände, Türen und Fenster bemalt, jeden Nagel selbst eingeschlagen, die kleinsten Gegenstände gesammelt, Möbel, Sofas, Betten und Seifenschalen zusammengetragen. Die Musik stammte natürlich von seinem Lieblingskomponisten Anton Bruckner – die Vierte Sinfonie.

Der Film wurde zuerst im Kino gezeigt, dann zweimal im Fernsehen gesendet, wie alle guten Filme viel zu spät in der Nacht. Dabei ging es um ein auch heute noch aktuelles und neuerdings wieder vieldiskutiertes Thema: den Zölibat.

Der Untertitel der *Pfarrhauskomödie* heißt: »Priesterehen«.

Ein älterer Pfarrer, gespielt von Hugo Lindinger, verabschiedet seine Köchin Jane Tilden für einen viermonatigen Urlaub. Sie ist schwanger von Hochwürden. Es kommt die Ersatzköchin Irma Prechtel, die ich spiele. Von der ersten Begegnung an wilde Eifersucht der beiden Köchinnen. Der junge Kooperator, hinreißend gespielt von Veit, wird verführt von der jungen Aushilfsköchin. Und sie muß nun aus gleichem Grund nach fünf Monaten gehen. Die alte Köchin kommt zurück.

Das Stück wurde verboten und sein Autor heftig angegriffen.

Aber Lautensack ging es nicht um eine Verhöhnung der Pfarrköchinnen, sondern um die Aufhebung des Zölibats und das Recht *aller* Menschen, miteinander zu leben.

Mich erinnerte das Thema der Pfarrhauskommödie an ein Erlebnis aus meinen Schweizer Jugendjahren.

Ich war in einem Ferienlager hoch oben in den Bergen. Wir stiegen auf einen Berg, über dreitausend Meter hoch, und dort, unter dem Gipfelkreuz, stand ein junger Mann, fesch, mit Bergsteigerhosen und kariertem Hemd. Sein Haar stürmte um sein junges Gesicht. Er sah mich an, liebeshungrig, wie mir schien. Ich lächelte verlegen, aber durchaus einverstanden.

Am nächsten Morgen ging ich in die Kirche. Der Priester, ganz versunken in seine heilige Handlung, drehte sich um und segnete die Gemeinde. Seine Hände hielten inne. Da war er, der sonnenumglänzte Jüngling vom Gipfel des Berges.

Er lud mich ins Pfarrhaus auf Tee und Kuchen. Und beinahe, aber nur beinahe, wär's passiert. Aber kurz vor dem Kuß sah er mich an und flüsterte: »Ich liebe dich wie eine Schwester.«

Jeden Tag betete er für mich in der Messe, auch noch als er längst Bischof geworden war.

Würde die *Pfarrhauskomödie* heute herauskommen, wäre der Film vor allem für Veit ein großer, verdienter, auch kommerzieller Erfolg.

Viele junge Männer, die sich zum Priester berufen fühlen, entscheiden sich wegen des Eheverbots nicht für diesen Beruf, und es ist aufs höchste bedauerlich, daß der Papst, wie der überwiegende Teil der katholischen Hierarchie, unbeirrt an der längst nicht mehr zeitgemäßen Regelung festhält, die eine reine Erfindung der Kirchen ist und nicht die geringste Grundlage in den Evangelien hat.

Unsere Mutti, von frühester Kindheit an streng katholisch, hat das Buch, das Papst Johannes Paul II. jüngst veröffentlicht hat, nur angelesen und sofort weggelegt.

Ich habe Sie nicht gefragt, warum. Ich weiß es.

Mit ihren neunzig Jahren hat sie sich frei gemacht. Sie muß im Innersten spüren, daß jede Lehre, die zwingt, falsch ist. Auch in ihrem Alter will sie die Antworten auf ihre Fragen selber finden. Sie ganz allein.

Sie will nicht mehr abhängig sein.

Von ihrem Kniefall vor der steinernen Madonna ist sie aufgestanden.

Meine geliebte Mutti ist ganz still geworden. Sie liest zwei Bücher am Tag ohne Brille und kann die gesamte Dichtung aus ihrer Jugend auswendig. Balladen von Goethe und Schiller. Vor allem aber die Gedichte ihres Mannes.

Nur am Wege laß mich stehn
und den stummen Bäumen gleichen,
um dir, wenn du müde bist,
Blüte oder Frucht zu reichen.

Nur in den Gedichten meines Vaters habe ich seine Zärtlichkeit und Liebe erfahren. In Wirklichkeit nie. Er glaubte mich immer nach seinem Willen lenken zu müssen und sprach mir jede Persönlichkeit ab. Darunter habe ich sehr gelitten. Mit allem, was ich tat, wollte ich ihm beweisen, wer ich bin. Aber ich konnte seine Anerkennung nicht erreichen, trotz aller auch damals schon großen Erfolge. Er entfernte sich nur noch mehr.

Erst bei den Salzburger Festspielen 1956, als ich mit einem von ihm hochanerkannten Ensemble – Quadflieg, Balser, Gessner, Hatheyer, Rudolf – in *Kabale und Liebe* spielte, klopfte er mir nach der Premiere auf die Schulter und sagte: »Nein, nein, laß nur, du bist schon ganz gut.«

Damit war der Bann gebrochen. Ich brauchte fortan seine Anerkennung nicht mehr – oder nicht mehr so sehr.

Meine beiden Kinder hat er nie gesehen.

Eines Tages unternahm ich den spontanen Versuch, sie ihm einfach zu bringen. Ich fuhr mit den Kindern im Auto nach Salzburg, wo Papa seit Jahren als Korrespondent verschiedener Zeitungen tätig war, und schlich mich durch das hintere Gartentor auf das Grundstück und unter seinen Balkon. Er bewohnte den oberen Stock eines Hauses in Morzg. Das Haus gehörte dem Fuhrunternehmer Knoll, mit dem Papa sich jahrein, jahraus wegen der Lärmbelästigung durch die rangierenden Lastwagen am frühen Morgen streiten konnte, worauf Hildegard, seine letzte große Liebe, die Dinge jedesmal wieder ins Lot bringen mußte.

Auf sie baute ich, als ich ohne Anmeldung mit meinen Kindern im Garten stand und zum Balkonzimmer hinaufrief, erst leise, dann immer lauter: »Papi, ich habe dir meine Kinder gebracht. Dürfen wir raufkommen?«

Ich hörte nur seine Stimme: »Ich will niemand sehen.« Der offene Vorhang wurde zugezogen und die Balkontür geschlossen.

Das war das Ende.

1972 kam das Angebot, ein Stück von unserem Vater, *Auf Befehl der Kaiserin*, in der Regie von Maximilian bei den Salzburger Festspielen uraufzuführen.

Ich sagte alles andere ab, Maximilian auch.

Papa war sehr glücklich.

Wir gingen oft miteinander essen. Papa war begeistert von Maximilians Regie und vor allem von mir. Aber sein Lob kam zu spät, es erreichte nicht mehr mein Herz.

Während der Proben, die er oft besuchte, wurde er krank und starb am Abend vor der Premiere. Maximilian trat vor den Vorhang und bat das Publikum, dennoch herzlich zu lachen.

Es wurde ein schöner Erfolg.

Am Tag nach der Premiere fuhr ich hinaus zum Friedhof und bat den Beamten, mir Papa noch einmal zu zeigen. Er ließ den Sarg in die Kapelle fahren. Papa lag in seinem schwarzen Anzug ganz friedlich da. Er sah schön aus, gütig und weise. Mich packte der Abschied so sehr, daß ich schluchzte und kein Ende fand. Plötzlich legte sich eine Hand auf meine Schulter. Maximilian war da.

Wie immer.

Der Alternde

Mein Herz ist wie ein Boot, das abends ruht.
Die Segel eingezogen, zugedeckt.
Es schaukelt müde auf der Wellenflut,
und wartet, daß der Frühling es erweckt.

Doch immer dichter fällt der Schnee darauf.
Und gelbes Laub streut der schon kalte Wind.
Vielleicht erdaure ich die Blüten noch,
die in der Erde zart verborgen sind.

Mein Herz ist wie ein zugedecktes Boot,
das weiß im Dunkel des Hafens ruht,
zu Nebelrauch verglomm das Abendrot.
Und leise schaukelt die gekühlte Flut.

H. F. Schell

Armer Mörder

Kurt Frings, den ich 1955 im Flugzeug auf dem Weg zur »Oscar«-Verleihung kennengelernt hatte, bei der *Gervaise* als bester ausländischer Film nominiert war, blieb bis zu seinem Tod mein Manager.

Er war der Neffe von Kardinal Frings in Köln und lag immer im Streit mit ihm.

Kurt Frings war auch der Manager von Audrey Hepburn, Elizabeth Taylor und zeitweilig fast aller großen Stars. Die absolute Nr. 1.

Vielleicht war er doch der Sohn des großen Kardinals.

1976 rief Kurt mich an und fragte, ob ich ein Stück am Broadway spielen wollte. Audrey Hepburn hatte abgesagt.

Es ging um das Stück *Armer Mörder* des tschechischen Dichters Pavel Kohut.

Mein Partner, ein sehr bekannter amerikanischer Schauspieler, hieß Laurence Luckinbill. Bald hatte ich herausgefunden, daß Larrys Vorfahren Schweizer waren mit dem Namen »Lueg in Buehl«, was soviel wie »Schau über den Hügel« bedeutet. Daraus war nach der Auswanderung seiner Vorfahren nach Amerika Luckinbill geworden.

Pavel Kohut, der damals noch in Prag lebte, bekam keine Ausreisegenehmigung, um zur Premiere nach New York zu kommen. Ich setzte mich wie immer beschwörend für ihn ein, aber meine Telefonate mit der damaligen Regierung wurden absichtlich leiser gestellt und immer wieder unterbrochen. Pavel Kohut konnte nicht kommen.

Armer Mörder ist die Geschichte eines großen Schauspielers, der als Geisteskranker in einem Irrenhaus eingesperrt ist. In einer dramatischen Darstellung seines Lebens versucht er verzweifelt, den Ärzten und Leitern des Irrenhauses zu beweisen, daß er ein Mörder und nicht geisteskrank sei. Es werden seine ehemaligen Kollegen eingeladen – darunter seine große Liebe Natascha, eine verheiratete Frau –, die alle immer wieder in das Geschehen eingreifen.

In der Mitte der Bühne sitzen im Halbkreis etwa zwanzig Schauspieler. Ich saß ganz vorne links, nahe beim Publikum. Fünfundvierzig Minuten lang hatte ich kein Wort zu sprechen, bis ich mit einem Schrei voll Angst aus der Handlung ausbrechen will.

Dann erleben wir die Geschichte dieser Liebe, in der Natascha am Ende zu der Einsicht kommt, daß sie zu diesem Mann gehört, und sich aus ihrer Ehe löst.

Das Lob der Kritik für meine Darstellung hätte nicht überschwenglicher sein können. Allein die *Times* schrieb einen ganzen Absatz darüber, daß man bei aller Turbulenz des Geschehens das Auge nicht von dieser befremdlichen, dunkel verschleierten Frau wegheben konnte. Dabei hatte ich die ganze Zeit nichts anderes getan, als zu denken.

Die Proben zu diesem Stück durchzustehen, war für mich ein wahres Martyrium. Schon in den ersten Tagen war ich hingefallen und hatte mir das Schlüsselbein gebrochen. Ich trage immer schon bei den Proben lange Röcke, wenn die Darstellung es verlangt. Und über einen solchen langen Rock war ich gestolpert. Schlüsselbeine kann man nicht verbinden, und so mußte ich die Schmerzen die ganze Zeit durchstehen. Ich mußte mich auf der Bühne etwa elfmal umziehen, und es war nur unter großen Schmerzen möglich, den Arm nach rückwärts in den Ärmel zu stecken.

Die Probezeit war mir auch darum ein Greuel, weil sich Regie und Schauspieler der Premiere wie einem Examen entgegenfürchteten, zumal das Stück in New York im Vorfeld sehr umstritten war.

Ich habe mich gegen diese Angst gewehrt, weil ich wußte, nur aus der Ruhe heraus dieses »Examen« bestehen zu können. Aber ich konnte meine Ruhe nicht an die anderen weitergeben. Sie fürchteten und fürchteten sich weiter.

Unser Stück war nicht, wie sonst am Broadway üblich, erst in anderen Städten aufgeführt worden – oft ein halbes Jahr lang, so daß von Stadt zu Stadt noch gefeilt, umgeschrieben und verbessert werden konnte. Die Premiere fand gleich am Broadway statt, im Ethel Barrymore Theatre der Shubert Organization. Höchste Erwartungen – insbesondere vor dem Hintergrund des Ost-West-Konflikts – waren an den Autor und uns gestellt.

Die Premiere kam – großer Erfolg und langer Beifall.

Wir gingen, wie das am Broadway unumstößliches Gesetz ist, nach der Vorstellung zu Sardi's, das bis unter die Decke vollgehängt war mit Karikaturen von allen Großen des Broadway, zurück bis in die vierziger Jahre, die meistens von dem gleichen Karikaturisten stammten.

Das Publikum vom Theaterabend strömte sofort nach der Vorstellung zu Sardi's und wartete dort auf die Schauspieler, die sich noch abschminken und umziehen mußten.

Zur gleichen Zeit saßen in den feudalen Räumen der Shubert Organization die Direktoren vor zehn Fernsehern, um die ersten Nachtkritiken und Berichte in allen Programmen zu verfolgen.

Jubel, Schreie und Champagner bei jeder guten Bewertung.

Wir Schauspieler waren inzwischen im Sardi's eingetroffen, mit Applaus und Jubel begrüßt, und nahmen Platz an unserem reservierten Tisch. Boten brachten die ersten Berichte aus der Direktion.

Wir warteten auf die Kritiken der Zeitungen in den ersten Morgenstunden. Waren sie gut, mußte man sich besaufen, waren sie schlecht, erst recht.

Und dann kamen sie. Die ersten Zeitungen.

Einer stieg auf den Tisch und las laut vor.

Sie waren gut, sogar sehr gut.

Alle im Lokal standen auf, jubelten, jeder umarmte jeden, und das Besäufnis begann.

Das Stück hatte jedoch nur in der ersten Zeit genügend Zuschauer. Es war zu schwer, zu neu. Von Woche zu Woche mußten wir uns durchkämpfen, bis es nach neun Monaten abgesetzt wurde.

Jetzt verstand ich endlich die Angst. Der Broadway braucht größere Erfolge.

Die Schauspieler sind arm dran. Entweder ist es ein großer Erfolg, dann sind sie zwei, drei Jahre gebunden, um diese eine erfolgreiche Rolle zu spielen. Oder es ist kein Erfolg, was ihnen persönlich angelastet wird, und sie sind arbeitslos.

Daraus ist, im Sinne Stanislawskis und des sich als Nachfolger bezeichnenden Lee Strasberg, das Actors' Studio entstanden.

In dem Wunsch, mehr und immer andere Rollen zu gestalten, haben sich unter der Führung von Lee Strasberg zahlreiche Schauspieler in eben diesem Actors' Studio zusammengefunden: Marlon Brando, Marilyn Monroe, Jason Robards, Montgomery Clift und irgendwann alle.

Auch ich war dabei, allerdings nur zu Besuch.

Lee Strasberg hatte sowohl in Los Angeles als auch New York eine Probebühne mit ansteigendem Zuschauerraum in seinen Studios eingebaut. Kollegen, Schüler und auch Publikum konnten bei der Arbeit zuschauen. Das war wohl auch Strasbergs Absicht. Für mich war es eine ständige Vorsprechbühne, in der Regisseure und Schauspieler bei ihrer Arbeit gesehen und möglicherweise entdeckt werden konnten.

Ich saß ganz weit oben im Dunkeln, verkrümelt unter den wenigen Zuschauern. Lee Strasberg war an seinem Regiepult direkt vor der Bühne und trieb zwei junge Schauspieler, die auf einer Balustrade in der Mitte der Bühne saßen, mit heißen Anweisungen in den Zustand der Liebe hinein.

Sie faßten sich an, überall, küßten sich und stammelten Liebesworte – ganz privat. Danach sollten sie die Liebesszene zwischen Romeo und Julia spielen. Lee Strasberg drehte sich triumphierend nach den wenigen Zuschauern um, sah mich, erkannte mich und sagte: »Na, sind sie nicht wunderbar?«

Ich antwortete: »Schon, aber für mich ist es falsch.«

»Warum?« frage er zurück.

»Weil Romeo und Julia von der Liebe erfaßt werden, ohne zu wissen, was Liebe ist. Hineingeschleudert werden in ein Geschehen, das sie überrennt – bis zum Tod.«

Er nickte nur kurz und sagte: »Wir sprechen später darüber.«

Stanislawski immer wieder – ein Leben lang.

Ute Hagen, eine recht bekannte deutsche Schauspielerin, war eine Zeitlang in Rußland seine Assistentin gewesen, möglicherweise auch Mitarbeiterin bei seinem ersten Buch *Das Geheimnis des schauspielerischen Erfolges*, das ich mit sechzehn Jahren geschenkt bekommen hatte. Später ging sie nach Amerika. Marlon Brando sagte von ihr in seiner Autobiographie: »Sie war keine große Schauspielerin, aber eine unübertreffliche Lehrerin.«

Sie brachte Amerika das geistige Gut Stanislawskis, das viele amerikanische Schauspieler zu Stars gemacht hat – wie Montgomery Clift, Robert de Niro, Al Pacino und sogar Marilyn Monroe.

Lee Strasberg bemächtigte sich der Idee Ute Hagens. Er kannte die Not der New Yorker Schauspieler und lud sie ein, in seinem Workshop Rollen ihrer Wahl zu erarbeiten, vor allem prominente. Er hat die Idee einfach gestohlen.

Leonard Bernstein

Die vorsichtigen Amerikaner haben für jede Hauptrolle immer eine Zweitbesetzung. Und die mußte probiert werden, auch während der laufenden Spielzeit. Denn – *the show must go on!* So lernte ich Felicia Monteallege kennen, die Frau von Leonard Bernstein und Mutter seiner vier Kinder. 1976 spielte sie in dem Stück *Armer Mörder* am Ethel Barrymore Theatre in New York eine kleine Rolle und war meine Zweitbesetzung.

Lenny kam in die Proben, in die Vorstellungen und holte seine Frau oft vom Theater ab. So wurden wir Freunde.

Ich setzte mich immer wieder dafür ein, daß Felicia einmal in der Woche oder samstags bei Doppelvorstellungen meine Rolle spielen durfte.

Es ist mir nicht gelungen.

Felicia war in großen Nöten. Sie kämpfte mit dem Altwerden und wollte sich operieren lassen, um für Lenny jünger und schöner zu sein. Dazu kam ein unseliges Buch über ihn auf den Markt, in dem seine Liebe zu schönen jungen Männern angeprangert wurde.

Schönheit in jeder Form hat Lenny begeistert.

Musik, Frauen, Männer, die Natur, die Kinder.

Er strahlte viel Liebe aus. Jeden wollte er umarmen.

In meinem Haus auf der Alm hängt an der linken Wand neben meinem Bett ein großes Foto von ihm. Die Augen sind geschlossen, das Gesicht halb verdeckt von seiner Hand.

Ich kenne kein Antlitz eines männlichen Menschen von soviel Innerlichkeit, Weisheit und Einsamkeit.

Lenny war für jeden Ausdruck der Liebe überschwenglich dankbar und begegnete allen Menschen mit Offenheit und großer Herzlichkeit. Wann immer er mich nach einem Konzert im überfüllten Künstlerzimmer sah, rief er nur »Maria!«, und ich war in seinen Armen. Er flüsterte jedesmal den gleichen Satz: »You saved our life.«

Während der schwersten Zeit für Lenny und Felicia hatte ich Tag und Nacht an ihrer Seite gestanden. Oft gab ich nach der Vorstellung Felicia ein Briefchen mit für die Nacht. Meist stand darin nur ein kurzer Satz wie: »Schau, ihr seid bald vierzig Jahre verheiratet. Du liebst Lenny. Und er ist immer noch derselbe Mensch.«

Später hat sie mir gestanden, daß sie meine Briefchen jedesmal unters Kopfkissen legte.

Fast täglich war ich in ihrem wunderschönen Apartment im Dacota House am Central Park, einem feudalen Haus der Jahrhundertwende, das damals noch allein für sich im Grünen stand.

Nachdem seine Frau an Krebs gestorben war, saß ich in der wunderbaren Klosterkirche von Ottobeuren unmittelbar hinter dem Dirigentenpult und dachte: Wer wird jetzt seinen Frack in die Reinigung bringen – jetzt, da Felicia nicht mehr da ist –, für all die alltäglichen Dinge sorgen, auch für das Frühstück? Wer wird ihm die Zeitung bringen und die Manschettenknöpfe suchen, die er immer verlor?

Für mich bedeutete er vieles. Über allem aber war er der Mann, der meiner elfjährigen Tochter Marie Theres zum ersten Mal im Leben die Hand küßte.

Während meines Broadway-Gastspiels waren Mutti, Oliver und Marie Theres mit mir nach New York gereist. Mausi ging als Gast in den Kindergarten. Für Oliver hatte mir Kurt Frings ein College in der Nähe von Los Angeles empfohlen, in dem Oliver jedoch todunglücklich wurde.

Es war eine feudale Schule mit Pferden, Motorbooten, Tennis, angeblich sehr guten Lehrern – einem Riesenprogramm. Nur keine Mädchen.

Ich wußte nicht, daß hauptsächlich Kinder von jüdischen Eltern dort erzogen wurden. So kam es zu einer grauenhaften Hetzjagd auf den blonden deutschen Jungen.

Jede dieser jüdischen Familien hatte jemanden im Holocaust verloren. Oliver wurde immer heftiger von allen verantwortlich gemacht für das, was die Deutschen den Juden angetan hatten. Er weinte am Telefon, aber traute sich nicht, mir etwas zu sagen. Ich nahm Kontakt mit den Lehrern auf, aber die wagten auch nicht einzugreifen.

Wir telefonierten täglich. Nur eines konnte ich nicht tun, zu ihm nach Los Angeles fliegen, denn ich spielte jeden Abend in New York.

Nach einem halben Jahr nahm ich ihn endlich aus der Schule. Er lief mir am New Yorker Flughafen in die Arme.

Nie habe ich sein Gesicht so leuchtend und glücklich gesehen.

Der Zerrissene

Veit hatte für uns 1978 in Sommerhausen einen alten, verfallenen romantischen Turm aus dem 16. Jahrhundert gekauft. Direkt am Main.

Man hatte ihm das kleinste Theater Deutschlands, das Torturmtheater, angeboten.

Er wollte es ein Jahr lang ausprobieren, machte sensationelle Inszenierungen mit Uraufführungen und Wiederentdeckungen wie seinerzeit im Ateliertheater in Wien. Er spielte unter anderem Picassos *Wie man Wünsche beim Schwanz packt* und Kokoschkas *Orpheus und Eurydike* und hatte sofort das gesamte deutsche Feuilleton auf seiner Seite.

Von New York nach Sommerhausen.

Vom Broadway ins Torturmtheater.

Vom Plaza Hotel am Central Park in das winzige Kammerl oberhalb der Bühne.

Es war schon verrückt.

Eines Morgens, kurz nach dem Aufwachen, teilte mir Veit mit, daß er sich entschlossen habe, für immer in Sommerhausen zu bleiben. Ich weinte wie nie mehr in meinem Leben.

Ich wußte, es ist das Ende.

Man kann eine Ehe nicht über eine Distanz von viereinhalb Stunden Autofahrt zwischen Wasserburg und Sommerhausen führen. Man kann heranwachsende Kinder nicht in Sommerhausen in die Schule gehen lassen.

Wir sahen uns, so oft es ging, und dennoch fingen wir an auseinanderzuwachsen.

Und eine Frau, die zu oft fehlt, wird bald ersetzt.

Veit gründete 1980 die Sommerfestspiele im alten Schloßgarten von Sommerhausen mit über tausend Plätzen und eröffnete sie mit Nestroys *Der Zerrissene*. Er bat mich, eine kleine Rolle zu spielen, damit ich auf dem Plakat stand und, wie er sagte, die ganze Familie einmal für längere Zeit zusammensein konnte.

Es hätte so schön sein können. Wir waren zusammen. Oliver machte seine erste Regieassistenz. Die Vorstellungen waren alle im voraus ausverkauft, und es schien fast immer die Sonne.

Aber was für eine schwere Zeit war es für mich! Ich spürte sofort die heftige Verbindung zwischen Veit und seiner Assistentin Angelika.

Er hatte für uns ein kleines Häuschen gemietet. Ich kochte und wartete.

Die Proben waren, wie immer mit Veit, grauenhaft. Er konnte seine Art, Regie zu führen, nicht auf mich einstellen. Alles wurde zum Problem: der kleinste Satz, jede Betonung und Geste. Außer mit Helmut Lohner hatte er kaum mit ausgeprägten Persönlichkeiten gearbeitet. Veit braucht junge Schauspieler, die er führen kann, oder alte, die sich gerne führen lassen.

Das ewige Warten darauf, daß er irgendwann in unser Häuschen kam, das Einkaufen und das Kochen und die gräßlichen Auseinandersetzungen um nichts auf der Probe – das alles wurde so schlimm, daß ich mich kurz vor der Premiere ins Auto setzte und verzweifelt nach Salzburg zu Maximilian fuhr, der dort den *Jedermann* spielte. Immy war auch da.

»Du fährst nicht mehr zurück. Du bleibst bei uns.«

»Ich habe nie eine Vorstellung versäumt, geschweige denn abgesagt. Ich muß zurück.«

Veit telefonierte hinter mir her und beschimpfte mich. Ich fuhr zurück und stand die Vorstellungen durch. Aber wie!

Oliver war zwischen ihm und mir, wollte helfen, aber konnte nichts tun. Außerdem war er grenzenlos verliebt in ein Sommerhausener Mädchen.

Angelika, Veits jetzige Frau, kämpfte rücksichtslos um ihn. Sie verhinderte jedes noch so kurze Zusammensein mit Veit und gab ihm viel zu viel Wein zu trinken. Das Glas war noch halb voll, als sie ihm nachschenkte. Es kam zu gräßlichen Szenen, wenn er einmal in unser Häuschen kam.

Nach dem Ende der Vorstellungen, als ich wieder fort war, fiel Veit in eine schreckliche Depression, aus der ihn Angelika nur mit großer Ausdauer herausholen konnte.

Bei mir hat alles noch lange gedauert.

Ich konnte nicht loslassen.

Mit *Elisabeth von England* von Ferdinand Bruckner, einem großen Stück mit riesigem Aufwand, ging ich ein Jahr darauf auf Tournee.

120 Vorstellungen. Ich war müde, abgekämpft und sehr alleine.

In einer kleinen Stadt, in einem noch kleineren Restaurant saßen wir nach der Vorstellung. Ein junger Kollege hielt unabsichtlich meine Hand, und ich spürte Wärme.

Wir gingen fast jede Nacht gemeinsam zum Essen, und ich fing an, auf ihn zu warten.

Seine Berührungen waren elektrisierend.

Er stieg aus dem großen Schauspielerbus um in meinen privaten Mercedes mit Chauffeur. So konnten wir fahren, wann wir wollten und nicht wie der offizielle Bus schon um neun Uhr morgens.

Wir fuhren keine Autobahnen, sondern romantische Nebenstraßen, machten halt auf Burgen und in kleinen Städten.

Wir hatten unendlich viel Gesprächsstoff, waren heiter, lachten viel, und ich spürte, daß ich glücklich war.

Es hat lange gedauert, bis ich die Kraft fand, mit ihm zu schlafen. Denn für mich ist damit der Bruch mit einer vorangegangenen Liebe vollzogen.

Und da erlebte ich etwas, das ich nie zuvor und leider auch nie mehr danach erfahren habe: Körper, die sich heiß begehren, ohne belastet zu sein von zuviel Verliebtheit und Verpflichtungen.

Seine Erotik war von solch ausschließlicher Körperlichkeit, daß man es wilde, reine, gekonnte Sexualität nennen muß. Es scheint einen Punkt in unserem Körper zu geben, der, wenn berührt, ganz neue Dimensionen wachruft. Doch wieder einmal hat meine Natur angefangen, Zukunft zu planen. Ich schlug ihm vor, noch ein, zwei Jahre mit mir verbunden zu bleiben, auch um seinetwillen, wußte aber im Innersten, daß er viel zu sehr an der Vorstellung von einer eigenen Familie mit vielen Kindern hing.

Aber er hat mich von der zwanghaften Idee erlöst, daß Veit der beste Liebhaber meines Lebens gewesen sei.

Die Tournee ging in Bozen zu Ende. Kurz vor Sonnenaufgang saßen wir in einem kleinen Café mit aufgestellten Stühlen und vielen Tauben um uns herum und nahmen Abschied.

Eine neue Depression, die sich in Salzburg angekündigt hatte, war abgewendet.

Ich war wieder stark und klar, und es war nur eine Frage der Zeit, wann ich mich von Veit scheiden lassen würde. Was dann allerdings erst viel später geschah.

Die Presse war diesmal ausgesprochen lieb. Wir einigten uns auf den Begriff ›Scheidung aus Liebe‹.

Begegnungen mit Karajan

Das einzige Mal, daß ich eine bitterböse Frau gespielt habe, die willentlich ihren Mann quält, war 1971 in *Willy und Lilly*, einem Fernsehspiel mit Heinz Baumann unter der Regie von Franz Peter Wirth.

Es ist die Geschichte eines Ehepaares, das sich ein Stück Land über dem Starnberger See gekauft hat. Dorthin fahren sie an einem Sonntagnachmittag, um sich Pläne für das neue Haus auszudenken. Der Film dauert genau so lange wie ihr Besuch auf dem Grundstück.

Ihre Gespräche sind quälend und böse. Die Frau legt sich eine weiße Schönheitsmaske auf und hält ihr Gesicht in die Sonne. Ihre Sticheleien steigern sich, bis Willy als Hund bellend um sie herumkriecht.

Am Schluß löst sich die Bremse ihres Wagens, und das Auto fährt lebensbedrohlich auf die beiden zu.

Mehr weiß ich nicht mehr, die Geschichte war mir allzu sehr zuwider. Aber wie immer sind gerade solche Filme ein großer Erfolg bei der Kritik.

Und ausgerechnet auf diesen Film hin bekam ich einen Brief von Herbert von Karajan, mit großem Lob für den Film und insbesondere für meine Darstellung. Ich solle mich bitte melden.

Ich rief ihn an, und er wollte mich noch am gleichen Tag sehen, aber nicht in Heberthal.

»Soll ich nach Salzburg kommen?«

»Nein, das geht auch nicht.« Und dann mit großer Bestimmtheit: »Wir treffen uns in der Mitte, an der Ausfahrt Prien um halb zwei.«

Ich machte mich hübsch, hatte ein hellblaues Dirndl an und Löckchen am Kopf, ganz im Gegensatz zur Rolle der Lilly, deren Frisur glatt und streng war.

Wir waren beide pünktlich. Ich stieg in sein Auto. Er sah mich befremdet an, obwohl ich ihn schon mit achtzehn Jahren kennengelernt hatte, wahrscheinlich auch mit Locken auf dem Kopf.

Es war an der Portiersloge des Hotels Ambassador in Wien gewesen. Er bat mich um meine Adresse, und ich erhielt einen riesengroßen Rosenstrauß mit einer Konzertkarte für den gleichen Abend.

Da stand ich dann in meiner kleinen Wohnung in der Burggasse vor dem Ofen, der mein Zimmer warm hielt, und dachte nach. Ich war verliebt wie immer. Nach einer kleinen Pause schüttelte ich den Kopf, sagte »Nein« und warf die Karte ins Feuer.

Auf dem Parkplatz der Ausfahrt Prien blieben wir so lange stehen, bis ein anderes Auto kam. Er fuhr sofort los. Ich sah ihn von der Seite an. Sein Gesicht war eingefallen und grau. Kein Lächeln.

Zweieinhalb Stunden fuhren wir von Parkplatz zu Parkplatz. Er hielt meine Hand, und unvermittelt fragte er mit seiner herrischen Stimme:

»Wie schaffst du es?«

»Was meinst du?«

»Dein Leben meine ich.«

Ich fing an, von mir zu erzählen, aber es schien ihn kaum zu interessieren. Es war jedenfalls nicht das, was er hören wollte.

Und ich wußte nicht, was er hören wollte. Ich habe es nie herausgefunden.

Plötzlich ein Satz, der mich getroffen hat, aus einem gequälten Körper und, mehr noch, aus einer gequälten Seele: »Ich kann nicht gehorchen. Auch Gott nicht.«

Seine Beine waren so schwach geworden, daß er Mühe hatte, am Dirigentenpult aufrecht zu stehen.

Er brauchte Hilfe. Ich war bereit, ihm alles zu geben.

Wo immer Herbert war, hatte ich seine Geheimnummer.

Als ich 1982 in Berlin unter der Regie von Rudolf Noelte in der Volksbühne nochmals *Elisabeth von England* spielte, saß Herbert bei der Premiere alleine in der ersten Reihe.

Er rief mich am nächsten Tag an. Ich fragte: »Wer ist am Telefon?«

»Du erkennst die Stimme deines besten Freundes nicht!« – herrisch wie immer.

Er bat mich, seiner Tochter Isabelle, die Schauspielerin war, bei ihrer Entwicklung zu helfen. Das tat ich mit großer Freude, und wir wurden gute Freunde.

Isabelle wollte nach Paris. Für alles, inklusive Miete, bekam sie zweitausend Mark von ihrem Vater. Er war verfolgt von dem Gedanken, daß Männer sich nur des Geldes und des späteren Erbes wegen an seine Tochter heranmachten. Isabelle fand eine billige Hinterhofwohnung mit einer Kaution von dreieinhalbtausend Mark. Der Vater weigerte sich, den Betrag zu zahlen, so tat ich es für ihn. Da Marie Theres zur gleichen Zeit in Paris studierte, fuhr ich ein Auto voll beladen mit Wäsche, Töpfen und Bildern von Heberthal nach Paris und richtete mit meiner Tochter und Isabelle gemeinsam die Wohnung menschenwürdig ein. Sie wurde sogar gemütlich.

Kurz danach fuhr Isabelle mit ihrem Freund, einem liebenswerten Schauspieler und Regisseur, nach Salzburg. Die beiden sollten in ihrem kleinen VW für Eliette von Karajan eine Riesenschachtel Dior-Kleider mitbringen. Die aber war viel zu groß für das Auto. Also schnallten sie die Schachtel aufs Dach. Irgendwo unterwegs tranken sie einen Kaffee. Als sie losfahren wollten, war die Schachtel weg. Sie hatten vergessen, daß auf allen Seiten groß in Goldbuchstaben stand: ›Dior‹.

Heulend rief mich Isabelle an: »Papa verlangt von mir, daß ich von meinen zweitausend Mark die Kleider abbezahle.«

69

69 Oliver Schell mit seiner Frau Andrea, Sarah und Amadeus

70 Franz Xaver Kroetz, die Oooma, Marie Theres und die Kinder Fine und Lena

70

71 – 74 Auf der Alm

71 und 72 Bilder fürs Titelblatt einer Fernsehillustrierten: Die Redaktion wollte Rosen, ich lieber ein Kätzchen.

73 Mit Maximilians Tochter Nastassija bei meiner neunzigjährigen Mutter im alten Bauernhaus

74 Mit Oliver in meinem neuen Haus

71

72

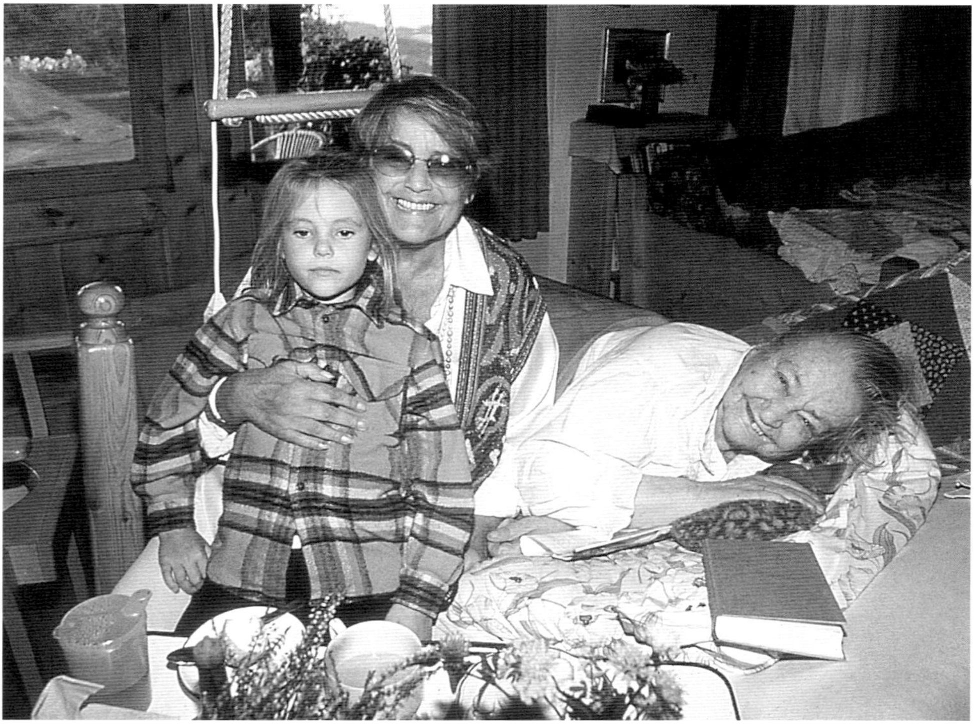

73

74

75

75 Während der Dreharbeiten zur
SAT.1-Fernsehserie *Der Clan der Anna Voss*
(1995; Regie Herbert Ballmann)

Ich versprach ihr, zu den Proben vom *Rosenkavalier* nach Salzburg zu kommen.

Der Saal im großen Festspielhaus war fast leer, die Probe lief. Die Musik war überwältigend. Ich saß direkt hinter Eliette und flüsterte ihr in einer kurzen Pause zu: »Laß doch die beiden Kinder zu uns nach vorne kommen.«

»Das ist etwas, das kann nur der Maestro entscheiden.«

Isabelle und ihr Freund saßen wie zwei Kinder ganz im Dunkeln in der hintersten Reihe des großen Festspielhauses. In der Pause ging ich zu ihnen.

»Was hat Mami gesagt?«

Ich nahm sie bei der Hand: »Kommt, wir gehen nach vorne.«

Sie wollten nicht, aber sie kamen.

Später rief ich Herbert an und stellte ihm zum ersten Mal eine harte Frage: »Warum bist du so grausam zu deinen Kindern?«

»Zu mir war und ist man auch grausam.«

Auf seine Bitten hin fuhr ich noch einmal nach Berlin zum Silvesterkonzert der Philharmoniker. Seit der Premiere von *Elisabeth von England* waren fast zwei Jahre vergangen.

Während der anschließenden Party im Hotel Kempinski mit nur wenigen Freunden hielt er die ganze Zeit meine Hand, die auf dem Tisch lag.

Eliette und die Kinder waren nicht gekommen.

Aber der Bruch zwischen Herbert und mir war da.

Ich kann Eltern nicht verstehen, die ihre Kinder nicht oder nur egoistisch lieben.

Ich hätte ihm so gerne geholfen. Er suchte Hilfe, aber er ließ sie nicht zu. Von keinem.

Dennoch werde ich die Augenblicke, in denen er während des Dirigierens zu mir hinaufschaute, nie vergessen.

Er war ein ungeheurer Musiker. Ich war verblüfft, daß er in einer Probe abklopfte, wütend, weil eine Harfe einen Viertelton zu tief war.

Er ackerte sein Orchester wie die Erde, als gehörten alle Himmelsrichtungen ihm – und nur ihm allein. Aber seine Musik blieb fast immer kalt.

Lenny Bernstein hingegen war selbst Musik. Als Dirigent, als Komponist und vor allem als Mensch.

Ein Jahr später fuhr ich zu Bernstein nach Ottobeuren, wo er in der Klosterkirche eine Messe von Anton Bruckner dirigierte.

Wir saßen im Hotel zur Post. Es war ein wunderbarer Abend. Das Gespräch war heiter und gelöst.

Irgendwann fragte ich ihn: »Was ist eigentlich mit dir und dem Karajan?!«

Er war fast empört und schon ein bißchen weinselig.

»Ich verehre ihn sehr, wirklich sehr.» Er grinste sein bezauberndes Lächeln, gab mir ein Bussi und sagte: »Lassen wir's. Er will mich nicht sehen.«

Ich dachte, vielleicht kann ich es doch noch zuwege bringen, daß die beiden großen Dirigenten einander noch einmal begegneten.

Doch Karajan starb im Juli 1989 und Bernstein im Oktober 1990.

Auf dem Weg auf die Alm fuhr ich kurz nach Herberts Tod über Salzburg zu seinem Grab in Anif.

Ich hatte ein kleines Veilchensträußchen in der Hand. Es war erschütternd.

Der Friedhof war menschenleer.

Ein kleines Holzkreuz mit seinem Namen.

Ein Erdhügel. Keine einzige Blume.

Ich legte meine Veilchen auf den Hügel.

Es sah aus wie ein Gemälde von Tàpies.

Sokrates

Wer den Wunsch nach Selbstentwicklung nicht mitbekommen hat, wird sich immer der ihm nächstliegenden Führung anvertrauen.

Ich habe Sokrates erst spät im Leben gelesen. Es war eine mich aufbrechende Erfahrung.

Er spricht von der Zeugungslust, dem Verlangen, das Leben weiterzugeben. »Eros – die Sehnsucht des Menschen nach Unsterblichkeit.«

Dieser Gedanke hat mich tief beeindruckt auf der Suche nach einem umfassenden Verständnis des Begriffs Liebe. Denn wir sehen die Liebe immer nur getrennt von allem anderen Geschehen.

Ich glaube, ich bin in meinem Leben durch alle Stufen der Liebe gegangen. Von der einfachen Verliebtheit einer Sechzehnjährigen bis zu schicksalhaften Begegnungen mit Menschen in Trauer – durch viel Licht und viele Schmerzen, immer nach der Antwort suchend –, von der tiefen Liebe zu den Kindern bis zur heiteren Liebe, die nur noch Achtung braucht und jede Erwiderung als großes Geschenk empfindet.

Ohne Achtung gibt es keine Liebe.

Wir gehen unseren Erfahrungen entlang, und aus jeder Erfahrung entsteht eine nächste.

Aber wir klammern. Wir fixieren uns auf das Resultat unserer Erfahrung, versuchen sie zu wiederholen und lassen es nur schwer zu, daß wir uns ändern.

Mit zwanzig Jahren, an einem heißen Sommerabend, saßen wir, vielleicht zwanzig junge Menschen, mit Robert Jungk im Schloßgarten von Hellbrunn bei Salzburg.

Robert Jungk fragte in die Runde: »Was ist Glück?« Er wollte eine Antwort von jedem einzelnen haben.

Für die meisten war es Erfolg, Liebe, Gesundheit, auch manchmal Erfüllung in der Kunst. Und als die Reihe an mich kam, antwortete ich, ohne darüber nachzudenken: »Identisch sein mit dem Augenblick.«

Und das habe ich heute erreicht.

Der Ursprung liegt wahrscheinlich bei Stanislawski, der das von seinen Schauspielern auf der Bühne verlangt.

Und genau das habe ich auf der Bühne und im Film auch immer gekonnt. Aber im Leben habe ich getobt, mich aufgelehnt, mich gewehrt und immer versucht, den Augenblick dahin zu zwingen, wo ich ihn hinhaben wollte.

Ich habe die Liebe vergewaltigt.

Ich legte den Männern einen Sternenmantel um und setzte sie auf ein Podest. Und sie sind an meinen Forderungen erstickt. Ich wollte das Leben sogar noch in meine Richtung zwingen, als ich es beenden wollte.

Der erste Tod

Es schneite. Es war zehn Uhr abends. Marie Theres und ich saßen am Kamin in unserem Haus in Heberthal bei Wasserburg. Marie Theres war verliebt in Nicolas Economou, einen sehr begabten Pianisten. Nicolas gab eine Gesellschaft zu Ehren eines russischen Komponisten, den ich nicht kannte. Die Fahrt von Wasserburg nach München dauerte bei diesem Wetter mehr als eine Stunde.

Marie Theres bettelte, bis ich fuhr. In München eine überfüllte Wohnung. Alle sprachen russisch. Ich wurde gebeten, auf dem Sofa neben dem Komponisten Platz zu nehmen. Trotz allen lauten Geredes, abgewandt von ihm, fühlte ich seine Gegenwart und wußte, wenn ich mich jetzt umdrehte, ist es für immer.

Ich drehte mich um.

Er war sehr schön, sehr still, wie abgeschnitten von aller Umwelt.

Am nächsten Tag kamen er und Nicolas Economou zu mir nach Wasserburg. Ein großes Abendessen mit Fondue bourguignonne und Salzburger Nockerln mit Himbeereis.

Es war heiter. Wir gingen auf die Terrasse, von der man über das ganze Inntal sieht. Ich hatte Holzschlappen an – er war entsetzt und fürsorglich.

Er bat mich um meine Adresse und die Telefonnummer. Ich schrieb sie auf die Rückseite eines kleinen Bildes von mir und auf die Vorderseite: »I need you, Maria ...«

Er lud mich nach Moskau ein zu einem Komponistentreffen.

Ich drehte 1984 einen Film mit Paul Scofield in London. Meiner Meinung zählt Paul Scofield mit Maximilian und nur ganz wenigen anderen zu den größten Schauspielern der Welt. Als junges Mädchen hatte ich Paul Scofield in London als Hamlet gesehen. Nach der Vorstellung war ich hinter die Bühne gegangen und traf ihn in einem schmalen Gang auf dem Weg zu seiner Garderobe. Ich stammelte ein paar Worte der Bewunderung.

Dann ging ich über den Markt, an dem das Theater lag. Ich drehte mich noch einmal um. Da stand Paul Scofield in der *stage door* und winkte mir – als wollte er mich zurückrufen. Jetzt in London, bei den Dreharbeiten zu dem Film *1919*, begegnete ich ihm als reifem Mann wieder. In ihm war alle Erlebnisfähigkeit, die ein Schauspieler haben kann.

Leider war er umgeben von der Mauer einer Bürgerlichkeit, die ihn schützen sollte. Sie mußte ihn bewahren vor dem ausbrechenden Leben, das er sonst gelebt hätte. Ich war dennoch ganz gefangen.

Kurz vor der Abreise aus London riefen Freunde Rodions, meines russischen Komponisten, mich an, um meine Ankunft in Moskau zu erfahren. Ich bat sie, für mich abzusagen.

Aber dann erfuhr ich, daß er krank sei, und fühlte mich verantwortlich. Ich flog nach Moskau.

Bei einer gemeinsamen Freundin wartete ich auf Rodion. Lange Zeit kam er nicht. Dann klingelte endlich das Telefon: »Please come down«, sagte er, »I wait for you.«

Da stand er, mit schwarz verschmierten Händen. Ich flog an seine Brust – die Liebe einer Siebzehnjährigen.

Sein Wagen war stehengeblieben, er hatte ein Rad wechseln müssen. Dann saßen wir im Auto und fuhren hinaus zu einem Panzerdenkmal aus dem Krieg. Es regnete. Um das Denkmal waren nur Nebel und Weite und die Erinnerung an Tausende von Toten.

Ich sah sie rennen und fallen.

Er drückte mich an sich. Irgendwann ein scheuer Kuß. Es war still. Das Leben, immer wieder das Leben!

Am Abend ging ich in *Anna Karenina*. Ich kam zu spät ins Bolschoj Theater, da ich kein Taxi fand. Rodion hatte das Ballett nach Tolstojs Roman eigens für seine Frau komponiert. Maja tanzte – die große, legendäre Maja Plissezkaja. Sie tanzte das Schicksal der Anna Karenina, wie ich es spielen würde.

Und seine Musik! Stark, tiefgreifend, überwältigend. Man warf ihm Blumen zu. Er legte sie in meinen Arm wie sein Leben.

Danach gingen wir zu ihm nach Hause. Ein großer ovaler Raum und überall Blumen, Blumen, Blumen. Eine ehemalige Tänzerin schnitt sie und stellte sie in Vasen. Sie hatte nichts anderes zu tun, alle Tage und Jahre, als Blumen zu arrangieren, und sie tat es, als liebkose sie Maja.

Dann kam die alte Babuschka mit ihrem Kopftüchlein herein. Sie schaute mich an.

»Machst du uns Tee?« fragte Rodion. Unverwandt blickte sie mich weiter an. Jetzt würde es sich entscheiden, ob sie Tee machte oder nicht. Für Leute, die sie nicht mochte, machte sie keinen Tee. Wir saßen in diesem ovalen Raum mit all den Blumen, die Wände vollgehängt mit Fotos von Maja. Rodion erzählte von seiner Krankheit, ich machte Vorschläge, wie immer, aber Maja hatte nur Tränen für seine Krankheit. Es half nichts, zu weinen, man mußte etwas tun.

Maja fuhr nach Madrid.

Rodion lud mich in eine Datscha außerhalb Moskaus ein. Wieder fuhren wir vorbei am Kriegerdenkmal. Auf den Straßen standen Frauen vor ihren Datschas mit Blumen aus ihren Gärten. Rodion kaufte sie alle und legte sie mir in den Schoß, bis ich ganz zugedeckt war.

Ein kleiner Waldweg, ein Holztor, die Datscha. Wir saßen in der Küche. Alle Erfahrung der Liebe war zusammengeschmolzen in dieses Warten auf seine Umarmung. So viel Poesie, so viel innere Schönheit, gemeinsame Einsamkeit und Musik. Wie nahe können sich Seelen sein, aufbrechen zueinander, sich umfangen wie in einer Ewigkeit, träumend, wahrhaftig!

Und immer wieder seine Krankheit und seine Tränen. Es war ein Wunder, daß er überhaupt noch einen Menschen in diesen Abgrund ließ.

Am Ende meines Moskauer Aufenthaltes stellte ich Rodion vor die Wahl, mit mir nach München zu kommen oder unsere Freundschaft zu beenden.

Er kam mit mir nach München.

Professor Maurer vom Klinikum Rechts der Isar hatte für den Fall, daß sich die angenommene Diagnose »Prostatakrebs« als richtig erweisen sollte, bereits alles für eine Operation vorbereitet.

Die Krebsdiagnose war falsch. Wir fuhren für die Zeit weiterer Untersuchungen nach Heberthal.

Sechs Tage der Ungewißheit.

Ich versuchte, den richtigen Arzt zu finden, und fand ihn in meinem sehr verehrten und zum Freund gewordenen Dr. Albrecht Schilling, inzwischen Professor für Urologie, im Krankenhaus Bogenhausen. Dr. Schilling operierte Rodion, der danach sechs Wochen in Bogenhausen lag.

Es wurde die schönste Zeit unserer Liebe.

Ich besorgte ein Bett-Tischchen, brachte das schönste Porzellan und die kostbarsten Gläser von zu Hause und kaufte alles erdenklich Gute zum Essen und Trinken, saß beinahe Tag und Nacht in seinem mit Blumen und Bildern – ebenfalls von zu Hause – geschmückten Zimmer.

In jener Zeit schrieb ich an meinem ersten Buch *Die Kostbarkeit des Augenblicks*.

An einem Sommertag lag ich in seinen Armen, und Rodion sagte: »You belong to me …«

Ich war erschrocken und stumm. Er hielt mich noch fester.

»Do you accept?« Ich schloß die Augen und sagte »Ja«.

Seltsam, wie damals meine Mutter.

Ich wußte, daß mein Leben sich ändern würde, und nahm es auf mich.

Während der Zeit seiner Rekonvaleszenz waren wir in Heberthal, allein. Das Leben schien vollkommen. Rodion fand den Gedanken unerträglich, daß ich das Haus aufgeben könnte. Aber ich hatte nicht genug Geld, es zu erhalten. Nach drei Monaten fuhr Rodion gesund nach Moskau zurück.

Maja sagte er kein Wort.

Ich verschaffte ihm eine fünfjährige Aufenthaltsgenehmigung für Deutschland.

Endlich konnte ich Heberthal verkaufen, war plötzlich frei von Schulden und, wie mir schien, reich. Es blieben mir 1,3 Millionen.

Ich war so glücklich, daß ich mir vornahm, ein Drittel des Vermögens zu verschwenden. Ich suchte eine Wohnung in München und fand sie in der Pienzenauerstraße, sieben Häuser weit weg von dem Haus, in dem ich Horst Hächler, meinen ersten Mann, mit besonderer Genehmigung standesamtlich geheiratet hatte. Den Ausschlag für die Pienzenauerstraße gab eine Einliegerwohnung, die ich für Rodion zum Paradies machen wollte. Ich kaufte und kaufte, alles sollte vollkommen sein, wenn er kam.

Und er kam.

Er arbeitete von morgens früh bis spät in die Nacht. Ich legte ihm kleine deutsche Gedichte zur Kaffee- und Teemaschine. Er sollte, wenn möglich, ein bißchen Deutsch lernen, wenn er von seinem Lauf entlang der Isar um sieben Uhr morgens zurückkam.

Überall auf der Welt gab er Konzerte, in viele Länder reiste er zu Ballett- und Opernaufführungen und Festivals seiner Musik.

Die Zeiten wurden langsam schwerer, auch die Arbeit. 1986 drehte ich 53 Folgen der Fernsehserie *Eine glückliche Familie*. Meine Gesundheit war sehr labil, ich nahm zu. Zwei Hüftoperationen mußte ich durchstehen. Ich konnte nicht mehr gehen. Um mich auf der Bühne als Elisabeth von England in Ferdinand Bruckners Stück von meinem Thron zu erheben, mußte ich mich mit äußerster Kraft mit beiden Armen aufstützen. Dazu kam die Neigung zu Depressionen.

Rodion bekannte sich immer noch nicht zu mir.

Seit zehn Jahren hatte ich in meinem Schreibtisch einen Stoff, aus dem ich gerne einen Film machen wollte. Es war die Geschichte einer Nonne: *Maria des eaux vives*. Es dauerte lange, bis ich einen Produzenten fand. Herbert Ballmann von der Neuen Film Produktion glaubte daran, und es wurden die Drehbücher für einen Vierteiler mit dem deutschen Titel *Nach langer Zeit* geschrieben.

Die Finanzierung des Films zog sich lang hinaus. Mir wurde klar, daß ich mit dem mir verbliebenen Geld nicht weiter in meinem Stil leben konnte, ohne Arbeit.

Es war wie ein Schock.

Rodion konnte ich mit all dem nicht belasten. Er war auch nicht der Mensch, der helfen konnte.

Die Gefahr einer neuen Depression wurde größer. Und die Katastrophe kam sehr schnell. Es war im April 1991.

Rodion wollte für zehn Tage zu seiner Frau nach Madrid fahren. Für jeden Tag gab ich ihm einen Brief mit, wie ich es immer tat.

Er blieb zehn Wochen. Die Telefonate waren verwirrend und wurden kühler. Ich sank immer tiefer, schloß mich von allen Menschen ab, öffnete keine Türe, keine Post, ging nicht ans Telefon, das unaufhörlich klingelte.

Ich war unfähig, einzukaufen, weil ich im Geschäft stand und nicht reden konnte.

Ich versuchte zu lesen, aber es ging nicht. Ich verständigte die Kinder, daß ich drei Tage allein sein wollte.

Sie nahmen es zur Kenntnis, ohne jeden Verdacht. Ich war versunken hinter einer undurchdringlichen Glaswand.

Obwohl ich Hilfe suchte, wollte ich keine mehr. Ich schloß alle Türen, ließ die automatischen Fensterläden herunter, löschte alle Lichter und saß drei Tage lang in meinem Stuhl. Keine Telefonate mehr. Ich versuchte zu denken, auch mein Leben zu überdenken, aber es ging nicht mehr. Stille.

Am dritten Tag beschaffte ich mir sechzig Tabletten Rohypnol. Ich weiß noch den letzten Satz, den ich dachte: »Es ist die sauberste Lösung.«

Ich stand auf, drückte die sechzig Tabletten in ein Kaffeehäferl, war in dem Glauben, daß sie sich nicht auflösen würden. Aber sie lösten sich auf – wie eine Brause.

Noch ein flüchtiger Gedanke, sie ins Klo zu schütten, aber da hatte ich sie schon getrunken.

Ich schrieb noch einen Zettel: »Danke für alle Liebe» – und dann weiß ich nichts mehr.

Fünf Tage lag ich im Koma.

Meine einzige Freundin, Natalie Ewers, wurde unruhig, da sie auf ihre Anrufe keine Antwort bekam.

Am zweiten Tag ging sie mit ihrem Mann zu meiner Wohnung, sah die verschlossenen Fenster und bat ihn, über den Gartenzaun zu klettern, ein Fenster einzuschlagen und einzusteigen. Er aber hatte Bedenken.

Am nächsten Tag, morgens früh, rief Natalie bei Marie Theres in Kirchberg an, die um sechs schon auf war, um ihr Kind zu stillen.

Marie Theres verständigte meine Sekretärin. Sie fuhr sofort mit ihrem Sohn in die Pienzenauerstraße.

Alles war verriegelt, nur eins hatte ich vergessen, die Tür zu Rodions Wohnung.

Meine Sekretärin verständigte den Notarzt und der wiederum die Polizei. So wurde alles öffentlich.

Maximilian kam aus Los Angeles, Oliver schlief Tag und Nacht in meinem Zimmer, Marie Theres war wütend.

In der Intensivstation – alle Ärzte, die Kinder und Maximilian um mich herum – hatte Maximilian eine Eingebung. Er rief meinen Namen, den ich als junges Mädchen hatte, mehrmals deutlich und laut: »Gritli!« Ich öffnete für eine Sekunde die Augen.

Die Ärzte waren glücklich.

Sie wußten, es gab einen Weg zurück.

Als ich nach fünf Tagen erwachte, spürte ich ein unendliches Glücksgefühl und Dankbarkeit.

Immy, meine Schwester, übernahm alles. Maximilian flog nach Los Angeles zurück.

Oliver war Tag und Nacht bei mir. Mausi hat mich, so gut sie konnte, betreut, fuhr aber immer wieder nach Hause. Sie mußte ihr Finchen stillen und für Franz Xaver kochen.

Rodion war von Madrid nach London geflogen. Er hatte einen Text von Yehudi Menuhin vertont, und die Queen empfing ihn nach dem Konzert in ihrer Loge mit den Worten: »It is asthonishing, you are as good as Beethoven.« Nicolas Economou, der die Zeitungen gelesen hatte, rief Rodion in London an, kurz vor dessen Abflug nach München.

Maximilian, Immy und Nicolas holten ihn gemeinsam am Flughafen ab und fuhren ihn in die Pienzenauerstraße. Rodion heulte wie ein Kind und konnte nichts begreifen. Er wollte mich sehen. Immy schleuste ihn an der Presse vorbei durch Keller und Dachböden zu mir. Er brachte drei Rosen und sagte verlegen zu Immy: »That's our tradition.«

Im Mittelalter hielten die Minnesänger jedes Jahr einen Wettstreit ab.

Der erste Preis war eine goldene Rose. Der zweite eine silberne und der dritte Preis eine echte, blühende Rose. Es war unser Liebeszeichen, wo immer wir auf der Welt waren.

Er setzte sich an mein Bett und sagte immer wieder: »What you do – what you do! Wir brauchen Zeit.« Und nach einer Weile: »Wir dürfen uns vorläufig nicht mehr treffen.«

Ich habe ihn nie wieder gesehen.

Erst danach konnten Tränen fließen, und ich wurde hingebungsvoll und weich und dankbar dafür, einfach dazusein. Ich wollte nur leben und das Leben spüren.

Und ich wollte danken, einfach nur danken.

Aber ich wußte nicht, wem.

Immer wieder kam das Wort Gott, und ich fing an zu suchen.

Wo war er, dieser Gott?

Über mir? In mir?

War es ein Geistwesen, das existiert, das alles bewegt und lenkt?

Ich mußte die Antwort finden.

Ich las zu jener Zeit Stephen Hawking, verstand nicht mehr als fünf Prozent, aber seine Suche und meine waren die gleiche. Er sucht die Verbindung von Mikro- und Makrokosmos. Und ich suchte nach der Entstehung des Seins.

Den Ursprung können wir nie erklären, aber für mich hat sich am Anfang dieser Welt eine Zelle gebildet mit der Fähigkeit, sich zu teilen, zu vermehren und zu vernichten.

Also ist Gott die Selbstentstehung – ausgeweitet und gereift bis zur heutigen Vielfalt aller Existenzen.

Auf einmal sah ich alles vor mir.

Es war auf dem Balkon unseres alten Bauernhauses auf der Alm mit dem Blick hinüber zur Hütte, in der mein Leben begonnen hat.

Ich ging runter zu Mutti und fragte sie: »Mutti, darf ich mir hier ein Haus bauen?«

Nun sitze ich in diesem Haus, schreibe diese Zeilen und werde auch von hier die Erde wieder verlassen.

Ich habe einen Brief aus jenen Tagen, der mir sehr teuer ist. O. W. Fischer hat ihn mir geschrieben.

»Gritli,

als Dein ältester Bruder muß ich Dir drei Dinge sagen.

Erstens: Ich wär fast gestorben vor Schreck, heute morgen, als ich's hörte, und das hätte mich geärgert, weil, da wär ich tot und Du so gesund, wie Du bald sein wirst. Sehr bald.

Ich kenn Deine Kraft und sag allen hundert Presseleuten, die bisher mich bombardierten: Die Schell ist das g'sündeste Almadirndl, das es gibt zwischen Innerschwyz und Kärnten. Die hebt einen Stier mit zwei Fingern. Für die eine dunkle Wolke braucht die keinen Regenschirm. Sie hält ihr G'sicht in den Regen, lacht und ist gleich wieder trocken.

Zweitens: Das Sensible, ›Andere‹ in ihr aber (ich red aus Erfahrung) wird den Blick in jene Tiefe, die uns unbewußt begleitet, wohin wir auch immer gehen, nutzen als die Grunderfahrung unser aller Wanderungen.

Künstler wachsen in der Nacht, sie sind beinah dort zu Hause.

Dein Lachen, das Du gehabt hast, schon blondzopfig, fünfzehnjährig, als Margritli, Schwarm der Schweizer, wird sich heute, fünfzig Jahre später, noch vertiefen.

Du bist dem Geheimnis näher. Was kann es für einen Künstler Schöpferisch'res geben als den Blick, der etwas mehr sah.

Drittens etwas Schönes: Wir sind nicht nur durch Entfernung – München dort, Lugano hier –, sondern auch durch die Berufung, Darstellung und Forschung doch ein bissl auseinander, wir zwei reif'ren Jugendlichen.

Als ich das heut hörte, wußt ich, das war doch nur Einbildung. Ich war Dir genau so nah wie vor vierzig Jahren.

Sei ganz still. Gewinn daraus (aus diesem Vorüberziehenden) Wissen: Es gibt keine Grenze zwischen Hüben und dem Drüben.

Und vermittle dieses Klarsein allen Leuten, die Dich sehen und bekanntlich lieben, nur durch Dein Sein, durch Deine Strahlung, die ab heute zarter, zeitlos ist.

In Liebe,

Dein alter Otto«

Ist die Liebe noch zu retten?

Vor vielen Jahren, lange bevor Marie Theres Franz Xaver Kroetz kennenlernte, war ich einmal mit Veit in seinem Kirchberger Bauernhaus. Veit wollte die Rechte für die Aufführung eines Kroetz-Stücks erwerben. Der alte Kuhstall, weiß, groß, mit Pflanzen vor den Fenstern, war unerwartet schön.

Ich glaube, Franz trug ein Unterhemd und alte Jeans. Er roch gut, hatte einen braunen, durchgearbeiteten Körper und ein bezauberndes Lächeln.

Er gefiel mir.

Ansonsten war das Haus leer. Nirgendwo Anzeichen einer weiblichen Hand.

Kroetz kochte für uns. Wir tranken Weißbier und später Wodka. Veit bekam sein Stück – und ich habe Franz nicht mehr gesehen, bis er mir meine Tochter wegnahm.

Die *Abendzeitung* hatte Prominente zu einem Podiumsgespräch eingeladen unter dem verpflichtenden Titel: »Ist die Liebe noch zu retten?«

Zu den Gesprächsteilnehmern gehörte Franz Xaver Kroetz. Marie Theres war auch eingeladen. Sie hatte mit *Secret Places* bereits einen Erfolg in England gehabt und ein Jahr danach die Goldene Kamera als beste Nachwuchsschauspielerin bekommen.

Den Verlauf des Gespräches kenne ich nicht, aber ich weiß, daß die beiden danach ihre Telefonnummern ausgetauscht haben.

Ich glaube, Marie Theres rief als erste an, um ihre Telefonnummer nochmals zu bestätigen. Sie trafen sich mehrmals, und nach recht kurzer Zeit zog Mausi in Franzens wunderschönen Bauernhof ein, wieder aus und dann vorläufig endgültig ein.

Es dauerte gar nicht lange, bis Franz und Marie Theres mir in der Schneckenburg, einem Restaurant hinter dem Münchner Prinzregententheater, mitteilten, daß Mausi schwanger war.

Kein Wort darüber, es zu behalten oder nicht – das Kind war hochwillkommen! Mausi bekam riesige Brüste, was Franz sehr freute, und stillte Finchen fast zwei Jahre lang.

Gott sei dank hat die Mutter von Franz Marie Theres noch kennengelernt und die Geburt von Finchen erlebt. Sie war eine resche, schmale, kleine Frau mit bayerischem Humor, die recht resolut mit Franz umzugehen wußte. Zu ihrem fünfundachtzigsten Geburtstag konnte ich ihr noch eine Freude machen: 85 große Kerzen standen auf der Terrasse von Heberthal mit einem Kränzchen Blumen drumherum. Ein Chor, begleitet von Zither und Gitarre, sang ihre Jungmädchenlieder. Und für alle war natürlich ein großes Büffet angerichtet.

Franz war sehr gerührt und dankbar.

Mausi versuchte, ihrer Schwiegermutter nachzueifern, vor allem im Kochen. Sie lernte Franzens Lieblingsgerichte, probierte sogar den »Seidenknödel«, der so zart sein muß, daß man ihn mit einem Seidenfaden durchschneiden kann.

So sollten es alle Schwiegertöchter halten. Sie würden nicht nur ihren Männern mit Gerichten aus deren Kindheit eine Freude machen, sondern auch die Schwiegermütter entwaffnen.

Heute liegt die Mutter von Franz auf dem Friedhof in Kirchberg begraben, einem winzigen Dorf mit fünf Häusern, aber zwanzig Kindern.

Jedesmal, wenn ich da bin und Milch holen gehe beim Nachbarn, mit Fine links und Lena rechts, besuchen wir Omis Grab auf dem Rückweg.

Kinder sind für mich mit das Schönste auf der Welt. Alle Kinder.

Das war nicht immer so. Wenn ich gearbeitet habe oder wenn es mir nicht gut ging, haben sie mich angestrengt.

Kurz vor meinem Selbstmordversuch fuhren Franz und Marie Theres mit mir auf eine kleine Jagdhütte, die Franz in der Nähe von Augsburg besitzt.

Marie Theres versuchte in der einsamen Hütte irgend etwas zu kochen, während Fine mit mir im Wald spielen wollte.

Ich erinnere mich schmerzlich daran, mit ihr Tannenzapfen gesammelt zu haben.

Einen Stall mußten wir bauen. Ich konnte mich nicht bücken. Ich konnte keine Ordnung in die Zapfen bringen, die Fine anschleppte. Es sollten Kühe sein, die abends in den Stall gebracht werden. Es blieb nur ein erbärmlicher Haufen.

Früher hatte ich mit den Kindern, auch den eigenen, viele Spiele gespielt. Sie konnten mir ein Stichwort geben, und ich machte daraus ein ganzes Märchen – aber jetzt ging nichts mehr.

Maximilian war nicht da, Immy auch nicht.

Franz wollte mich sofort ins Sanatorium bringen lassen, aber ich wollte nur allein sein.

Mein Verhältnis zu Franz ist im großen und ganzen liebevoll, obwohl er mich dreimal aus dem Haus geworfen hat. Wir einigten uns, nie mehr über Politik oder Kunst zu sprechen.

Als Marie Theres und Franz wußten, daß sie zusammen bleiben würden, schenkte er mir die Ausgabe seiner Werke. Und auf den Widmungsseiten stand ein von Band zu Band fortlaufender Satz über Marie Theres und seine Liebe zu ihr – und daß er sie behüten werde.

Ich begann, seine Werke zu lesen, auch seine unveröffentlichten Gedichte. Für mich ist er einer der bedeutendsten Dramatiker unserer Zeit. *Wildwechsel*, *Stallerhof* und sein Roman *Der Mondscheinknecht* sind Meisterwerke.

Wir wissen alle, daß er überzeugter Kommunist war und ebenso überzeugt aus der Partei ausgetreten ist. Wurzel und Antrieb seines Schaffens war es immer, die soziale Ungerechtigkeit zu bekämpfen.

In der eigenen Inszenierung seiner beiden letzten Stücke in den Kammerspielen von München erwies er sich auch als genialer Regisseur.

Ich ging zur Generalprobe seines Stückes *Der Drang*.

Die Kammerspiele hatten für den Abend kurzfristig – nur mit einer knappen Information im Foyer – die *Perser* von Aischylos abgesetzt, um das Stück von Franz einmal vor der Premiere mit Publikum gespielt zu haben.

Ein älteres Ehepaar – der Mann schlank, streng, lehrerhaft – war entsetzt. Er sprach mich an, ohne mich zu kennen. »Das geht doch nicht. Ich will doch die *Perser* sehen.«

»Aber vielleicht ist das andere Stück eine Erfahrung für Sie.«

Er sprach mit seiner Frau. Sie, klein und ängstlich, war ganz seiner Meinung. »Nein! Wir wollen die *Perser* sehen.«

Sie blieben dennoch. Und in der Pause bedankte er sich bei mir. Er war lüstern vergnüglich. Und da die Frau ihm in allem zu folgen schien, war sie mit roten Bäckchen ganz aufgeregt glücklich.

Der Drang wurde wie auch das zweite Stück, *Bauerntheater*, ebenfalls in den Kammerspielen ein großer Erfolg.

Franz ist der einzige Regisseur, der mich davon überzeugt hat, daß es doch so etwas wie Regietheater geben kann. Die Schauspieler waren ganz unglücklich, als die Proben zu Ende gingen. Er soll, was wunderbar ist, ganz liebevoll mit ihnen umgehen.

Irgendwann wollte er ein Stück für mich und über mich schreiben – über einen alternden Star, der mit seinem Schicksal nicht fertig wird. Nachdem aber inzwischen ein neuer Fernsehfilm mit mir in der Hauptrolle gedreht und ausgestrahlt wurde und ich in meiner eigenen Produktion große, internationale Projekte realisieren werde, bin ich wahrscheinlich für ihn kein Thema mehr.

Das Atelier

Veit hatte für sich durch einen glücklichen Zufall in Schwabing ein großes Maleratelier gefunden, mit Glasdach und vielen Tauben.

Er legte Matratzen auf den Boden, wie einst die Blumenkinder, und bereitete uns einen gemütlichen Schlafplatz mit Blick über ganz München.

Aber dann ließ er sich von Brigitte Schwaiger einfangen und hatte ein ernsthaftes, für mich schmerzliches Verhältnis mit ihr. Er sagte, er müsse diese Liebe bis zur Neige durchleben, und ich ließ ihn.

Eines Tages rief er an: »Es ist vorbei.«

Ich ging zurück auf die Matratze, und wir hatten eine glückliche Zeit.

Als das Atelier gegenüber frei wurde, habe ich es sofort für Oliver gemietet, der damals achtzehn Jahre alt war. Mit meiner Sekretärin und einem Maler wurde alles ausgemalt und eingerichtet.

Aber Oliver wollte lieber auf dem Land leben. Und da Marie Theres bereits Geld verdiente, übernahm sie die Miete und alle Nebenkosten. Seitdem ist es ihr Atelier.

Später hat sie es mir als Münchner Zuhause zur Verfügung gestellt, aber ausdrücklich darum gebeten, nichts zu verändern. Sie liebt jedes Staubkorn, die vertrockneten Blumensträuße und die überfüllten Schränke.

Im rückwärtigen Teil des Ateliers, direkt unter den Dachbalken des Hauses aus der Jahrhundertwende, befand sich ein immer abgeschlossener Speicher, voll mit alten Eisschränken, verrosteten Boilern, Kisten, Schachteln und allen möglichen Hinterlassenschaften von Mietern aus hundert Jahren. Das Rückfenster war zerbrochen. Die Tauben nisteten überall, und die Sonne schien bis in die Mitte des Raumes. Ich holte die Einwilligung des Hauseigentümers und vor allem die meiner Tochter, und nach zwei Wochen waren zwanzig Tonnen Müll abtransportiert, die Balken gestrichen, das Dach abgedichtet und ein rustikaler Teppich gelegt.

Nur das Badezimmer, das ich gerne erneuert hätte, durfte ich nicht anrühren, obwohl der Überlauf der Wanne nicht mehr funktionierte.

Jetzt kamen nur noch Mißgeschicke.

Das erste Mal hatte ich kleine Wäsche im Waschbecken, die den oberen Abfluß verstopfte. Ich war auf dem Weg zum Flughafen. Der Taxifahrer war so begeistert, mich in seinem Taxi zu haben, daß er die richtige Abfahrt verpaßte – und ich mein Flugzeug.

Na gut, dachte ich, dann flieg ich eben morgen, und fuhr in die Wohnung zurück.

Die Polizei war da, die Feuerwehr, und die Tür war aufgebrochen. Das Wasser lief mir auf der Treppe entgegen.

Frau Busse, die unter mir wohnt, war in lindenstraßenreifer Aufregung. Ihre Wohnung war überschwemmt.

Es blieb nicht das einzige Mal.

Maximilian telefonierte aus Los Angeles und kündigte seine Ankunft für die nächsten Tage an. Eigentlich hätte er alles hübsch hergerichtet vorfinden sollen – ich wollte den Kühlschrank füllen, frische Blumen hinstellen, die Lichter anmachen –, aber er kam drei Tage früher als erwartet.

Er tastete sich, immer wieder neu auf den Lichtknopf drückend, in den vierten Stock hoch, hatte Schwierigkeiten beim Öffnen der Tür, da es ein neues Panzerschloß war, fand keinen Lichtschalter, wurde viel zu oft angerufen und war insgesamt recht brummig, als er mir davon berichtete.

Ich ließ ihm am nächsten Tag von einer Freundin in jedes Stockwerk ein Stühlchen stellen mit einer Zeitung darauf, angefangen im unteren Stock mit der *Bildzeitung*, endend mit dem *Spiegel* in der obersten Etage.

Er nahm an, daß die Stühlchen und die Zeitungen den Bewohnern gehörten, setzte sich nicht hin, las keine Zeitung und stöhnte sich wieder in den vierten Stock hoch. Es ging ihm nicht sehr gut. Am nächsten Morgen weckte ihn ganz früh eine männliche Stimme: »Wer sind Sie? Wo ist die Maria?«

Max verschlafen: »Was heißt hier *die Maria*? Und wer sind *Sie* überhaupt?«

Es war unser Bruder Carl, der mich daran erinnern wollte, daß Stella, seine Frau, an diesem Tag Geburtstag hatte.

Ich fand es komisch, die beiden nicht.

Natürlich ließ Maximilian die Badewanne überlaufen. Als es dann mir noch einmal geschah, schlug Mausi mir dringend vor, für immer auf die Alm zu ziehen.

Marie Theres ist immer für mich da, doch es muß mir schon recht schlecht gehen. So hat sie mir, als ich sehr krank war, viel geholfen.

Sie hat ein charmantes, bezauberndes Wesen, aber sie muß ihre Mutter ständig kritisieren. Irgendeinen tiefsitzenden Vorwurf scheint sie immer mit sich zu tragen.

Als Marie Theres acht Jahre alt war, holte sie mich mit Trudi Rother, meiner langjährigen Sekretärin, am Münchner Flughafen ab. Wie so oft, war ich monatelang zu Dreharbeiten fort gewesen.

Ich spürte gleich, daß irgend etwas nicht in Ordnung war. Auf der Fahrt durch den Ebersberger Forst nach Heberthal sagte Trudi recht unvermittelt: »Mausi, ich muß dir etwas Trauriges sagen, dein Fridolin ist tot.«

Fridolin, ein Wellensittich, war Mausis erste Liebe. Morgens kamen der Bernhardiner, der Dackel, der grüne Papagei und eben Fridolin, der auf Mausis Schultern saß, zu mir ans Bett zum wackeligen Frühstück auf meinem Bauch.

Mausi schien erst gar nicht zu begreifen – dann ein verzweifelter Schrei.

Trudi ging auf die Bremse. Das Kind riß die Tür des Autos auf und raste über die Straße in den gegenüberliegenden Wald. Ich rannte hinter ihr her, versuchte sie zu trösten, aber sie wehrte mich ab. Irgendwie muß sie geglaubt haben, daß ich mit Schuld trug am Tod ihres Vogels, weil ich nicht da gewesen war.

Der Schmerz um Fridolin dauerte Monate und trug sicherlich mit bei zu der langsam wachsenden Distanz zwischen Mausi und mir. Als Kompensation für meine berufliche Abwesenheit waren meine beiden Kinder lange Zeit nur für ihre Familie da.

Wachsende Schatten

Langsam klettert der Schatten
an mein Herz.
Die Sonne sinkt,
die Lüfte kälten.
Bald tragen sie schwarze Flügel.
Brich auf, mein Herz!
Suche deine Wohnstätte!
Die Hähne fallen ein.

H. F. Schell

Ausklang

Es ist wunderbar, ich habe meine Arme wieder! Nur der eine schmerzt noch. Aber jetzt kann ich wieder selber schreiben, brauche nicht mehr zu diktieren. Ich male alles in Großbuchstaben, damit es jeder lesen kann.

Maximilian mit seiner Familie ist da, auch Oliver mit seiner Frau und dem kleinen Zauberjungen Amadeus.

Türe auf – »Nana, Bombom!«

»Halt, ich brauch ein Bussi.«

Er kehrt um, Bussi abliefern und zurück zur Küche. Er weiß genau, wo die Bonbons liegen.

Amadeus schaut aus wie Oliver mit zwei Jahren. Und manchmal denke ich, ich bin noch einmal Mutter geworden.

Seltsam, wie die Gedanken springen. Plötzlich fällt mir ein, was Papa uns oft erzählt hat.

Mit fünf Jahren sagt der Bub: »Mein Papa kann alles.«

Mit sieben Jahren noch immer: »Mein Papa kann alles.«

Mit vierzehn: »Der Papa kann viel, aber ich auch.«

Mit achtzehn: »Eigentlich kann ich schon mehr als der Papa.«

Mit zwanzig: »Der Papa ist total unmodern.«

Mit vierundzwanzig: »Der Papa ist wirklich ein Trottel.«

Mit dreißig: »Wenn ich's mir genau überlege, so blöd ist der Papa gar nicht.«

Und mit vierzig: »Wenn ich nur noch den Papa fragen könnte!«

Maximilian wohnt drüben in der Hütte unserer Kindheit. Er kommt, wenn er mag, aber seine Kinder sind ständig da.

»Dürfen wir was Süßes?« Nasti als erste, die ganze Bande im Schlepptau, darunter immer Egon und Silke, die Enkel von Gusti.

»Halt! Stop! Bussi abliefern!« Sie tun es mit ihren nassen Schnauzen – und dann holt sich jedes eine Handvoll der ersehnten Leckereien. Ich schau schon, daß es halbwegs gesund ist.

Nur vor dem Essen gibt's nichts. Das mußte ich abstellen, sonst würde bei Gusti drüben im alten Haus nichts mehr gegessen.

Sie verschwanden und waren so schnell wieder da, daß ich Gusti sicherheitshalber in der Küche anrief. »I hab mi scho g'wundert«, sagte sie, »wie schnell sie die Zwetschgenknödel abig'würgt ham.«

Gott, bin ich froh, daß ich Mutti noch habe. Am 2. Juni 1995 ist sie neunzig geworden. Ein Leben, ein ganzes Leben war sie für uns da. Nie, nicht ein einziges Mal hat sie bereut, daß sie ihre eigene Karriere für uns aufgegeben hat. Dazu hatte sie sich als Braut in Wien entschlossen, und so blieb es ein ganzes Leben lang. Ein- oder zweimal, wenn gar kein Geld da war, ist es vorgekommen, daß sie sagte: »Ich könnte ja spielen, was meinst du?« Aber jedesmal erntete sie ein entsetztes »Nein«!

Mutti war immer so klug, herzensklug. Alle ihre Erfahrungen hat sie uns weitergegeben.

Einmal drückte sie uns Kindern je einen Span Holz in die Hand.

»Schaut, ob ihr's brechen könnt.«

Es ging ganz leicht – wir waren stolz.

Dann hielt sie uns fünf Holzspäne hin: »Wer will es zuerst versuchen?«

Nacheinander probierten wir es alle mit unseren kleinen Händen. Wir strengten uns an, bis wir blau waren. Es ging nicht.

»So ist das, wenn man zusammenhält«, sagte sie und schaute,

noch immer verliebt, zum Papa. Er aber schrieb in eines seiner kleinen Büchlein, wahrscheinlich ganau das, was er eben erlebte.

Wenn die Buben sich um das größte Stück Kuchen stritten, schnitt Mutti ein doppeltes Stück ab und ordnete an: »Du teilst und du suchst aus!«

Und wenn eines von uns Kindern wütend war, schickte Mutti es mit einem alten Teller oder einem angeschlagenen Glas in den Keller und sperrte die Türe zu.

»Hau es an die Wand!«

Wir wurden dann meistens noch wütender, aber wenn sie es scheppern hörte, sperrte sie auf, und alles war wieder gut. Leider mußten wir die Scherben im Keller wieder aufkehren. Es war derselbe Keller, in den Papa stolz mit jedem eingekochten Glas Marmelade ging oder gar mit einer Konserve Spargel, wobei er jedesmal im feierlichen Ernst sagte: »Besitz!«

Jetzt erst weiß ich, wie schwer Mutti es gehabt hat. Vielleicht kommt daher ihre Stille heute.

Kein Geld, vier Kinder – und der Dichter, der alle Zeit und Bewunderung brauchte.

Meistens saßen sie bis Mittag am Frühstückstisch. Papa las aus seiner nächtlichen Arbeit vor, und Mutti saß wie auf glühenden Kohlen: »Die Kinder kommen gleich aus der Schule, ich muß kochen, einkaufen ...«

Der ganze Haushalt lag auf ihren Schultern. Und zweimal in der Woche fuhr sie nach Bern. Bis Tante Hedi kam, hatte sie keinerlei Hilfe.

Tante Hedi, erst nur eine Ferienfreundschaft von Papa, dann vielleicht mehr, zog schließlich ins Haus und brachte für uns Kinder ein wenig von der Bürgerlichkeit, die Kinder von ihren Eltern erwarten. Bis dahin waren wir gewohnt, daß Mutti am Sonntag, schon halb auf dem Weg zur Kirche, rief: »Halt, halt, es ist gleich fertig!« Sie meinte das Hemd, das sie gerade bügelte. Bei Tante Hedi gab es jeden Tag neue Wäsche.

Heute betreut sie alte Schwestern der Pflegerinnenschule in Zürich, wo sie mehr als fünfundzwanzig Jahr lang tätig war und immer noch im Vorstand ist. Mit ihren sechsundachtzig Jahren geht sie noch zweimal in der Woche turnen und ins Theater.

Maximilian ist besonders beeindruckt, daß sie Hauptmann in der Schweizer Armee ist, während er es nur zum Unteroffizier gebracht hat. Wir liebten sie alle sehr.

Aber auch Tante Hedi mußte teilen, denn es kam Hildegard, die drei Kinder und ihren Mann verließ, um Papa zu bewundern.

Mutti war sehr unglücklich.

Hildegard hat unserem Vater die letzten zwanzig Jahre erleichtert – und alle drei Frauen haben Papa zu Grabe getragen und sich weit über seinen Tod hinaus verstanden.

Mutti war schön – von zeitloser Schönheit. Immer wieder veranstaltete sie Rezitationsabende und las aus den Werken unseres Vaters. Schließlich gründete sie am Konservatorium in Bern die Schauspielschule. Liselotte Pulver war eine ihrer Schülerinnen.

Nach dem Krieg inszenierte sie Vorstellungen mit ihren Schülerinnen zugunsten von Wien. Es war ihre Idee, statt Eintrittsgeld oder eine Geldspende zu verlangen, um Päckchen mit Kleidern und Lebensmitteln zu bitten. Oft wurden es große Pakete. Viele Züge sind damit nach Wien gefahren.

Als Mutti erzählte, daß Schauspieler ihre Kollegen in Bern baten, Zigarettenstummel zu sammeln, schickten wir Tabak. Einmal fragte ich eine Kollegin, was sie sich am sehnlichsten wünschte. »Ein kleines Fläschen Parfum«, sagte sie, »dann riecht es nach Frieden.«

Mit siebenundachtzig Jahren legte Mutti sich ins Bett: »Jetzt will ich mich ausruhen!«

Sie liest die Bücher ihrer Jugend – träumt mit den Dichtern sich weit fort. Machmal ist es Hermann Hesse, manchmal auch Hedwig Courths-Mahler.

Sie weiß fast alle klassischen und romantischen Balladen auswendig und alles, was Papa jemals geschrieben hat. An guten Tagen trägt sie mit leuchtenden Augen vor, worum man sie bittet. Alles von Schiller und Goethe bis zu ihren Heimatdichtern.

Ein Gedicht, das wir beide besonders lieben, hat Mutti mir noch einmal ganz langsam aufgesagt, damit ich es mitschreiben konnte:

Bin i jüngst verwichen
hin zum Vatter g'schlichen.
Derf i, derf i 's Dianderl liam?
Untersteh di net, mei Bua,
Willst mein Stecken kosten,
derfst es tuan.

Bin zur Muata gangen
voll mit meim Verlangen.
Derf i, derf i 's Dianderl liam?
Aber nein, mei Bua, 's is no z'frua,
in zehn Jahrn vielleicht
dann derfst es tuan.

Bin mit allem Bangen
hin zum Pfarrer gangen.
Derf i, derf i 's Dianderl liam?
Untersteh di net, bei meiner Seel,
wann du 's Dianderl liabst,
dann kommst in d'Höll.

Wußt nix anzufangen,
bin zum Herrgott gangen.
Derf i, derf i 's Dianderl liam?
Ei, ja freili, sagt er und hat g'lacht,
denn wegam Buam
hab i ja 's Dianderl gmacht.

Ich habe Mutti einen Fernseher gekauft. Der läuft den ganzen Tag. Nachts manchmal zu laut. Dann gehe ich zu ihr, schalte den Apparat aus, streichle ihr über die weißen Haare und bleibe sitzen, bis sie einschläft.

Ein großes Erbe haben uns die Eltern übergeben – vor allem ein geistiges und die Alm.

Nicht zehn Schilling haben sie aus dem Besitz herausgenommen, dabei hätten sie sich doch schon mit der kleinsten Hypothek alles so viel leichter machen können. Wahrscheinlich wußten sie gar nicht, daß es so etwas gibt.

Auf den strengen Vorwurf seiner Mutter »Du weißt ja gar nicht, wo das Geld herkommt!«, hatte Papa geantwortet: »Doch, aus den Bergen!«

Da war er sechs Jahre alt, und eigentlich ist er nie von diesem Glauben losgekommen.

Mitja, Maximilians Sohn, zwei Generationen später, antwortete auf die gleiche Frage – »You don't know where the money comes from?« –: »Doch, vom Maximilian!«

Jeden Tag ist es schöner geworden auf der Alm. Bald kommt der erste Schnee. Vielleicht wird es aber auch noch einmal warm. Altweibersommer.

Der Blick geht ins Tal, dann weit über hintereinandergelagerte Bergzüge hin. Es sind nicht die – manchmal bedrückenden – Hochalpen, sondern weiche Bergrücken. Das Bild ist schön, aber nicht immer lieblich. Manchmal kann es streng sein. Vor allem einsam.

Es ist der 1. September 1995, halb acht Uhr morgens.

Gusti klopft leise. Sie bringt mir Sterz und Kaffee.

»Wo sind sie alle?« frage ich.

Gusti weiß es auch nicht, sagt nur: »Herr Schell ist drüben in der Hütte.«

In der Hütte, in der alles immer noch so ist wie in unserer Kindheit – samt den Blechhäferln und Opapas weißgewaschenem Aschenbecher, der einmal blau war.

Der Brunnen plätschert, und der Weg zur Hütte ist noch immer schief am Abhang, nur nicht mehr so ausgetreten.

Dann kommen die Hunde – wedeln, kriegen etwas und verschwinden.

Kurz vor den Nachrichten geht auch Gusti mit nackten Füßen wieder die paar Schritte hinunter zum Bauernhaus, um Frühstück für die Kinder zu machen. Hübsch ist sie, unsere Gusti! Lacht immer, auch wenn sie Schmerzen hat.

Und in ihrer Küche ist Heimat für alle.

»Wir fahren ans Meer«, habe ich einmal zur ihr gesagt, »nur wir zwei.«

»Wieso?« hat sie geantwortet. »I seh's eh!« – und meinte die Wellen, die gerade auf dem Bildschirm an die Felsen brandeten.

Die Nachrichten sind aufwühlend.

Die NATO fliegt Bombeneinsätze gegen die bosnischen Serben.

Das Mururoa-Atoll wird von Greenpeace verteidigt.

Chirac dagegen verteidigt sein Handeln.

Die Weltfrauenkonferenz wird in Peking eröffnet.

Der O.J. Simpson-Prozeß geht in die letzte Phase und fasziniert mich immer mehr. Wie schwer die Wahrheitsfindung ist – jede Wahrheitsfindung!

Bei jeder Nachricht bildet sich ein Ja oder Nein im Äther. Das Gespür für Gerechtigkeit in jedem von uns ist enorm. Es ist eines der Hauptmerkmale unserer Zeit, daß durch Information allein sich Aktivitäten bilden, lauter werden und zu Veränderungen führen können. Allein schon durch Kenntnis machen wir Politik, zumindest Opposition. Alles liegt offen, nichts bleibt auf Dauer mehr geheim.

Ich liebe mein Fernsehen. Es läuft mit meinem Tag – stumm. Ich tippe durch, und wenn mich etwas interessiert, schalte ich den Ton dazu. Maximilian sagt, nach Karl Jaspers: »Zeitung lesen wie auch fernsehen ist ein Akt der Freiheit.«

Wir lernen soviel, erfahren Dinge, an die wir nicht gedacht haben, vom Alltag der anderen und staunen, wie originell und selbstbewußt die einfachsten Menschen formulieren können.

Wenn nichts mich interessiert oder ich anderes zu tun habe, schalte ich aus – oft um Musik zu hören.

Nachts, so um halb drei, wache ich manchmal auf und mache eine Nachtpause. Dann zünde ich mir ein Zigarillo an, hole mir etwas zu trinken und tippe durch.

Was habe ich da schon für unvergeßliche Filme gesehen – Hans Albers in *Vor Sonnenuntergang*, Hans Holt als sterbenden Mozart, Oskar Werner und heute nacht Klaus Maria Brandauer in einem amerikanischen Boxerfilm.

Ich habe Klaus angerufen, wie ich immer Kollegen anrufe, wenn ich etwas Besonderes von ihnen gesehen habe.

Klaus, mit dem ich einmal *Das Konzert* von Hermann Bahr unter der Regie von Dieter Haugk für das Fernsehen gespielt habe, freute sich über meinen Anruf. »Du warst großartig, kannst du überhaupt boxen?«

»Zwei Klimmzüge hab i g'macht.«

Geheimnis der Schauspielerei!

Geliebte Jugend! Jede Generation versucht, ihre Eltern zu überrunden. Aber diese Jugend, unsere Jugend heute, hat unser aller Lebensgefühl neu geschaffen.

Es begann mit den Blumenkindern und endete vorläufig in der gelebten Forderung nach vollkommener Freiheit. Die Jungen haben die Kraft, sich allem entgegenzustellen. Sie haben die Anerkennung der freien Liebe durchgesetzt und in bewußtseinserweiternden Drogen einen neuen Gott gesucht, ihren eigenen.

Wir Erwachsenen reagieren verspätet, aber total. Wir ziehen uns an wie sie, tanzen ihre Musik, nehmen uns, wenn wir es wagen, ihre Freiheiten.

Sie eröffnen uns neuen Sichten, verheißen uns Glück. Allein die Stille, die Ruhe, das Eins-Sein mit dem Augenblick fällt ihnen schwer.

Nur ungern nehme ich Abschied vom Schreiben.

Ich habe viel von mir selbst begriffen.

Meine Schulter, die zweite gebrochene, wird bald wieder gut sein.

Und jetzt gehe ich in den Wald – durchatmen.

10. September 1995